Las hijas de Isabel II

CRISTINA BARREIRO

Las hijas de Isabel II

Isabel, Pilar, Paz y Eulalia,
cuatro infantas al servicio de España

la esfera de los libros

Primera edición: enero de 2022

Avenida de San Luis, 25
28033 Madrid
Tel.: 91 296 02 00
www.esferalibros.com

Fotografías de interior: archivo de Ricardo Mateos Sáinz de Medrano
ISBN: 978-84-1384-251-6
Depósito legal: M. 32.863-2021
Fotocomposición: J.A. Diseño Editorial, S.L.
Impresión y encuadernación: Anzos
Impreso en España-*Printed in Spain*

Prólogo y agradecimientos

Las hijas de Isabel II no es un libro de historia. Cuenta una historia: la de la vida de las infantas Isabel, Pilar —en su corta existencia—, Paz y Eulalia de Borbón. Lo hace desde la mirada de quienes, durante más de un siglo, fueron protagonistas de una época en España y en Europa. Esta obra comienza con el nacimiento de Isabel de Borbón y Borbón, princesa de Asturias, en 1851. España agotaba el sistema político liberal de la Década Moderada, en unos días de romanticismo y zarzuelas. Y termina con la muerte de la infanta Eulalia, la última superviviente de ese periodo, en 1958, en pleno nacionalcatolicismo, cuando sobrevolaba la duda de si Franco restablecería o no la monarquía. A través de las vivencias de estos personajes, tratamos de aproximarnos al ambiente político, social y cultural de un momento histórico. Hacemos un viaje por el tiempo en diferentes escenarios. Con una interesante base documental, articulada sobre materiales hemerográficos y bibliográficos, recreamos la vida y las relaciones, los sentimientos, las alegrías y los desconsuelos de ese entorno familiar; las bodas, los partos, las recepciones o representaciones, su vida en pareja, su papel como madres, hijas y abuelas. Hemos tratado de hacer una crónica ambiental de un periodo a través de la biografía coral de estas infantas españolas.

La infanta Isabel es, quizá, la hija de Isabel II que ha sido más trabajada desde un enfoque académico. Existen estudios sobre su personalidad y proyección en la propia institución que, de algún modo, ella representaba. El documentado libro de María José Rubio *La Chata. La infanta Isabel de Borbón y la corona de España* (2003) ha resultado de un valor inestimable para anclar muchos de los episodios que aquí describimos. Castiza y protocolaria, amante de los toros y las verbenas, la infanta Isabel fue casi desde su muerte, en 1931, una figura estudiada por autores como José María Tavera (1959) o José María Ortega-Morejón (1943). Su afición a la caza, los deportes, la numismática o la fotografía, y sus estancias en La Granja ofrecen otras perspectivas, más específicas, que también han sido objeto de análisis.

La infanta Paz ha encontrado un reconocido papel en la historia gracias a la biografía novelada de María Teresa Álvarez (2011). Su carácter bondadoso, su papel como mecenas cultural, siendo ya princesa de Baviera, o, incluso, sus colaboraciones periodísticas nos acercan a una mujer creyente, amante de la música y las artes, a la que los avatares de la vida, su rango y condición, colocan en el epicentro de episodios tan determinantes como la Primera y Segunda Guerra Mundial. Conocemos su pensamiento gracias —entre otras— a las «Impresiones: de mi vida» que ella misma publicó en el diario monárquico *ABC* amén de otros periódicos como *El Universo* o *La Basílica Teresiana*. Por otra parte, su diario y escritos han salido a la luz al amparo de los trabajos de su hijo, Adalberto de Baviera, como

Cuatro revoluciones e intermedios, editado por Espasa-Calpe en 1935, cuando ella vivía en Múnich. Pilar García Louapre (2000) ha analizado su trabajo como escritora y también sus iniciativas a favor de la paz, y María Victoria Cavero (2007) aspectos más particulares de la infanta durante sus visitas a la finca que tenían en Saelices (Cuenca).

La infanta Eulalia, la menor de las hijas de la castiza Isabel II, ha sido abordada desde diferentes puntos de vista, bien en un plano de interpretación crítica como de mujer rebelada contra los convencionalismos de su estirpe. La aproximación a Eulalia de Borbón es muy plural: nacida en la corte, casada contra su voluntad —algo por otro lado habitual en los entornos palatinos—, embajadora de España en las Américas, separada y rebelde. Todos esos elementos hacen de esta infanta un personaje jugoso para una historia ambiental como la que aquí se pretende. La muy reciente biografía de María Teresa Puga (2021) o los trabajos de María Águeda Castellano (1992), Ángeles Ezama (2009) o Pilar García Louapre (1995) han resultado un material bibliográfico indispensable para articular este libro. De la infanta Eulalia tenemos la visión que ella misma nos quiso dar en dos obras: la de sus *Memorias,* imprecisa en términos históricos pero tremendamente útil para recrear el contexto familiar y político, publicada por primera vez en 1935 y de la que se han hecho diferentes reediciones; y la que nos ofrece sobre su pensamiento social en el controvertido *Au fil de la vie* (1911), que le valdrá su expulsión de España por más de una década. Tiene otros escritos, como *Para la mujer* (1946), con una repercusión menor.

La muerte prematura de la infanta Pilar apenas ha dado pie a trabajos específicos más allá de su romanticón enamoramiento del príncipe imperial Napoleón Eugenio Luis.

Estudiar la vida de las hijas de Isabel II nos lleva a encontrarnos con otros actores que se convierten en figuras principales del relato. Su propia madre, Isabel II, «la de los tristes destinos» —en expresión del propio Galdós—, es un elemento consustancial a este trabajo: su carácter explosivo, el cariño a sus niñas, la relación con sus «secretarios» y el debate en torno a las paternidades, la vida en el palacio de Castilla y su madurez en el exilio. Los trabajos de Isabel Burdiel (2010), José Luis Comellas (1999) y Germán Rueda (2001, 2013) han resultado fundamentales para una mejor compresión del momento y el personaje. Al hilo de Isabel II, desfilan por estas páginas su hermana Luisa Fernanda, el duque de Montpensier, el infante Sebastián, Napoleón III y Eugenia de Montijo, Luis II de Baviera, la reina Victoria de Inglaterra, Sissi y Francisco José, el archiduque Rodolfo... Un sinfín de actores que nos han permitido reconstruir el escenario sobre el que actúan nuestras infantas. Sin investigaciones como las de Agustín de Figueroa (1945), Ana de Ságrera (1990) o José Carlos García (2015), estas descripciones hubiesen resultado inviables. María Cristina de Habsburgo y sus hijas, y Alfonso XIII y Victoria Eugenia encuentran también un lugar destacado en este tablado de la historia. Sin duda, para comprender sus complejas personalidades, nos hemos valido de los trabajos de Julián Cortés-Cavanillas (1966), Marino Gómez Santos (1964), Ricardo Mateos Sáinz de Medrano (2005, 2007) y, en un plano más periodístico, José María Zabala (2008, 2012).

Hemos tratado de acercarnos todo lo posible al ambiente social y político que se vivió en España —pero también en Europa— en esos años: celebraciones fastuosas y atentados anarquistas, natalicios y funerales, la Restauración, las pérdidas coloniales, los movimientos políticos y la caída de los imperios centrales. Lo hemos hecho desde la perspectiva que nos ofrece la consulta de las fuentes hemerográficas que se conservan digitalizadas en la Hemeroteca Digital de la Biblioteca Nacional. Constituyen, sin duda, el material más valioso para este libro: *La Época, La Correspondencia de España, El Imparcial, El Siglo Futuro, El Pabellón Nacional*... y tantos otros diarios enumerados en la bibliografía. Sin las crónicas, sueltos e informaciones telegráficas transcritas, hubiese sido imposible conseguir un volumen de datos tan preciso como el que aquí presentamos. También, la versión digitalizada de *ABC*, en su doble edición, de Madrid y Sevilla, nos ha permitido indagar un poco más en la vida del Palacio Real gracias a sus minuciosas descripciones. A través del portal digital de la Biblioteca Nacional de Francia, *Gallica*, nos hemos acercado con facilidad a cabeceras como *Le Temps, L'Humanité, La Patrie* o *Le Petit Journal*. La consulta de las revistas femeninas *La Moda Elegante* o *Elegancias* y, ya en el siglo XX, los semanarios gráficos *Estampa* o *Crónica*, por citar solo algunos, han sido primordiales en el trabajo de documentación previo a la redacción del manuscrito. Se trataba de ver el personaje en su tiempo y en su historia: ¿cómo vestían?, ¿cómo era su aseo y *toilette*?, ¿y la lencería del hogar? Son aspectos estos a los que se ha pretendido dar un valor específico como elementos de reparto en el abanico global de esta historia. Por otro lado, no queremos dejar de mencionar la correspondencia que hemos podido consultar en el Archivo General de Palacio y los documentos que se encuentran digitalizados en el Portal de Archivos Españoles (PARES). Son fundamentalmente cartas entre familiares sobre cuestiones de vida en la corte, viajes o inventarios de adquisiciones. Nos han servido de referencia para inspirar las conversaciones y el contenido de las cartas que intercambiaban nuestras protagonistas.

Los diálogos que se presentan tratan de recrear momentos vividos. Salvo circunstancias muy particulares, no responden a una transcripción histórica literal. Las cartas de despedida con las que se cierra el libro, aunque firmadas, son producto de la autora. No obstante, los datos que se facilitan son el resultado de una labor documental que constituye, quizá, el principal valor de este trabajo. Los carteles de las corridas de toros, los estrenos en la ópera o en el teatro, los espectáculos, los lugares de ocio, los hipódromos..., todo responde a la realidad de su tiempo.

Hemos tratado de prestar una atención especial a las alhajas y al vestuario de las infantas por considerarlos muy característicos de su rango y condición. Muchas de las joyas que se citan —como en el caso de la infanta Paz antes de su matrimonio— están inventariadas, de otras tenemos referencias de las propias protagonistas. Así ocurre con la tiara de las Conchas, obra de la joyería Meyer, tan identificada con la Chata. La corona de perlas y diamantes fue, quizá, la herencia más sentida que Eulalia recibió de sus suegros, los duques de Montpensier. Los datos referidos a dotes y ajuar están extraídos de los diarios de la época.

En estas hojas vamos a leer los nombres de Crista, Buby, Nando, Nino, Tito, Ali y muchos otros diminutivos que se utilizaban en la vida íntima de la corte. Sorprende comprobar cómo casi todos tenían un apodo con el que respondían en la cercanía familiar: el hijo que enferma, la cuñada con la que salir de paseo en landó por Recoletos, el sobrino cariñoso, la abuela conversadora o el yerno al que piden recomendación facultativa. Son personajes de carne y hueso, con sus fortalezas y debilidades, con sus alegrías y tristezas, que, en los más de cien años que cubre esta saga familiar, la de las infantas Borbón y Borbón, tuvieron que hacer frente —desde una posición tan privilegiada como peligrosa— a lo que significa ser protagonista de la historia.

Mi agradecimiento a mis compañeros de la Facultad de Humanidades y Ciencias de la Comunicación de la Universidad

San Pablo-CEU y especialmente a Germán Rueda por nuestras conversaciones sobre Isabel II. A Luis E. Togores por impulsar esta aventura con La Esfera. También a Teresa Puga por su amabilidad y a Berenice Galaz, editora. A todos mis amigos: tengo muchos y buenos. Y aunque no se deba, me gusta presumir de ellos. A mi familia, especialmente a mi hermana, que tanto me ha apoyado en esta carrera de fondo. Y, sobre todo, a mis dos hijas, a las que he robado tiempo. A todos, gracias.

PRIMERA PARTE

LA VIDA CON ISABEL II

(1851-1877)

1

Refrigerio y chocolate para un parto real

Ha nacido una niña robusta: Isabel de Borbón. 1851. España tiene princesa de Asturias. La alegría de la reina tras los alumbramientos malogrados. Rumores en la corte, ¿dónde está Ruiz de Arana? En busca de matrona y hermanas de leche.

Todo Madrid esperaba oír el estampido del cañón que anunciase al pueblo que la reina tenía un hijo y España, un heredero al trono. Isabel II estaba de parto. Era el 20 de diciembre de 1851 y el frío entraba por los ventanales del Palacio Real. De madrugada, después de haber tomado un caldo, la reina había empezado a sentirse mal y, poco a poco, se fueron confirmando los síntomas de que el alumbramiento se acercaba. No era la primera vez que esto ocurría: Isabel ya había parido antes, pero el niño siempre se malograba. Ahora tenía veintiún años y había miedo ante un nuevo fracaso. A su lado, el rey consorte Francisco de Asís temblaba.

Presidía el Gobierno el moderado Juan Bravo Murillo, en unos días en los que la principal preocupación política pasaba por el modo en que el golpe de Luis Napoleón Bonaparte, recientemente producido en la vecina Francia, pudiese afectar a los asuntos españoles. Pero en esas horas de zozobra e inquietud, también ante el angustioso estado del tesoro, todo parecía diluirse por el próximo nacimiento de un príncipe o princesa. El presidente del Consejo de Ministros no tardó en llegar a palacio acompañado de los miembros de su gabinete. La plaza de Oriente se fue llenando de transeúntes mientras los centinelas vigilaban el fortín real. María Cristina, su madre, además de su hermana, la infanta Luisa Fernanda, acompañada de su esposo, el duque de Montpensier, llegaron preocupados a los regios aposentos en los que Isabel, pálida, esperaba que todo se resolviera rápido. Pero sus partos anteriores no habían sido fáciles. Entre el silencio sepulcral de los pasillos reales caminaban con paso acelerado los doctores Drument y Solís, encargados de asistir al noble alumbramiento. En la antecámara fueron recibidos por la camarera mayor, la duquesa de Gor, y por las damas de la máxima confianza de la reina. Parecía que la espera iba a ser larga y se ofreció a todos los concurrentes un abundante aperitivo. Algunos miraban de reojo para ver si entre las autoridades del reino, que según protocolo y costumbre esperaban noticas del parto en los salones inmediatos a la antecámara real, se encontraba el apuesto senador y especial amigo de su majestad, José Ruiz de Arana. Por la sala circulaban Olózaga, Moyano, el marqués de Viluma, Istúriz, Pacheco…, pero ¿dónde estaba «el pollo Arana»? Este había llegado rezagado tratando de pasar desapercibido entre los numerosísimos títulos del reino que atestaban la saleta. Quizá su presencia pudiera incomodar a los familiares más directos de la reina, que habían vivido con particular rechazo los amoríos de Isabel con el ministro madrileño.

Los telégrafos esperan la primera señal. Eran las once y cuarto cuando una bandera blanca, enarbolada en la punta del diamante de palacio, y doce salvas anunciaban que había nacido una niña. España tenía ya una princesa de Asturias. Se llamaría igual que su madre: Isabel, aunque en la memoria española haya quedado como «la Chata». Como era costumbre en la época, un indulto general y multitud de gracias fueron concedidos con motivo del fausto acontecimiento.

La joven reina estaba agotada. Pero parecía que podía descansar tranquila: en esa ocasión los facultativos aseguraban que era una niña robusta y sana, y que no debiera tener problemas en su crianza. Y así fue. Isabel, princesa de Asturias hasta el nacimiento de su hermano Alfonso, y futura infanta española, creció llena de salud y fuerza hasta convertirse en el pilar institucional de la familia real. Adorada por el pueblo, viuda desde muy joven, amante de las artes y la etiqueta, apasionada de los toros y las verbenas, marcará el destino vital de sus hermanas: Pilar, Paz y Eulalia, las infantas españolas que estaban por nacer.

El bautizo de la neófita se realizó en la real capilla un día después del parto. Era un acto solemne, declarado capilla pública y oficiado por el cardenal arzobispo de Toledo. La niña fue portada en brazos por la marquesa de Povar y lucía los encajes propios de cristianar en una ceremonia regia. Actuaron como padrinos sus augustos abuelos María Cristina y el infante Francisco de Paula. No faltaba en la comitiva el duque de Riánsares, Fernando Muñoz, morganático esposo de la reina madre y habitual en el ceremonial palatino.

Isabel II no acudió, apenas habían pasado veinticuatro horas desde que la princesa de Asturias había llegado al mundo. Necesitaba descansar. La compleja situación política derivada de la crisis de los gabinetes moderados la requeriría pronto. La monarquía liberal que ella representaba estaba acosada por las críticas de la prensa progresista, e incluso en el seno del Ejército se escuchaban voces discrepantes. Isabel II necesitaba, además, reponerse para la ceremonia de presentación de la neófita en la basílica de Atocha. El pueblo tenía que conocer a la heredera y ella, la reina, presentarse ante los españoles en la plenitud de su figura. Todavía era esbelta, aunque los avatares de la vida y la complexión heredada de su padre, Fernando VII, la llevasen a aumentar su corpulencia. Pero, por el momento, su robustez parecía tener solución. Había que avisar a la jefa de guardarropa. Las ballenas del corsé debían estar perfectamente acopladas a la lencería y al traje de corte que luciría en la ceremonia de presentación. Faltaban apenas unas semanas y todo tenía que estar a punto.

La reina se recuperaba en su alcoba, con vistas a la plaza de Oriente, con chocolate a la taza y con los guisos de carne que tanto le gustaban. En el buen comer, Isabel madre siempre había sido poco regia. De vez en cuando le llevaban a la niña. Le había subido la leche, pero en esos tiempos los Borbones no amamantaban a sus hijos. Ya habían encontrado a una buena ama de cría, probablemente la más fecunda del reino y, sobre todo, sana: una cántabra corpulenta que durante años estaría al servicio de los vástagos reales.

En palacio, el marqués de Alcañices, mayordomo y caballerizo mayor —padre del futuro duque de Sesto—, trataba de poner la casa en orden. Don Francisco, el rey consorte, no dejaba de dar instrucciones sobre la administración de la lista civil y los cambios que debían hacerse en el guardarropa de las dependencias regias. Esos días se le veía nervioso. Quería volver a Aranjuez, pero sus responsabilidades se lo impedían. Estaba receloso. La sombra de Ruiz de Arana se reflejaba todavía en la tapicería en raso azul y blanco de la alcoba real. En el fondo, le hubiera gustado desaparecer: resultaba enojoso escuchar cómo en la corte empezaban a referirse a la niña como «la araneja». Y también el pueblo empezaba a hablar…

Ya habían pasado cuarenta días desde el parto. Era el 2 de febrero de 1852 e Isabel era una madre radiante. Siguiendo la costumbre, iba a presentar a su hija a los madrileños. Cierto que había rumores de alteraciones del orden público en el país, especialmente en las zonas rurales, pero pocos esperaban que un cura perturbado se precipitase sobre Isabel II en el momento en que esta abandonaba la basílica de Atocha, donde había tenido lugar la función religiosa. Eran más de las doce de la mañana. ¿Cómo había podido ocurrir? Los gritos de la reina pidiendo auxilio para su pequeña resonaron en toda la nave: «¡La niña! ¡Que cuiden a Isabel!». La princesa lloraba, pero el bebé estaba a salvo en brazos de la marquesa de Povar. Por suerte, el puñal había topado con una de las ballenas que componían su corsé. Esto y el oro del regio manto habían parado el golpe lo suficiente para que no penetrase tanto como era de temer por la violencia que llevaba. Apenas unos rasguños en su piel y la certeza de que el agresor había sido capturado. Dios velaba por la excelsa Isabel.

Desde el momento de estupor provocado por el horrible atentado, la princesa de Asturias se convirtió para los españoles en una niña adorada. Mimada y querida hasta la saciedad por su familia, motivo de continuos desvelos y objeto de todas las atenciones por los madrileños, representaba la continuidad de la monarquía liberal en esos días en los que Ramón Narváez, Baldomero Espartero y Leopoldo O'Donnell jugaban a hacer política. Risueña y espontánea, Isabel creció en palacio con la única compañía infantil de Lolita Balanzat, nieta de una de las azafatas de la reina, que sería compañera de juegos y amiga hasta su muerte. Oficialmente era llamada «camarista». Las primas de la princesa, las hijas de la infanta Luisa Fernanda, apenas visitaban Madrid: desde que se había tenido noticia de las maquinaciones políticas de Antonio de Orleans, duque de Montpensier, sufrieron una especie de exilio convenido que les había llevado a establecerse en Sevilla, en el palacio de San Telmo. Era un intento de aplacar la desmedida ambición de poder del duque, su padre. Por eso, las niñas Orleans, Isabel y Cristina —unos meses más pequeñas que la princesa de Asturias—, casi nunca viajaban a la capital. Ellas crecerían en Andalucía, en un ambiente familiar feliz entre los campos de naranjos de Sanlúcar, que su padre explotaba con pingües beneficios, y cuidando con mimo a su hermana menor, la delicada Mercedes, quien un día llegaría a convertirse en reina de España.

Al comenzar 1854, cuando la princesa acababa de cumplir dos años, Isabel II daba a luz a otra niña. Le pusieron el nombre de su abuela, Cristina, pero fallecía apenas tres días después del nacimiento. La corte entera volvía a teñirse de luto. El debate en torno a la paternidad biológica de la neonata había vuelto a estar sobre la mesa, pero los rumores pronto acallaron. Isabel se quedaba, por el momento, sin la hermana añorada. Entre tanto, la situación política se complicaba: en el verano de 1854, el pronunciamiento de Vicálvaro terminaba con una década de mandato moderado. Ahora eran los «dos cónsules», O'Donnell y Espartero, quienes fijaban el rumbo de la nación y reabrían el debate sobre nuevas desamortizaciones. Pese a ello, la familia real no dudaba en trasladarse a su palacio de Aranjuez para aliviar los sofocos que la tórrida climatología de la capital provocaba con el cambio de estación. El ferrocarril, recientemente inaugurado, aligeraba la intendencia que provocaban los desplazamientos regios. El marqués de Alcañices trataba de que todo estuviese a punto cuando el tren real partiese a todo vapor de la estación de Mediodía. Pero, sobre todo, de que el trayecto de la reina, la pequeña y su séquito fuese confortable durante los cincuenta y cuatro minutos que duraba el viaje hasta el apeadero, adornado con guirnaldas, construido en las inmediaciones del palacio real de Aranjuez. La presencia de la niña encandilaba a los lugareños. Durante cinco años, Isabel crecería como hija única, con los cuidados y atenciones de quien, hasta la fecha, estaba llamada a ser reina de España.

2

¿Ha nacido el puigmoltejo?

Llega el ansiado heredero varón: el príncipe Alfonso y la amenaza carlista. Escándalo en el palacio. Compartiendo habitación. ¡Por fin cumplo ocho años!, cuarto independiente. Lola y las mozas de retrete.

Eran las diez y cuarto de la noche del 28 de noviembre de 1857 cuando la reina daba a luz a un niño, Alfonso, que pronto recibiría el título de príncipe de Asturias. Su hermana Isabel pasaba al segundo puesto en la sucesión al trono, ahora como infanta de España. Dos horas después de haber empezado los dolores, la duquesa de Alba, camarera mayor hasta 1866, había salido de las habitaciones de la reina y anunciado al presidente del Consejo de Ministros el fausto acontecimiento. Momentos después, el rey consorte Francisco presentaba en una rica bandeja de plata al augusto recién nacido a los invitados que esperaban en el salón de la cámara. De nuevo, tenía que volver a pasar por este mal trago. Desde hacía meses, eran conocidos los amoríos de la reina con el capitán del regimiento de Ingenieros Enrique Puigmoltó y Mayans, a quien no dudó en conceder el título de vizconde de Miranda. El escándalo estaba servido.

Veinticinco cañonazos y un repique general de campanas anunciaron en la capital el solemne acontecimiento. Apenas lucieron sobre la fachada de la casa de Correos los faroles rojos que indicaban que era un varón, resonó un entusiasta grito de ¡viva el príncipe de Asturias!, repetido al ver ondear sobre el Teatro Real la bandera española. A las once, todas las avenidas de palacio estaban cuajadas de gente. La prensa no escatimó en felicitaciones a la soberana por este real alumbramiento garante de la continuidad dinástica en la monarquía liberal, amparada por la Constitución de 1845. *La Época*, portavoz de los intereses aristocráticos, no podía mostrarse más satisfecho, pero para el diario *La Esperanza* el nacimiento de un varón desvanecía por completo las ilusiones fusionistas que, en los últimos tiempos, parecían estar alimentando el ánimo de los carlistas.

Isabel, que estaba a punto de cumplir seis años, sentía adoración por su hermano. Miraba ensimismada al bebé que entre puntillas y algodones había llegado a casa. Nunca tuvo celos pese a que había quedado relegada en la sucesión. A la niña esas cosas no le importaban. Ahora compartía estancias y servidumbre con Alfonso, bajo la atenta vigilancia de la marquesa de Malpica, sobre la que empezaba a pesar la edad. La veterana servidora era de máxima confianza de la reina y en ella delegó las primarias atenciones infantiles. El ala izquierda en la primera planta del palacio era la destinada a los niños. Por ella se movían la nodriza, las damas de guardarropa y las mozas de retrete, encargadas del bienestar y aseo de los pequeños. Varias veces al día recibían la visita de su madre, quien, aunque atareada en sus esparcimientos, encontraba huecos para estar con sus hijos. Isabel II fue siempre una madre cariñosa. La abuela Cristina ya no les visitaba. Tras las tormentosas jornadas de Vicálvaro, las turbas habían incendiado su palacio de las Rejas en el paseo madrileño de Recoletos y ahora vivía exiliada en París. En las dependencias de Isabel y Alfonso no faltaban muñecas de porcelana, caballos de madera, cajas musicales y el popular aro, con el que la infanta se entretenía en los jardines del Campo del Moro en compañía de Lolita Balanzat, futura marquesa de Nájera. Aunque, en el fondo, a ella siempre le habían gustado más los juguetes de chico y los largos paseos a caballo por la Casa de Campo o El Pardo. Pero, sobre todo, Isabel disfrutaba en La Granja de San Ildefonso.

Se aproximaban fechas importantes en el calendario de la familia real. El presidente del Consejo de Ministros, Francisco Javier de Istúriz, había programado un viaje oficial en el que los reyes, en compañía de sus hijos, visitarían Albacete y Andalucía. Isabel II y don Francisco por unas semanas estaban obligados a entenderse o, al menos, a no mostrar públicamente la impetuosidad de sus caracteres que hacía temblar el cumplimiento estricto del protocolo. Sus públicas disputas amenazaban la estabilidad de la monarquía en un momento en el que muchas voces criticaban la voluntad libérrima de la Corona. De regreso a Madrid, marcharían a Asturias para que los niños recibiesen, en el santuario de Covadonga, de la mano del obispo de Oviedo, el sacramento de la confirmación. Desde ahí la reina había pensado pasar unas semanas tomando los baños en Gijón. Era el mes de julio de 1858. El Gobierno tenía claro que Alfonso e Isabel, los pequeños de la casa, se habían convertido en la principal baza con la que contaban los Borbones si querían mantener el trono. Por eso era necesario que viajasen por España, que en pueblos y provincias admirasen a la joven infanta, ataviada con el correspondiente traje regional. Las costureras reales no paraban de tomarle medidas: vestidito de fallera, de baturra o huertana. Todo tipo de justillos, enaguas o pololos para las indumentarias tradicionales. Y le pinchaban. Poco a poco se estaba creando el mito de la Chata, la infanta que supo ganarse el cariño de un país y que sería el referente constante en la vida de sus hermanos menores.

Isabel era ya una niña de ocho años. Con pelo trigueño, ojos almendrados y nariz respingona. La reina decidió que había llegado la hora de crearle un cuarto propio e independiente del príncipe de Asturias, con su servicio exclusivo. Isabel II no estaba para ajetreos, pues se encontraba en la recta final de un nuevo embarazo. Miguel Tenorio había sido ascendido a gentilhombre de cámara y muy pronto nombrado secretario particular de su majestad, cargo tradicionalmente de carácter privado. Y la reina optaba por delegar funciones en la marquesa de Malpica. En adelante atenderían a la niña otras nueve damas: una tenienta de aya, una directora de estudios, cuatro camaristas, dos mozas de retrete y una encargada de guardarropa. También habría que diseñar un plan de estudios acorde con la dignidad institucional de su joven alteza real. En principio, la encargada de su formación sería la señorita María de Haes. Se le impartirían nociones en doctrina religiosa, pero también clases de lengua extranjera, francés e inglés, de la mano de Frances Erskine-Inglis y Stein, quien pronto será apodada en palacio como *Fanny* y acompañará a las jóvenes infantas como directora de estudios hasta su fallecimiento, en 1882. Isabel recibiría además lecciones de música y canto del maestro Valldemosa, y en piano tendría como profesora a doña Mariquita, una virtuosa del teclado que supo inculcar en Isabel el gusto por las veladas musicales a las que será tan aficionada en su madurez. Los velones del dormitorio se apagarían a las nueve. A esa hora sus dependencias tendrían que permanecer a oscuras.

Un nuevo cambio se sumó en la vida de los más pequeños de la casa: el 26 diciembre de 1859 la reina daba a luz a otra niña, a la que llamaron María de la Concepción. La infanta Isabel pensaba que ahora podría jugar con su nueva hermana y se sintió protagonista cuando la dejaron asistir, con Alfonso, al bautizo en la Capilla Real. Actuaron como padrinos los duques de Montpensier, que en esas Navidades se habían desplazado a Madrid en un nuevo intento de Antonio de Orleans de conseguir un acercamiento al poderoso O'Donnell. También llegó a la corte el singular infante Sebastián de Borbón y Braganza, hijo de la princesa de Beira —alma espiritual del carlismo—, quien había contraído segundas nupcias con la infanta Cristina de Borbón, prima carnal de Isabel II y también del rey Francisco, en la endogámica familia real española. Pronto se convertirían en personajes muy populares en Madrid. Pero la alegría por el alumbramiento duraría poco. La nueva infanta iba a vivir solo dos años: fallecía en octubre de 1861 de un derrame cerebral. La reina la acompañó en la alcoba en su último suspiro. Isabel II, profundamente afectada, solo fue capaz de recibir al nuncio de su santidad entre las muchas autoridades que se acercaron a palacio a manifestar sus condolencias. Los restos mortales de la niña se depositaron en el Real Panteón del Monasterio de El Escorial, según costumbre y protocolo para estos infaustos sucesos.

Por unos días, el príncipe de Asturias y la infanta Isabel dejaron de acudir a su paseo por Recoletos. Cuando reaparecieron, lo hicieron de negro. También fue suspendida la apertura de las Cortes. El debate sobre la nueva partida presupuestaria para mantener la expedición colonial española en la Cochinchina tendría que aplazarse. Igual que la esperada alocución del general Concha como consecuencia de la ofensiva de Garibaldi en el extinto reino de Nápoles. Europa estaba cambiando y España crecía económicamente gracias a sus aventuras imperiales. Prim era el general de moda: la guerra de Marruecos había colocado al flamante marqués de los Castillejos en la cima de su popularidad.

3

Los amores de una reina

Miguel Tenorio y nuevos alumbramientos reales. Salvas para la infanta Pilar. Nace la infanta Paz. Damas, camareras e institutrices. ¿Una escapadita a Lhardy a por bombones de licor? El Pardo y jornadas de caza. Días en Riofrío. ¿Quién es el secretario de papá? Adiós a la marquesa de Malpica.

Desde que Miguel Tenorio de Castilla había sido designado por la reina como su secretario particular, los rumores sobre los amoríos de la soberana se dispararon. Parecía claro que Tenorio había desplazado a Puigmoltó del corazón ardiente de Isabel II. El carácter privado de este nombramiento respondía sin duda a impulsos sentimentales. Hombre ya maduro, viudo como consecuencia de la epidemia de cólera del XIX y con una dilatada carrera política en el Partido Moderado de la mano del conde de San Luis, el nuevo «favorito» iba a ocupar un lugar especial en la sangre y el corazón de los nuevos vástagos reales. Era cierto que la convivencia formal de los reyes respondía solo al papel que les confería su representación institucional. El matrimonio estaba roto. Pero don Francisco soportaba con resignación forzada los murmullos que corrían de boca en boca cada vez que la reina se presentaba en las ceremonias de palacio con su vientre abultado: sus continuos embarazos respondían al ardor carnal de sus romances. Desde ese momento y hasta el fallecimiento de Tenorio en Múnich —a punto de cumplir los cien años— fue un personaje presente en la vida de la familia.

Apenas un año después de que las garras de la muerte se llevasen a la pequeña Concepción, la reina volvía a dar a luz. El 4 de junio de 1861 nacía una robusta infanta a la que pusieron de nombre Pilar Berenguela. El bebé fue presentado con el ceremonial de costumbre a las muchas personas a quienes se había convocado en la real cámara. Entre ellos se encontraba un satisfecho Miguel Tenorio. De nuevo las salvas de artillería y el repique de campanas anunciaban el nacimiento a la población. España entera se alegró de la nueva dicha de la real familia y la prensa se deshizo en bendiciones y halagos a la soberana por asegurar la sucesión al trono. Sus hermanos, Isabel y Alfonso, estaban felices, aunque a ellos solo les dejaron besar a su madre cuando, pasados unos días, los facultativos certificaron que todo estaba en orden. En esta ocasión, la recuperación de la reina fue rápida. La luz y el aire cálido que traía la primavera ayudaron en su convalecencia. También los bombones que le hacían llegar desde casa Lhardy, sus favoritos. Sin embargo, se extremaron las precauciones en los cuidados de la niña por el miedo a que se reprodujesen las desdichadas escenas vividas meses atrás en los aposentos infantiles. La marquesa de Malpica se había puesto en marcha y el dispositivo de palacio entró en acción: ama de cría y ocho camareras para atender a la nueva infanta, que sería apadrinada por los infantes Sebastián y Cristina, cada vez más queridos en la corte una vez sellada la reconciliación dinástica. Su palacete de la calle Alcalá era en esos días lugar de encuentro de lo más escogido de la sociedad científica y artística de la época.

Los cuchicheos sobre la relación de la reina con su secretario particular corrían por toda la corte. Juntos acudían a la ópera, al Teatro Real o a las jornadas de caza que se organizaban en

El Pardo y a las que Isabel era tan aficionada. Le gustaba enfundarse los uniformes de montar a caballo que mandaba confeccionar en Londres, en la casa Wolmershausen, donde trabajaba el mejor sastre de ropa hípica de Europa y que era, además, proveedor de la reina Victoria. Con ellos se sentía atractiva. Tampoco era infrecuente que las doncellas vieran a Tenorio abandonar el dormitorio de la soberana. La verdad era que se escondían poco. El rey Francisco llevaba una temporada en el coqueto caserón de Riofrío. Ahí se retiraba cada vez que los rumores se hacían insoportables; ahora le llamaban «poco natillas». ¡Qué humillación! Para su desahogo, había hecho remodelar el ángulo suroeste de ese palacio, forrar en seda azul su dormitorio e instalar un sistema de llamadas y timbres para el servicio. Aquí podía manejar a su antojo. A él, nieto de Carlos IV, le hubiera gustado mandar, pero nunca le dejaron. Francisco disfrutaba de la vida ordenada de la sierra y le encantaba redistribuir por su saleta y antecámara la fabulosa colección de pintura que había ido reuniendo. El rey no era de festejos. Como mucho, unas partidas de billar. Pero en Riofrío no estaba solo. Él también tenía su particular secretario. Se llamaba Antonio Ramos Meneses.

Pero, ¡qué desgana!, de nuevo a Madrid: la reina estaba otra vez de parto. El 23 junio de 1862 nacía la infanta Paz. Fue el alumbramiento menos complicado de los diez que había tenido Isabel II hasta entonces. Era una niña rolliza que llegó al mundo a la cinco de la tarde, apenas tres horas después de que la reina rompiese aguas. Todo había marchado con facilidad y la pequeña fue presentada por don Francisco con el ceremonial habitual. Ya estaba acostumbrado. Incluso sonreía cuando portaba a la sonrosada infantita en bandeja de plata ante la maliciosa mirada de los congregados. Llevaba varios años ejerciendo como padre, aunque todos sabían que la sangre que corría por los nuevos

Borbones no era la suya. Los niños no tenían la culpa de la desvergüenza de su madre y, en el fondo, él les quería.

La infanta recién nacida era una prueba más de la unión entre el trono y el pueblo, aunque ocupase el cuarto puesto en la sucesión. El ayuntamiento de Madrid, precedido por el gobernador, asistió a un solemne tedeum con el que se dio gracias por el feliz alumbramiento y se pidió por la recuperación de la reina. Horas después, en la capilla del palacio, la pequeña Paz recibía el sacramento del bautismo de la mano del arzobispo de Toledo. Sus padrinos, el príncipe Adalberto de Baviera y su mujer, la infanta Amalia —hermana del rey Francisco—, no acudieron. Aunque afectivamente muy cercanos al núcleo más íntimo de Isabel II, vivían en Múnich y las comunicaciones eran difíciles. Pocos sospechaban entonces que esos vínculos de cariño entre ambas ramas de la familia se estrecharían hasta el punto de llegar a convertirse en suegros de la neófita. Pero para eso faltaban años aún. Mientras tanto, actuó como padrino en representación de su hija un avejentado Francisco de Paula. El príncipe de Asturias y la infanta Isabel también estuvieron en la ceremonia. A Pilar la dejaron en sus dependencias. Era todavía muy pequeña.

Días después, Isabel II apareció en público para llevar a la niña a la Virgen de Atocha, protectora de la familia real española. Con un elegante traje borgoña y una riquísima diadema de brillantes, estaba radiante, contaba el *Diario Oficial de Avisos de Madrid* el 20 de julio. Don Francisco, aunque vestido de capitán general, era poca cosa. Una multitud de personas de todas las clases y categorías se agolpaba en las calles cercanas al paso de la comitiva, aunque en esa ocasión faltaban muchos de los invitados que ordinariamente asistían a estas solemnidades por hallarse fuera de la corte a causa del comienzo de la temporada estival. De todas las hermanas, Paz siempre fue la más prudente, aunque no fue así su recibimiento: los balcones se habían adornado con vistosas colgaduras y ese día la bandera nacional ondeó en todos los edificios públicos.

Terminados los festejos por el nacimiento, el rey consorte y la infanta Isabel se marcharon a Sacedón, en plena Alcarria, a tomar sus baños. La reina, con las pequeñas infantitas y Alfonso, a La Granja. Leopoldo O'Donnell, jefe de Gobierno, había propuesto un viaje oficial de la Corona por Andalucía y Murcia. La amalgama política que era la Unión Liberal, el partido centrista en el poder, se resquebrajaba. Se había disfrutado de un periodo de relativa estabilidad interna y de agitada política exterior, sin embargo, las acusaciones de corrupción también llegaron. La creación de un imperio en México tutelado por Napoleón III amenazaba con romper el estrecho hilo del que pendían las relaciones con Francia. Se hacía necesario distraer la atención de los asuntos de gobierno. Los reyes viajarían en el tren real acompañados por el príncipe de Asturias y la infanta Isabel. Pilar y Paz se quedarían en palacio, pues por su edad eran un estorbo en el complicado periplo que llevaría a sus padres, durante una temporada, por el sur de España. Estas semanas serían el último acto de servicio en palacio de la experimentada marquesa de Malpica: el aya de las infantitas fallecía en mayo de 1863 a los sesenta y cinco años. En sustitución regresaba su sobrina y nuera, la marquesa de Novaliches, amiga personal de Isabel II. En adelante se ocupará de las pequeñas de la casa.

4

Los salones se llenan de niñas

Nuevas salvas por Eulalia. Zarzuela y Curro Cúchares. Los juguetes y el gimnasio. Sus altezas deberían estarse quietas: lencería y enaguas de moer. ¡Las revisiones médicas! Sombrillas, sombreros, miriñaques y abanicos. Los vestidos de casa Worth. ¿Napolitanas de La Mallorquina o azúcar glas de El Riojano? Nos vamos a Zarauz. Eulalia tiene tosferina. ¿Es Amadeo un pretendiente para Isabel?

Esa madrugada del 12 de febrero de 1864 se respiraba tensión en palacio. La reina se había vuelto a poner de parto. Pero las cosas no marchaban bien. El doctor Tomás del Corral, marqués de San Gregorio —que atendía los partos reales desde el nacimiento del príncipe Alfonso—, se dio cuenta de las complicaciones y aceleró la petición de material quirúrgico complementario. Valoró intervenir, pero finalmente apostó por los fórceps. Las camareras entraban y salían con agua hirviendo dispuesta para la higiene. Había que garantizar la asepsia para evitar una infección que pudiese complicar, todavía más, el regio alumbramiento. La duquesa viuda de Alba, camarera mayor de palacio, no tuvo más remedio que avisar a don Francisco. Las jóvenes infantas y el príncipe de Asturias también debían estar preparados para cualquier contratiempo. Fue un parto lento y laborioso. Sudores y mucho sufrimiento dieron paso al nacimiento de otra niña. Pero no respiraba. La pequeña se encontraba en un estado de asfixia que hizo que se temiese lo peor. La angustia duró poco. A las cuatro menos cuarto de la madrugada, los pulmones de la niña exhalaron unos tenues llantos. Los primeros de una vida de alboroto y tempestad: Eulalia de Borbón acababa de llegar al mundo.

Era muy hermosa, la más guapa de todas las hijas de la reina. Pero también la más díscola. El cañón y las campanas anunciaron a los habitantes de Madrid que la soberana contaba con un vástago más en su augusta familia, decía *La Época*. En la Capilla Real, la recién nacida fue portada en brazos por el infante Francisco de Paula y la marquesa de Novaliches, en representación de sus padrinos de bautizo, sus altezas el duque Roberto de Parma y su hermana. Terminada la ceremonia oficiada por el patriarca de las Indias, le impusieron a la pequeña las insignias de la real orden de Damas Nobles de María Luisa. Era el primer acto protocolario de una infanta que iba a rebelarse contra los convencionalismos de una corte que nunca toleró.

La reina, aunque agotada, se sentía dichosa. Eulalia era el nuevo fruto de una relación madura que todavía llenaba su corazón. Esa tarde, Isabel pidió que le llevasen a todas sus hijas: quería verlas reír y jugar entre los cachivaches de su alcoba. Con treinta y cuatro años, Isabel II coronaba su satisfacción con una copiosa descendencia que, pensaba, garantizaba la continuidad del trono. Ese invierno no imaginaba aún que la monarquía liberal pudiese desmoronarse. Pero la desafección del Ejército, la aparición de los grupos demócratas y el retraimiento de los Progresistas eran una primera amenaza a la estabilidad de gobierno. Los banquetes en el Circo Price apuntaban a que algo iba a pasar. Una mañana, los madrileños se despertaron al ruido de cañonazos. Las tropas habían tomado las avenidas del Príncipe Pío y de Argüelles y, horas después, los sargentos del cuartel de San Gil se levantaron en armas. Además, la publicación de

«El rasgo», un artículo del político Emilio Castelar en el diario *La Democracia,* había puesto en tela de juicio la imagen pública de la Corona justo cuando las críticas a la vida licenciosa del matrimonio regio y su camarilla se hacían insoportables. Pero a Isabel no le importaba. El pueblo la quería. Cada vez que aparecía acompañada por las infantitas en berlina descubierta por el paseo de Recoletos o el Retiro, las demostraciones de júbilo eran continuas. Cuando la soberana se presentó en el estreno de la exitosa zarzuela de Barbieri *Pan y toros,* la apoteosis fue total. Y tras su viaje a Sevilla para la corrida homenaje a Curro Cúchares en la Maestranza, dijeron que nadie como ella lucía tan bien la mantilla blanca. Sin duda, era una reina popular.

Pilar, Paz y Eulalia tenían una edad muy similar. La duquesa viuda de Alba, dama de máxima confianza de la reina, decidió acomodar a las niñas en el ala izquierda de la primera planta del Palacio Real. Pilar y Paz compartirían dormitorio. También sus primeras confidencias. Eulalia permanecía en un cuarto contiguo bajo la supervisión permanente de la marquesa de Novaliches, quien estableció férreos horarios para el amamantamiento. La benjamina fue siempre la más llorona, mientras que sus hermanas empezaban a dar muestras de una complacencia que era el orgullo de la infanta Isabel, firme en el cumplimiento de las obligaciones regias.

En palacio había pocos niños con los que relacionarse una vez que las primas Orleans habían partido definitivamente al exilio. Les tocaba entretenerse con los mueblecitos de madera de sus casas de juguetes hechas por encargo en el establecimiento La Loba Marina, en la calle Montera. Tenían también muñecas con cabezas de porcelana que llegaban directamente desde Londres y se distraían con sencillos puzles de madera. Pero lo que más les gustaba era salir a la sala de ejercicio que la reina había encargado construir en el Campo del Moro. Tenían todo tipo de aparatos gimnásticos diseñados por el médico sueco Gustav Zander, con los que, según la moda de la época, debían fortalecer determinadas partes de su anatomía. Isabel II era consciente de los beneficios del deporte para la salud y dispuso una tabla de entrenamiento diario para sus hijas. A ellas les encantaba.

Para las pequeñas lo más fastidioso era la hora del vestuario. ¡Y los médicos! Ocho camareras atendían a cada una de las infantas mientras las modistas se deshacían en halagos tratando de medir sus cuerpos aniñados. «Sus altezas deberían estarse quietas», les reprochaba Pepa Angulo, encargada del guardarropa de las niñas y entrañable figura en la vida de la corte. Pero no hacían mucho caso. Cuando dejaron atrás los pañales de paño, llegó la hora de confeccionar lencería y enaguas de moer. A veces las compraban en el Gran Establecimiento de la calle Mayor, donde vendían las mejores medias inglesas, chambras y refajos de piqué. Los vestidos de calle serían iguales para Pilar y Paz: pardesús con ribetes de terciopelo y abriguitos paletó de cachemira, todo forrado en tafetán. Como calzado, botinas tobilleras de cuero o charol en color oscuro. Eran de la mejor zapatería de la calle Desengaño, pero siempre les rozaban. Tenían también una considerable variedad de juegos de cuellos y puños bordados. Y esto solo para el paseo de la tarde. Porque cuando tocaban recepciones en palacio, la cosa se ponía peor: las vestían con trajes de seda, escote, alhajas, broches o bandas. Con puntualidad y diligencia —marca de la casa—, las niñas llegaban al salón del trono para permanecer sentadas durante horas en unos recargados butacones adamascados que les resultaban muy incómodos. Para unas niñas que apenas llegaban a los seis años, aquello era una pesadilla. Igual que lo eran las continuas revisiones médicas a las que las sometían. A pesar de los avances de la década, la mortalidad infantil seguía siendo alta en España, y ellas tenían la misión de perpetuar la dinastía. Años después, la infanta Eulalia describirá en sus memorias cómo las atiborraban a pastillas, porque cada uno de los médicos que las visitaba diariamente recetaba una medicación diferente a los anteriores. Isabel, la reina, que jamás desatendió a sus hijas, supervisaba detalladamente cada uno de los avances de las pequeñas. Pilar parecía la más alta; Paz, como ella, tenía tendencia a ensanchar; y Eulalia, desde chica, apuntaba maneras.

Pilar y Paz miraban con cierta admiración a su hermana mayor. Ella ya tenía camaristas propias y una asignación de cinco mil reales mensuales para sus gastos en ropa y objetos personales. Isabel se había convertido en una joven con encanto, aunque no muy guapa, de carácter abierto en lo social y guardiana de la disciplina de una infanta española. Ella misma visitaba los principales comercios de marroquinería y complementos que lucían orgullosos en la puerta el cartel de «Proveedor de su alteza real la infanta Isabel». Las compras eran extraordinarias: abanicos, sombrillas, sombreros, guantes, zapatos, botas, lencería, miriñaques y todo tipo de vestidos costosos. Los corsés eran siempre del establecimiento A las dos palabras, la fábrica de fajas de la calle Hortaleza que había resultado premiada por su majestad por incluir un sistema especial de reducción del volumen del vientre. A las seis de la tarde, cuando los mozos avanzaban por la escalera de servicio del ala izquierda cargando los paquetes destinados al guardarropa de Isabel, sus hermanas Pilar y Paz entreabrían la puerta de su dependencia para mirar con aire de fascinación. Ellas querían ser mayores. Pero la férrea disciplina que trataba de inculcarles la marquesa de Novaliches volvía a mandarlas a su habitación. También llegaban cajas de la Perfumería Francesa con pomadas, aceites, colonias, polvos de arroz y de dientes, por onzas.

La infanta Isabel visitaba las tiendas de moda de la Puerta del Sol o la plaza de Santo Domingo, generalmente regentadas por franceses; elegía lo que le gustaba y, ya en Palacio, María Lemaire, la encargada de su vestuario, lo clasificaba y guardaba. Los vestidos de gala se encargaban directamente en París, a la casa del modisto Frederick Worth, entonces el más prestigioso de Europa y diseñador de cabecera de la mismísima Eugenia de Montijo. La granadina, convertida por matrimonio en emperatriz de los franceses, era un modelo de elegancia para infantas casaderas. La duquesa viuda de Alba, que viajaba con frecuencia a Francia por motivos familiares, se ocupaba de llevar los encargos de la joven Isabel y de la reina. Aquello era un derroche. Y eso sin contar con las joyas, a las que la infanta, al igual que su madre, se había aficionado pronto. Samper, en la calle del Carmen, era el joyero más famoso de Madrid y se convirtió también en proveedor de la Chata. Compraba piezas constantemente para ella, para su madre, para el rey consorte..., haciendo gala de la consabida generosidad borbónica.

Desde niñas, Pilar, Paz y Eulalia fueron recibiendo la formación acorde con el rango y condición que se esperaba para unas infantas españolas. El horario era estricto y siempre supervisado por la marquesa de Novaliches, nueva camarera mayor, que se había hecho con los mandos de la intendencia en la familia real. Su autoridad sobre el resto de la servidumbre era grande. La reina, en esos días, todavía lloraba la muerte del último de sus hijos, Francisco de Asís Leopoldo, fallecido a los veinte días de su nacimiento, el 24 de enero de 1866. La vida en la corte se había vuelto a teñir de luto, pero la disciplina se mantenía férreamente: las levantaban a las ocho de la mañana, se aseaban y vestían para oír la santa misa en su oratorio particular. Después tomaban un desayuno que consistía en chocolate, entremeses, fruta y los dulces a los que eran tan aficionadas: a Pilar le encantaban las napolitanas de La Mallorquina que le traían desde la calle Jacometrezo, mientras que Paz prefería el bizcocho con azúcar glas de la confitería El Riojano, su favorita. Pero los tomaban siempre con moderación para no echar a perder la figura. Su madre las acompañaba alguna mañana, aunque Isabel era de poco madrugar ya que las veladas nocturnas en Lardhy solían prolongarse hasta altas horas de la madrugada.

A las diez comenzaban sus lecciones de ortografía, aritmética, nociones de cultura general y algo de idiomas, aunque lo cierto es que descuidaron en exceso el aprendizaje del francés que tanta falta les haría en tiempos no muy lejanos. Recibían además clases de piano y pintura, artes que desde niñas resultaron de su agrado. La infanta Isabel completó su formación gracias a la incorporación al plantel de diferentes profesores que desfilaban por palacio: Pedro Cabello y Madurga era el encargado de las lecciones de geografía e historia; Joaquina García Clavel, de labores; Antonio Castilla Benavides, de gramática, escritura y aritmética; Luis Alfonso Nordenfells, de alemán, y el presbítero Mr. Roaldés, de francés.

El almuerzo de las infantas era temprano, a la una y media. Platos contundentes que elaboraban con esmero en las cocinas del palacio, tan alejadas del comedor de diario. Pilar y Paz eran, como su madre, poco remilgadas para la comida y desde niñas se aficionaron a los estofados madrileños que jamás llegaban calientes. Vajilla de loza y cubertería de alpaca, pues la plata y las porcelanas de Meissen se dejaban solo para las grandes ocasiones. Eso sí, debían sentarse rectas, guardar la compostura, jamás elevar la voz y colocar la servilleta de lino prudentemente en la sobrefalda de tafetán que cubría sus enaguas. Ya no les ponían babi, aunque cuando Eulalia se incorporó al ritual de las comidas en su trona de madera todos los esfuerzos por mantener el decoro se echaron a perder. La pequeña de las hermanas siempre tuvo poco apetito y su presencia en la sala rompía la disciplina que con tanta insistencia trataba de imponer la infanta Isabel. La Chata se ponía enferma con los gritos, risas y llantos de sus hermanas menores. Ella almorzaba aparte, en ocasiones con el rey Francisco, aunque a sus diecisiete años empezaba a ser habitual verla en los actos protocolarios que Isabel II y el Gobierno de Luis González Bravo organizaban en su afán de mantener la normalidad.

La hora de la siesta también era un aburrimiento. De vuelta al dormitorio con la ropa de cama para descansar. Sus sábanas de hilo con cenefas blancas estaban bordadas con el escudo de los Borbones, pero no les gustaban nada. Preferían salir a correr al Campo del Moro, aunque ellas nunca decidían. Además, los médicos pensaban que era saludable un sueño largo para reponer cuerpo y espíritu. Así que a la cama hasta que a las cinco volvía a desfilar la comitiva de camareras para despertarlas. Gimnasia, paseo en coche descubierto, juegos infantiles y lecciones de piano. Era el mejor momento. A veces, subía su hermano Alfonso para pasar un rato con ellas. La reina también las visitaba, aunque cuando se acercaba la noche solía andar con prisa. Tenía que acicalarse para la ópera, un baile de gala o cualquiera de los festejos a los que la movían sus impulsos naturales. Ahora se hablaba de un tal Carlos Marfori, sobrino de Narváez, que, de repente, se había convertido en intendente de palacio. Isabel II era todo pasión, pero en la vida de sus hijas había poco espacio para la aventura.

Antes de acostarse, Pilar y Paz comentaban en su dormitorio las ganas que tenían de que llegara el verano. Sabían que un año más, tras la temporada de La Granja, viajarían al norte.

Habían escuchado a la marquesa de Novaliches dar órdenes para preparar los equipajes y acomodar en baúles todo el vestuario de la familia para pasar el mes de agosto. Partirían en el tren real de la línea Madrid-París, el Ferrocarril del Norte, recientemente inaugurada. Desde 1864 viajaban a Zarauz. Ahí también podían jugar con sus primos, los hijos del infante Sebastián y Cristina de Borbón, que con la llegada del calor dejaban su residencia madrileña de la calle Alcalá para instalarse en el palacete que tenían cerca de San Sebastián. En las playas y con la brisa, rompían la monotonía de horarios y podían pasear solas, sin muchos acompañantes. De vez en cuando, aparecía la familia imperial de Francia y la cosa se ponía más ceremoniosa. Solo tenían que cruzar la frontera y, como Eugenia era amiga de la reina, se veían muchas veces. Les encantaba el mar, porque además su madre les decía que era muy bueno para la piel. Ella siempre había tenido problemas de acné y quería evitar a sus hijas la fealdad de la primera adolescencia. Así que llegaban a Zarauz y lo primero que hacían era lavarse la piel con el agua salada. Además, el balneario de Alzola quedaba muy cerca y, en temporada, estaba animadísimo. Una vez, Eulalia, cuando tenía dos años, se puso enferma. Decían que tenía tosferina. Y ese año las enviaron a Vitoria, con Alfonso, Isabel y toda la servidumbre. Se quedaron mucho tiempo. Su hermana se recuperó y el verano siguiente volvieron a la costa. Pilar y Paz se acordaban de la visita de un tal Amadeo, duque de Aosta, que había llegado en representación institucional del reino de Italia. Ellas no sabían muy bien qué ni dónde era eso, pero sí recordaban que su madre lo había recibido con todos los honores y distinciones. ¿Sería un pretendiente para su hermana? Todavía no podían sospechar que ese galante joven, un día, les robaría el trono.

5

Boda real en Madrid

El enlace de la infanta Isabel con Cayetano de Borbón-Dos Sicilias. Un príncipe enfermo y arruinado. La dote. ¿Se ha casado el duque de Sesto? Los preparativos del ajuar y un encargo a París: la tiara de Mellerio. Lencería, peinadores y enaguas a medida. Llega la abuela Cristina. ¡No nos dejan ir a la boda! Más celebraciones y festejos. La condesa Girgenti en luna de miel. La monarquía se desmorona.

Era el mes de abril de 1868 cuando Cayetano de Borbón-Dos Sicilias llegó a Madrid. No era apuesto, pero tenía cierto empaque con su traje austríaco de coronel de hulanos. Ojos azules, rubia cabellera. Nada hacía suponer sus estados de desequilibrio y anomalías epilépticas. En la corte todo eran parabienes para este príncipe desterrado, conde de Girgenti y hermanastro del último rey de Nápoles, Francisco II. Aunque en el exilio como consecuencia de la unificación italiana, los Borbón-Dos Sicilias mantenían vínculos familiares y afectivos con los Borbones españoles. Isabel y Cayetano se conocían poco, pero las referencias eran buenas y el joven había dado muestras sobradas de gallardía en la batalla de Koenigsgraetz con su regimiento del ejército de Austria. De todos los candidatos casaderos, Cayetano parecía el más adecuado para la joven Isabel. Además, la reina tenía cierto cargo de conciencia por haberse visto obligada a reconocer el trono saboyano y quería recompensar a sus parientes. Aunque quien más interés parecía tener en este matrimonio era don Francisco. El diario *La Correspondencia de España* se volcó en la visita y la reina no tardó en concederle la distinción de infante de España, con todos sus honores y prerrogativas. Era lo mínimo para el prometido de su primogénita, que pronto se convertiría en su yerno.

En esos días, se acordaron la dote y los términos económicos de la pareja. El diario carlista-católico *La Regeneración*, el 13 de mayo de 1868, fue el primero en describir cómo se había producido la protocolaria ceremonia de «tomarse los dichos»: la infanta Isabel llevaba veintidós millones de dinero, 3.300.000 reales en alhajas que le regalaba su madre, ocho millones en un palacio que la reina mandaría levantar para su hija y un millón doscientos mil reales como regalo del rey don Francisco. La casa real española era todavía rica; la aportación de Cayetano iba a resultar más modesta. No parecía muy buen partido para una infanta de España. Para la firma de las capitulaciones matrimoniales, la joven Isabel se vistió con un traje en color lila de seda y un magnífico aderezo. Debía demostrar su categoría.

Las semanas previas a la boda fueron de mucho frenesí. El conde de Girgenti se alojó en el palacio de San Juan, residencia del infante Sebastián. Ambos mantenían una estrecha amistad desde los tiempos del primer matrimonio del infante con María Amalia de Borbón-Dos Sicilias, tía carnal de Cayetano. Entre recuerdos y máquinas de fotografía a las que Sebastián era tan aficionado, hablaban de arte y de los procesos de daguerrotipo que permitían fijar las imágenes. La infanta Cristina estaba encantada de alojarlo en su casa y organizar todo tipo de festejos. La infanta Josefa —Pepita, hermana también del rey consorte—, tan amiga de la reina, era siempre la primera en llegar con noticias sobre lo que se cocía en la corte. Lo último era que Pepe Alcañices, el «solterón» duque de Sesto —hijo del antiguo mayordomo y caballerizo mayor— y personaje principal en la vida de palacio, acababa de casarse en Vitoria con una viuda rusa que decían hija del zar y era una belleza. Se llamaba Sofía Troubetzkoy.

Pero lo que traía de cabeza a la soberana y su hija eran los preparativos del ajuar. El rey don Francisco no se metía. Le hubiese gustado, pero no le dejaban. Los pedidos se encargaron en las mejores casas de moda de Madrid y París. Fueron exagerados. La infanta Isabel tenía que llevar un equipo acorde con la dignidad de su rango y deslumbrar en la corte de Viena que pronto visitaría. Josefina Beaubé, jefa del guardarropa, no descansaba: envolturas completas, atadores, cortinillas y colchas de muselina bordada, piqué inglés, mantelerías y toallas. Muchas de las compras para la casa las hicieron en los grandes almacenes que el empresario Eduardo Sachsé tenía en la confluencia de las calles Mayor y Arenal. No daban abasto para la confección. La lencería, peinadores, almillas, enaguas y camisas eran a medida y la infanta Isabel pasó muchas tardes rodeada de modistas y costureras. Había adelgazado, pero era consecuencia de los nervios: le preocupaba su intimidad con Cayetano. Solo podía hablarlo con Lolita Balanzat, pero su amiga carecía también de experiencia.

En palacio no dejaban de entrar carruajes repletos de pedidos para su alteza, que los mozos colocaban cuidadosamente en las cocheras, el espacio reservado para el equipaje del matrimonio. La infanta sabía que tendría que prescindir de su lujosa servidumbre. Las azafatas y camaristas que la habían atendido desde niña cesarían en el momento en que se convirtiese en condesa de Girgenti. En adelante, solo dispondría de una dama napolitana.

Pilar y Paz estaban maravilladas con el alboroto que había en palacio. Por unos días quedaron atrás las lecciones de aritmética y piano. Además, había llegado la abuela Cristina desde París. También aparecieron las primas Montpensier y su tía Luisa

Fernanda, con lo que en casa había mucho follón. Pero para ellas fue un chasco cuando les dijeron que no podrían acudir a la boda: sus siete y seis años no eran suficientes para estar en el enlace. Así lo marcaba el protocolo.

Sin embargo, la tarde anterior a la boda, la reina había dado orden de reunir a todos sus hijos en el comedor de columnas. El primero en llegar fue Alfonso. Con once años sentía la responsabilidad infantil de la partida de su hermana. Después aparecieron Pilar y Paz vestidas con idénticos trajes en muselina y acompañadas por Pepa Angulo. Eulalia llegó después. Aunque era la más pequeña, Isabel II no quería que se ausentase. Les había preparado una jornada especial. Para sorpresa de las infantitas, los reyes entraron juntos. A pesar de su distancia afectiva, habían aprendido a mantener la compostura ante los niños. Y en esa ocasión estaban dichosos. La última en aparecer fue Isabel. Le sorprendió ver a su familia reunida apenas unas horas antes del fabuloso acontecimiento. Sin duda, estaba impaciente. Don Francisco se adelantó y le hizo entrega de un magnífico aderezo de perlas. Ambos se emocionaron. El rey siempre había sentido debilidad por esta joven que en tanto se parecía al carácter espontáneo de los Borbón. En el fondo, era su sangre. Isabel II no pudo contener la emoción y abrazó a su hija. Acto seguido, ordenó solemnemente a uno de sus ujieres que abriese la puerta: una camarista entró portando un cojín de terciopelo sobre el que relucía una deslumbrante tiara realizada por la prestigiosa joyería Mellerio, de París. De brillantes montada sobre platino, simulaba varias conchas marinas con siete gruesas perlas en forma de pera. En adelante será conocida como la diadema de la Chata.

Madrid había engalanado sus calles y balcones. Su infanta, la niña a la que habían visto crecer entre festejos, toros, conciertos y verbenas, quien había recorrido España llevando la imagen de la monarquía a pueblos y provincias, se casaba con un príncipe napolitano. Era a la que más querían. En sus dependencias, Isabel parecía nerviosa, insegura ante el horizonte de separarse de su familia y de una vida en pareja que desconocía. En el amanecer de ese miércoles 13 de mayo estuvo acompañada por la marquesa de Novaliches y seis camareras que se encargaron del acicalamiento. La peluquera llegó muy temprano. Sus largos bucles castaños irían prendidos en un historiado recogido. Medias, enaguas, corsé, cintas y lazos, escarpines de tacón grueso y su fabuloso vestido de raso. Estaba muy bonita. Pilar y Paz, de la mano, recorrieron con sigilo el largo pasillo que separaba su cuarto del de su hermana. ¡Si las veían, seguro que las regañaban! Pero querían darle un beso. Cuando abrieron la puerta la encontraron guapísima. Sabían que era su despedida y guardarían, para siempre, esta imagen en el recuerdo.

El Palacio Real se había iluminado. Lámparas y candelabros resplandecían en la noche; la boda iba a celebrarse tarde, a las diez, según costumbre en la corte. Se eligió para la ceremonia uno de los salones de las habitaciones de don Francisco, transformado en capilla, con un frontal blanco, candeleros, seis velas y una cruz. Todo con mucho empaque. Alrededor del altar se colocaron los capellanes de honor y eclesiásticos designados por el patriarca de las Indias, que actuaría como oficiante. Sus majestades los reyes ocupaban los puestos principales. Isabel II llevaba un majestuoso traje en color hortensia que le favorecía. A su lado, don Francisco, de capitán general, parecía insignificante. Junto a ellos, los duques de Montpensier, las infantas Cristina y Josefa, la reciente duquesa de Sesto y el infante Sebastián. A la izquierda del altar se situaron las damas de la reina, gentilhombres y mayordomos. No faltaba el influyente padre Claret, confesor de Isabel II, además de jefes de palacio, grandes de España, ministros del Gobierno, cardenales, cuerpo diplomático y delegados napolitanos. El conde de Girgenti, vestido de coronel de Húsares de Pavía, llegaba a palacio en un lujoso carruaje tirado por seis caballos. Sonaron bandas militares en la plaza de la Armería y el novio subió la escalera principal flanqueada por los alabarderos. Los padrinos del enlace, la reina Cristina, con su pelo blanco con bucles peinados en dos tirabuzones, y el rey don Francisco —en representación del rey Francisco II de Borbón, ausente— salieron a recibirle y le acompañaron hasta el altar. Dentro esperaba la novia. Un poco seria, sin amor, nerviosa pero majestuosa, vestida de blanco con su diadema de brillantes y el collar de perlas que había recibido la tarde anterior. Ambos contrayentes se dieron la mano derecha. Tras el rito del sacramento, se convirtieron en marido y mujer. La infanta Isabel era ya condesa de Girgenti.

Los días siguientes pasaron entre besamanos, bailes y banquetes. Jean Laurent —fotógrafo de la real casa— llegó a palacio con sus máquinas y galerías para hacer unas «tarjetas de visita» con la fotografía de la boda. La misma mañana del 14 de mayo tuvo lugar la solemne ceremonia de velaciones con una misa nupcial en la Virgen de Atocha, tan especial para Isabel. El día estaba soleado. Desde palacio arrancó la comitiva regia en un espectacular desfile de carrozas de gala, con magníficos tiros de caballos de las reales caballerizas vestidos con reposteros y penachos. La familia real y las autoridades precedían a los recién casados, que recorrieron las calles que separaban la plaza de la Armería de la basílica, en el histórico «coche de la concha», entre aclamaciones populares. Los festejos y celebraciones eran los últimos rayos de luz de un reinado condenado a la muerte. Cinco días después, los Girgenti dejaron Madrid para iniciar un largo viaje de novios por Europa. Pocos imaginaron entonces que, más que a las fiestas por una boda, los españoles estaban asistiendo a los funerales de la monarquía.

6

Ruido de sables

Isabel II no tiene solución. Nos vamos de veraneo. De San Sebastián a Lequeitio en barco. ¡Qué mareo! En casa de Eloísa Gaminde. Colineta en el desayuno. A la playa con unos trajes ridículos. Máquinas de baño y vestidores. Visita a la fragata «Zaragoza». ¡España con honra! ¡Abajo los Borbones! Ni el laurel ni la gloria. La Gloriosa ha triunfado. Comienza el exilio. ¿Qué pasa con los equipajes reales? Los juguetes se quedan en Madrid.

En España olía a conspiración. Ruidos de sables anunciaban que el Ejército estaba inquieto. Las corrupciones de los moderados, las intrigas en palacio —la «corte de los milagros», según se leía en los diarios progresistas— y las torpezas de González Bravo, presidente del Consejo de Ministros, habían prendido la mecha. La reina seguía encaprichada con Marfori, de mediana edad, ancho de espaldas, fornido y gallardo. No había modo de hacerle entender la necesidad política de cesar a su amigo e intendente. Cenas en Lhardy, comidas en el Europeo, veladas en el teatro del Príncipe y mucha zarzuela. La reina, acompañada, acudió al comienzo de la temporada de ópera con el estreno de *Romeo y Julieta*, de Gounod, y poco después al *Don Carlos*, de Verdi. ¡Isabel II no tenía solución!

Pero a pesar de los rumores y corrillos, la vida de las infantas continuaba sin sobresaltos una vez que su hermana había dejado el hogar. Por telégrafo supieron que había conocido Viena, visitado al papa Pío IX y se encontraba en París invitada por los emperadores. Las niñas se sentían más libres, menos obligadas a la severa disciplina que las encorsetaba en sus responsabilidades de infantas. Querían dar sus paseos matinales y jugar con sus cometas. Pero el calor de ese verano de 1868 resultaba asfixiante y estaban deseando salir de Madrid. Entre risas y juegos, Pilar y Paz preguntaban a Pepa Angulo cuándo viajarían al norte, sin saber que tardarían muchos años en volver al Palacio Real.

La primera quincena de agosto la pasaron en La Granja. De ahí, a El Escorial, donde Eulalia, en brazos de su nodriza y bajo palio, sería presentada en el monasterio en un antiguo ceremonial con toda la pompa y boato. Para Pilar y Paz, aquello era un aburrimiento. Ellas estaban deseando llegar a la playa y saltaron de alegría cuando su madre les anunció que partían a la costa vasca. Las niñas guardaron sus muñecas y cacharros, y se prepararon para el viaje. Los diarios gubernamentales todavía se deshacían en halagos a la reina y anunciaron a bombo y platillo el itinerario de sus majestades hasta el litoral cantábrico. Partirían en el tren real: Ávila, Valladolid, Burgos y Vitoria hasta entrar en Guipúzcoa. De San Sebastián a Lequeitio viajarían en barco. Las infantitas siempre se mareaban, pero no les importaba. Lanchas adornadas con banderas nacionales les acompañaban hasta abandonar el puerto escoltando al remolcador *Isabel II*, seguido del transporte *San Francisco de Borja* y del vapor de guerra *Colón*, la comitiva que transportaba a la real familia.

Chupinazos y cohetes eran la señal de la llegada de los Borbones y su corte de palaciegos. Pisaron el muelle de Lequeitio y sonó la *Marcha Real*, interpretada por la banda local y la música del Arma de Ingenieros. Los balcones de la villa estaban adornados con pañuelos de colores de seda que destacaban sobre el fondo blanco de las colgaduras. El vecindario, entusiasmado, aclamaba a su reina y señora. Era el 11 de agosto de 1868 y Lequeitio y los balnearios del entorno dejaban atrás su habitual reposo para llenarse de aristócratas, cortesanos y gente distinguida.

Los ilustres veraneantes se instalaron en el palacio Uribarren. En plena Alameda y a pocos metros de la playa. La residencia era propiedad de Eloísa Gaminde, quien la cedía para la estancia estival de la reina y su familia desde hacía varios años. A cambio —según refiere la prensa— era obsequiada con un collar y brazaletes de diamantes. Las niñas atravesaron el amplio vestíbulo y subieron corriendo la escalera que las conducía a su cuarto. Querían cambiarse de ropa; algo más ligero para el primer baño de la temporada. Llamaron a Pepa que, sofocada, intentaba poner en orden el guardarropa de las infantas. Incapaces de estar quietas, la impaciencia les hizo abalanzarse sobre los equipajes reales que la servidumbre trataba de acomodar. Junto a los reyes, las infantas y el príncipe de Asturias, viajaba un séquito integrado por cerca de cincuenta personas entre camareras, mayordomos, cocineros, amas y mozas de retrete. Para el cuidado de las niñas, la marquesa de Peñaflorida, la marquesa de los Remedios y doña Enriqueta Zea Bermúdez. Y al frente de la intendencia femenina, de nuevo, la marquesa de Novaliches. Una visita al templo parroquial y un solemne tedeum dieron paso al besamanos con el que terminaron los actos de recibimiento. Ya eran libres para bajar a la playa: como cada mañana, la reina, Alfonso, Pilar y Paz se bañaron en las frías aguas del Cantábrico. Don Francisco nunca les acompañaba. Esas semanas, la animación sustituía la habitual tranquilidad de la villa vizcaína, pero el rey, inexpresivo, mantenía sus rutinas.

Las infantas seguían levantándose temprano. Les encantaba desayunar colineta, un riquísimo bizcocho con yema y merengue que se servía en el salón de la planta baja o en el jardín contiguo a la entrada principal. No faltaban los correspondientes servicios religiosos hasta que llegaba la hora de la playa. ¡Era todo tan distinto! Había vestidores y «máquinas de baño», una especie de casetas con ruedas que las acercaban hasta el mar. Desde la mentalidad infantil de sus hijas, Isabel II se ponía unos trajes ridículos, con calzón hasta los tobillos, cinturón y blusa de manga larga que le sentaba fatal. Hasta usaba capota para cubrir la cabeza y unas sandalias de paja que debían de resultar incomodísimas. Todo aquello era muy decoroso y suficiente para las exigencias sanitarias, pero una verdadera complicación. Y las infantas, más de lo mismo, porque, además, bajaban a la playa con toda la comitiva de amas, camareras y marquesas. Ponían una especie de butacones y permanecían en la arena hasta el almuerzo, aunque muchas mañanas la reina se marchaba antes a «tomar las aguas a Alzona», decía. Esos días, siempre la acompañaba Marfori.

Eulalia se quedaba en la arena con su nodriza, aunque a Paz y Pilar ya les dejaban bajar hasta la orilla. Algunas veces venían sus primos, Francisco y Pedro, los hijos de los tíos Sebastián y Cristina, que se alojaban en un palacete cercano. Pero ellos, aunque pequeños, jugaban más con Alfonso, que ya había cumplido diez años. A ninguno le perdonaban la siesta, por mucho que Paz pidiese a Pepilla seguir en la playa. Después, una suave caminata por el paseo, siempre muy concurrido. Leían y pintaban, y, de vez en cuando, hacían una excursión. La soberana organizaba cenas para las autoridades locales y alguna vez iba hasta San Sebastián por asuntos de Estado. Un día, a mediados de agosto, visitó la fragata *Zaragoza*, que estaba fondeada en un puerto cercano. ¡Quién iba a decirle que desde el mismo lugar donde entonces la vitorearon, poco después triunfaría la revolución a la que llamaron Gloriosa!

A mediados de septiembre llegaron noticias alarmantes sobre la situación política. La tiranía y la inmoralidad a la que había llegado el sistema, con la reina a la cabeza, desencadenó la catástrofe. El general Prim había entrado en España, y en Cádiz, el almirante Topete sublevaba la Armada al grito de «¡España con honra! ¡Abajo los Borbones!». Isabel, sorda a los consejos de sus fieles, se negaba a separarse de Marfori. Dominada por sus pasiones y ciegamente encaprichada de su intendente, era incapaz de asumir que algunos de sus antiguos leales pudiesen traicionarla. En el palacio Uribarren se respiraba tensión. Las informaciones eran confusas, pero la servidumbre se dispuso a hacer los equipajes a toda velocidad. La soberana no sabía qué hacer.

El 17 de septiembre, la familia real embarcó en el vapor *Colón* rumbo a San Sebastián. Era el mismo ceremonial que hacían cada final de veraneo, pero esta vez las cosas se habían precipitado un poco. Alfonso, Pilar, Paz y Eulalia, desconcertados por lo nerviosa que parecía su madre, decían adiós a Lequeitio. Al desembarcar en el muelle, todavía con honores, se dirigieron al templo de Santa María y de ahí, a la residencia-mansión del doctor Maten, en la que se alojaban durante sus estancias en la capital. Pero los días pasaban y los rumores eran, cada minuto, más preocupantes. Una mañana recibieron un telegrama de la infanta Isabel: Cayetano, conde de Girgenti, se disponía a entrar en España para ponerse al servicio del Ejército de su majestad. Prim, ahora a bordo de la fragata *Zaragoza,* recorría el Mediterráneo sublevando los puertos. La cosa, pensaron, debía de ser seria.

Desde Andalucía, las guarniciones rebeldes avanzaban hacia el norte en la idea de tomar la capital. Francisco Serrano, duque de la Torre, lideraba la expedición; era «su general bonito», el mismo que le había robado el corazón a la reina cuando era apenas una niña. Lo sintió como la deslealtad más dolorosa. ¡No podía ser! Pero las fuerzas de oposición cada día eran más numerosas. Progresistas, unionistas y demócratas unidos contra la reina. Isabel, desesperada, dio orden al marqués de Novaliches de avanzar hacia el sur en un intento estéril de cortar el paseo triunfal de los sediciosos. Esa noche supieron que el ejército gubernamental había sido derrotado en el puente de Alcolea, muy cerca de Córdoba. La batalla resultó sangrienta. Cayetano se había batido con coraje, pero todo estaba perdido. ¿Debía la reina volver a Madrid?

La corona estaba en juego. Don Francisco, Alcañices, Marfori, familia y consejeros opinan y nada solucionan. Son desabridos debates estériles. Isabel, tan volátil, ahora piensa que su sitio está en la capital. Todo se prepara, pero cuando llega la noticia de que la vía férrea se encuentra cortada y la línea telegráfica averiada, la decisión de regresar a Madrid se torna imposible. Pero ¿qué está pasando?, se preguntan las niñas. Pepa, alterada, no sabe responder. La situación para los Borbones es cada día más complicada. Al caer la tarde, Pilar, Eulalia y Paz besan a su madre y, acompañadas por su personal de servicio, se retiran a descansar. Han vivido horas intensas, pero no dejan de ser niñas: esa noche, las jóvenes infantas son las únicas que consiguen dormir. La reina no se acuesta; habla con unos y con otros, y decide que ya no quiere «el laurel ni la gloria». A las seis de la mañana da orden de cerrar los equipajes y poner el tren en dirección a Irún para cruzar la frontera con Francia. Al amanecer, visten a las pequeñas con ropa de viaje. Ese día no desayunan. Pepa, con voz tenue y pausada, les informa de lo que ha ocurrido. Pilar y Paz se miran inquietas hasta que los brazos protectores de su fiel cuidadora las acoge en un cálido apretón: con ella siempre estarán a salvo.

De madrugada hay poco tránsito en las calles de San Sebastián. Al llegar a la estación de ferrocarril, las infantitas se asombran de la cantidad de maletas, cabases y baúles apilados en los vagones de carga. La soberana da instrucciones, se mueve de un lado a otro y busca a Marfori entre su séquito. Avanza entre mozos y alabarderos con Eulalia en brazos. El padre Claret la sigue y tras ellos camina don Francisco. Es un breve instante de silencio hasta que escucha los acordes de la *Marcha Real*. Se gira y, seguida de sus hijos, Isabel II sube al tren. Es el 30 de septiembre de 1868. La reina, con un vestido de seda gris, se despide de España y parte hacia el exilio.

7

Adiós a España

La Francia de Napoleón III. Marfori y Meneses vienen con nosotros. De la frontera a Pau. Llega el príncipe imperial: Pilar se ruboriza. ¡Vamos a vivir en un castillo! A deshollinar las chimeneas. ¿Dónde están nuestros juguetes? Con los colchones en el suelo. Llega la abuela Cristina y vuelve Isabel. A mantener la etiqueta. Las misas del padre Claret. Paseos y excursiones por el Pirineo. Nuestro retrato expuesto a modo de souvenir. *Don Francisco dice que se va: a vender las joyas.*

El tren se ha puesto en marcha. Junto a la familia real viajan, en otros vagones, cerca de cincuenta miembros de la corte y servidumbre. Desde la ventanilla, las niñas dicen adiós a los pueblos y las aldeas españolas. Saben que algo ha ocurrido, pero desconocen hacia dónde van. Cuando cruzan el puente de Bidasoa, la reina se derrumba y rompe a llorar. ¡Todo se había perdido! Con apenas treinta y ocho años de edad, Isabel parte a un futuro incierto. A su lado, don Francisco, con gesto adusto, la escruta en silencio. Le reprocha un comportamiento innoble que le ha hecho perder la corona. Intuye que en otras dependencias se encuentra Carlos Marfori. Sus amoríos, piensa, han detonado la catástrofe.

Son las once de la mañana cuando cruzan la frontera de Hendaya. El día está oscuro. En la estación les espera una representación diplomática francesa y Pepe Alcañices, que se incorpora al séquito. Circunspecta, la reina baja del vagón y se dirige al andén. Les han preparado un cuidado desayuno que Pilar y

Paz miran con admiración: hay bandejas con bollería francesa dispuestas sobre una mesa para treinta comensales. Tienen también chocolate y azucarillos. Apenas descansan una hora y vuelven al corredor.

A las niñas, el idioma les suena, pero no lo comprenden bien. Ven cómo los sirvientes, dirigidos por personal de su séquito, cargan equipajes hacia otro tren que pone «Compagnie du Midi». Pepa las lleva de la mano y caminan tras su madre. La locomotora arranca en dirección a Biarritz. Ese nombre lo han oído muchas veces porque la reina se marchaba ahí en verano. El viaje dura poco y cuando empieza a reducirse la velocidad ven, de lejos, a Napoleón III con Eugenia de Montijo. «La Négresse», se lee. Ella está bellísima. Han venido acompañados de su hijo, Napoleón Eugenio Luis, que tiene casi la misma edad que Alfonso y al que conocen de las visitas a Lequeitio. Cuando el tren para, la emperatriz, seguida del príncipe imperial, sube a la plataforma del convoy. Isabel y Eugenia, la exreina y la emperatriz. Isabel lo ha perdido todo y es la granadina quien la reconforta con su cariño. Los jóvenes también se saludan y Napoleón Eugenio Luis, con doce años, besa tímidamente a las infantas niñas. Pilar se ruboriza un poco. Napoleón III, más protocolario, los recibe a pie de la escalera. Saluda, muy ceremonioso, a Isabel y a Alfonso, lanza una sonrisa de afecto a las infantas y dirige unas palabras de cortesía a don Francisco. Después, del brazo de la reina exiliada, pasan a la sala de la estación. Pero ¿qué hablará la reina con los emperadores?

«¡Napoleón nos está ofreciendo un castillo! —dice Alfonso a sus hermanas—. Imponente, con torres y almenas. Está muy cerca, en los Bajos Pirineos, en un sitio que se llama Pau». El emperador ha dado orden para que lo acondicionen porque tiene humedades y pinturas desconchadas, pero lo están preparando con muebles nuevos y tapices. Acorde a la condición regia. Y ha mandado a unos braceros a deshollinar las chimeneas porque en ese sitio hace mucho frío en invierno. Alfonso iba y venía para contar a sus hermanas pequeñas las últimas novedades de la conversación. Los tíos Montpensier habían pasado ahí temporadas y el lugar tiene mucha carga histórica: es el palacio en el que nació Enrique IV, el rey de Aragón que se convirtió en soberano de Francia. Y eso significaba mucho para los Borbones. Pero a las niñas esta última parte les importaba poco. Querían llegar a ese lugar encantado, mágico y vetusto que iba a ser su casa.

«¡Sus altezas deben volver al tren!», les indicó la marquesa de Novaliches. De nuevo en ruta, Isabel les confirma que vivirán en Pau. Pero solo por unos meses, hasta poder instalarse definitivamente en la capital. Además, la abuela Cristina está en camino. Ha salido en barco desde Asturias y muy pronto se reunirá con ellos. La Gloriosa había causado estragos en el destino de la familia.

Llueve torrencialmente cuando bajan del tren en la estación de ferrocarril de Bayona. Pasan de las doce del mediodía y una comitiva de coches de caballos les espera en el porche de entrada. En el carruaje que los conduce al castillo, las jóvenes infantas sienten temor. Zarandeadas por la ventisca y la lluvia, apenas pueden hablar. Viajan con su madre, don Francisco y la pequeña Eulalia. Isabel las reconforta con palabras amables y gestos infantiles. Les sigue el resto de carromatos que conforman la comitiva. En ellos, la familia del infante Sebastián, el padre Claret, oficiales con uniforme de guarnición y dos eclesiásticos llevando un saco que parecía repleto de monedas. También está Antonio Meneses, el compañero y secretario del rey, que ha decidido acompañarlos al exilio. Son apenas unas horas de viaje por valles y montañas frondosas, hasta que al atravesar un puente y sobre un promontorio rocoso ven alzarse una sobria fortaleza. Para las niñas es como adentrarse en un cuento de brujas y hechizos.

Por mandato del emperador y de su esposa, se aceleraron los esfuerzos para hacer confortables las habitaciones de los regios huéspedes. Era tarea difícil pues había que redistribuir las salas para alojar a los cerca de veintiséis residentes que vivirían en el castillo. El resto de miembros del séquito se alojaría en hoteles cercanos, abarrotados por el inicio de la temporada de otoño en las estaciones termales cercanas. El intendente de Pau llevaba horas tratando de preparar con lo más urgente las dependencias reales: juegos de cama, sábanas, lencería, tocador, material de baños, aseo y menaje de cocina. Sabía, además, de los caprichos de la reina y lo especial que podía llegar a resultar don Francisco en los asuntos domésticos. Ibert, que así se llamaba el administrador, compraba en el pueblo y hacía urgentes encargos a París. Entre ellos, una nueva vajilla, escudillas y fuentes alargadas para servir el pescado. Había sido informado de esta particular preferencia de la soberana en cuestión culinaria. Intuía, además, que la reina no estaría dispuesta a prescindir del protocolo en forma y servidumbre. La capilla seguía en obras y, aunque se trabajaba rápido, faltaban muchas cosas cuando los carromatos reales atravesaron las puertas de la residencia.

A Pilar y Paz, los muros de piedra del palacio les recordaron al Escorial. Pero aquello era ahora muy distinto. Ya no eran más que las hijas de una reina desterrada. En el amplio recibidor de la entrada les esperaba el personal de servicio que se ocuparía de su estancia en aquella fortaleza desastrada, mientras que, por los pasillos, circulaban ebanistas y carpinteros llegados directamente desde París. La familia ocupó la primera planta y las niñas se instalaron en una enorme habitación en la que descollaban unas camas con baldaquino. ¡Eran tan altas que apenas pudieron acomodarse! La marquesa de Peñaflorida, la marquesa de los Remedios y doña Enriqueta Zea Bermúdez se encargaban de su atención, pero ellas preferían a Pepa, que, sofocada, había conseguido acomodarse sobre una desvencijada poltrona tapizada. ¡Todo parecía muy antiguo! En las estancias próximas, aunque separados, se instalaron los reyes y, entremedias, una amplia biblioteca que haría de antecámara. En total había cerca de cincuenta habitaciones, en las que se fueron acomodando el infante Sebastián y su familia, la marquesa de Novaliches, el padre Claret, Meneses, exministros, el equipo médico, chambelanes, camareras y todo el séquito de proscritos españoles. Isabel, desazonada, pensaba en cómo iba a mantener aquello. Pero, dispendiosa e insensata, decidió mantener el mismo ceremonial de la corte isabelina. Solicitó mapas para colgar a modo de tapices en las paredes, dio orden para recolocar las alfombras del salón en los dos dormitorios reales y pidió servilletas de Alençon. No estaba dispuesta a perder su estatus real: aunque en el exilio, ella era reina de España.

La primera noche durmieron en el suelo. Bajaron los colchones y no se cambiaron de ropa. Hacía mucho frío, había humedad y el viento se filtraba entre los vidrios ruinosos de las ventanas. ¡Les devoraron las chinches! Las niñas echaron de menos sus muñecas de trapo y las batas de mohair. Habían partido con lo puesto e iban a necesitar renovar el armario si los que ahora mandaban en España no autorizaban el envío de todas las pertenencias que habían dejado en Madrid: vestuario, dinero, objetos preciosos y algunos de los juguetes de las pequeñas. Aunque les tranquilizaba saber que buena parte del joyero real estaba depositado en la sede londinense de la Banca Rothschild, ajeno a la rapiña de la revolución.

A la mañana siguiente continuó el trajín de pintores y operarios. Pilar y Paz se acicalaron un poco y marcharon al salón habilitado como comedor. Había mucho revuelo: acababa de llegar la abuela Cristina. La antigua regente, acompañada de su esposo, el duque de Riánsares, contaba con acento cadencioso cómo habían sido evacuados de la costa cantábrica por una fragata francesa. ¡*Terrible*, se llamaba!, como terrorífica había sido la travesía. ¡En España ardía la revolución! Inmediatamente llegaron noticias que anunciaban la venida de la infanta Isabel. En unas horas, la condesa de Girgenti estaría con ellas. Pero sabían que su estancia ahí sería corta: las niñas habían escuchado a la reina hablar con Alcañices para iniciar las gestiones de compra de una residencia en París.

Al pueblo cada vez llegaban nuevos exiliados españoles que presentaban pleitesía a la real familia. Las calles y los comercios de la pequeña localidad de Pau estaban atestados de visitantes ingleses y norteamericanos ricos que daban al lugar un ambiente cosmopolita y colorido. Había teatro, ópera, conciertos de música y, sobre todo, las carreras de caballos en el hipódromo que a la reina tanto le gustaban. Las infantas no podían ir. Se conformaron al saber que por unas semanas se acabarían las lecciones de álgebra y cultura. Ahí no había profesores. Pero seguían manteniendo la compostura, hablando bajito e inclinándose al paso de la reina, al menos si había gente delante o cuando su madre aparecía para la misa de las diez y media en la iglesia parroquial de Saint-Martin, que oficiaba casi siempre el padre Claret. Después llegaba la hora del paseo, por el campo o la ciudad, en carruaje descubierto y luego a pie. Los reyes iban a veces con ellas, aunque don Francisco se quedaba muchas mañanas en la biblioteca leyendo o examinando unos documentos «muy raros» —pensaban las infantas— que estaban en unas arcas.

Había muchas distracciones, excursiones al Pirineo y hasta jornadas cinegéticas, pero Isabel decidió que lo mejor para las niñas era mantener los ejercicios gimnásticos al aire libre. En *Le Mémorial des Pyrénées*, el diario de máxima circulación en todo el suroeste francés, no hacían más que informar sobre ellos, y hasta en una tienda de la ciudad exponían retratos de los Borbones que se vendían como *souvenir*. La real familia era la atracción de aquel lugar: algunos los miraban con pena, otros con admiración, pero para la mayoría resultaban como ese jarrón chino que no se sabe dónde poner.

Fueron seis semanas en Pau. Se marcharon el 6 de noviembre. Parecía que todo estaba listo para instalarse en París. La reina había pedido un préstamo y quería vender unos broches con motivos florales, de zafiros y brillantes, a los que no tenía mucho apego. Necesitaba liquidez. Además, pasaba muchas horas hablando con el rey sobre dinero y patrimonio. Don Francisco estaba deseando vivir separado de Isabel ahora que no había nada que aparentar. ¡Nunca se soportaron! Exigía su asignación y la parte de la dote que le correspondía como consorte e infante de España. Él también había heredado muchas perlas y rubíes de la abuela Luisa Carlota, pero Isabel II había decidido pasarle una pensión anual de 150.000 francos garantizada por las joyas que portaba. Eso era mucho dinero. Don Francisco decía que había encontrado una residencia temporal en un hotelito de la parisina *rue* Saint-Honoré con Le Sueur; regio, suficiente y confortable para su pequeña corte. Y, sobre todo, del gusto de su inseparable «secretario», Antonio Meneses. Más adelante, en 1880, se irían a un palacete en Épinay, una elegante zona a las afueras de París. «La verdad es que lo veíamos poco», comentará años después Eulalia.

8

París y el hotel Pavillon de Rohan

Mayo de 1869. El palacio Basilewsky o palacio de Castilla. Las infantas españolas en el Sacré Coeur. En las tiendas elegantes. Por la rue de Varenne. Aires de libertad. En carruaje por los Campos Elíseos. Bicicletas y muñecas. Necesitamos nuevo vestuario. ¿Visitamos el salón de Worth? Pero ¿quién paga esto? La depauperada hacienda real. Cánovas y la abdicación de la reina.

Pasaban de las once de la mañana cuando el tren que conducía a la familia real española entraba en la recién inaugurada estación de París. Majestuosa, imponente. Acababan de llegar al corazón del Segundo Imperio francés. El primero en bajar fue el príncipe de Asturias, seguido de sus hermanas, las infantas niñas. Finalmente, Isabel descendió del tren y saludó con su gestualidad exagerada a las decenas de exiliados que se habían acercado a recibirla. Desde el ascenso al poder de Napoleón III, París se había convertido en el motor político de Europa. El prefecto Haussmann había transformado la capital en la ciudad más animada del continente, llena de teatros, atracciones, espectáculos, salones y vida cultural. Era una Francia ecléctica, cautivadora; un compendio de bonapartistas, legitimistas, antiguos republicanos, viejos orleanistas y revolucionarios que daban al imperio una configuración fascinante El emperador prometió un reinado de paz, pero durante su mandato habían tenido lugar alianzas bélicas, expediciones imperialistas y guerras coloniales:

la campaña de Italia, la aventura mejicana, Argelia y ahora la sombra de la amenaza de Otto von Bismarck, ministro-presidente de Prusia.

Sin embargo, todo hipnotizaba al llegar a París. Pilar y Paz estaban deseando pasear por sus señoriales avenidas y visitar los jardines de los bulevares. Nunca antes habían estado ahí, pero eran muchas las historias que habían escuchado de la abuela Cristina y la tía Luisa Fernanda, ya que su suegro, Luis Felipe de Orleans, reinó muchos años en Francia, aunque también le habían echado. París era las luces de gas, la Maison Dorée y el Café Riche. Además, las niñas sabían que en esa ciudad se cosían los mejores vestidos y complementos. Así que seguro que la reina, en las *maisons,* se alegraba un poco: la notaban preocupada y había adelgazado. A ellas, las cuestiones de moda les importaban menos, pero lo que sí querían era renovar los vestidos con los que llevaban desde su salida de Madrid. Habían transcurrido más de cuatro meses y pasaban mucho frío.

No tardaron en llegar a la que sería su nueva residencia. El *boulevard* de Palais, el puente Saint-Michel, el aristocrático Saint-Germain... Desde la ventanilla se sorprendieron al ver unos carruajes azules en forma de caja con linternas que iban llenos de pasajeros y que se hacían llamar *fiacre*. Los conductores llevaban pantalones de rayas azules y blancas y una gorra plana con visera, el *kepi*. Durante el trayecto, en el landó que les llevó hacia el 172 de la *rue* Rivoli, la reina les anunció que aquella no sería todavía su casa definitiva, pues los trámites para la compra del nuevo palacio se estaban retrasando. Pero a ellas les maravilló el fabuloso edificio de cinco plantas ante el que se pararon y en el que el personal palatino empezó a descargar los equipajes. La residencia era de piedra caliza, con balcones y mansardas en el tejado. La llamaban el Pavillon de Rohan.

Pilar, Paz y Eulalia, con la reina, Alfonso y su corte de palaciegas ocuparon toda la primera planta. Tenía además unos muebles suntuosos, divanes de terciopelo, los techos altos y extraordinarias chimeneas de mármol. En la segunda y tercera planta se instalaron el conde de Ezpeleta —que se había convertido en el nuevo jefe de la casa real en el exilio— con su familia y el resto de cortesanos que les habían acompañado hasta París. Ahí tenían también sus dependencias la marquesa de Peñaflorida, la marquesa de los Remedios y doña Enriqueta Zea Bermúdez. Pepa y el aya de Eulalia dormían todavía con ellas. Y la cuarta planta era la del servicio, toda la comitiva de camareras y mozos que formaba parte de la servidumbre de doña Isabel. Todo aquello les pareció fascinante.

«¿Que vamos a ir a un colegio?», preguntaron las infantas. Sabían lo que era porque lo habían leído en las novelas de la condesa de Segur que les recomendaban sus maestras en Madrid, pero ellas nunca se habían relacionado con niñas que no fueran sus primas o miembros de la corte. Otro cambio extraordinario. En esos días, la emperatriz Eugenia no paraba de visitar a la reina; hablaba mucho de un viaje que iba a realizar a Suez y comentaba las últimas noticias sobre España que se publicaban en *Le Moniteur Universel*: Serrano se había convertido en regente y buscaban nuevo rey por las cortes europeas. Pero, sobre todo, le insistía a la reina en lo obligado de continuar la formación de las infantas en Francia y mantener una rutina. Le recomendó la institución educativa religiosa más refinada y distinguida de todo París, a la que acudían las hijas de bonapartistas, banqueros y algún legitimista que había sobrevivido a la furia jacobina. Lo cierto es que Pilar y Paz llevaban muchas semanas sin disciplina y necesitaban mantener unos niveles de instrucción acordes a su categoría. El colegio se llamaba Sacré Coeur y estaba en pleno barrio de Saint-Germain, en el 77 de la *rue* de Varenne, muy cerca del *boulevard* de los Inválidos. Era un edificio del siglo XVIII, de estilo rococó, en dos plantas, amplios ventanales y soberbios jardines. Para ellas fue todo un acontecimiento. Además, llevarían uniforme: pantalón con dobladillo y sobrevestido enrejado de lienzo crudo abotonado hasta el cuello, de manga larga. Eulalia se incorporaría también, aunque a la sección infantil.

Empezaron a comienzos de 1869, cuando los grupos estaban formados. «Pero ¡no sabemos francés!», le decían a su madre. No tardaron en aprenderlo y manejarlo con una fluidez sorprendente. También hicieron pronto sus primeras amistades. Pilar se mostraba un tanto ingenua; Paz, muy bondadosa, y Eulalia, impetuosa y alocada, un auténtico ciclón. Para Alfonso, a punto de cumplir los doce años y consciente de las responsabilidades que se le avecinan con su madre en el exilio y los monárquicos aconsejando la abdicación, eligieron el colegio Stanislas, en el 22 de la *rue* Notre-Dame des Champs, en régimen de media pensión, también regentado por religiosos. Isabel II le acompañó el primer día ante la expectación general. Para los jóvenes Borbones exiliados, todo aquello era un soplo de aire fresco: por primera vez se sentían como los demás niños. Volvían caminando del colegio y muchas tardes se quedaban a jugar en los jardines de las Tullerías con el príncipe imperial. Alcañices le había regalado a Alfonso un velocípedo, con dos ruedas de madera iguales, en el que se paseaba por la *avenue* de la Grande Armée hasta la Porte Maillot, ante la pelusa de sus hermanas. Aunque sus nuevos compañeros fuesen lo más insigne del París imperial, vivieron una sensación de libertad que desconocían mientras estaban en España.

Se mudaron pronto. Era primavera. Isabel II ya había arreglado los papeles con un fondo reservado que tenía en el extranjero y pudieron instalarse en su casa definitiva. En la orilla derecha del Sena, muy cerca del Arco del Triunfo, en la *avenue* du Roi de Rome, aunque luego le cambiaron el nombre a *avenue* Kléber. La bautizaron como palacio de Castilla, pero se conocía como palacio Basilewsky por el anterior propietario. ¡Su nuevo hogar! Tenía planta baja y principal con una magnífica doble escalera central con balaustrada de mármol. A la derecha, el comedor; a la izquierda, el despacho de la reina y su dormitorio. Las habitaciones de las infantas estaban pasada la biblioteca. Era de estilo francés o «a la moda Rothschild», como se decía en la época, aunque con trazas arquitectónicas del tiempo de Luis XIV. Había otro piso superior, con techos de pizarra, para el servicio. En el jardín que rodeaba la casa tenían caballerizas y dos pabellones para la servidumbre y la corte. Estaban entusiasmadas.

La reina María Cristina se estableció en un palacete en los Campos Elíseos, aunque después decidió irse a vivir a Ruan, en la región de Normandía. Isabel y Cayetano, los condes de Girgenti, fijaron su residencia temporal en casa del conde de Aquila, hermano de la abuela Cristina. De modo que la infanta Isabel no vivía con ellas, pero estaba cerca e iba mucho a verlas, aunque, a veces, parecía triste. Cuando llegaba trataba de imponer su disciplina porque en esos meses la reina parecía más pendiente de adaptarse a la nueva realidad que de poner en funcionamiento lo que quedaba de la familia. Entre Ezpeleta y Alcañices pusieron un poco de orden en las finanzas: Isabel II seguía igual de derrochadora que siempre y aunque había reducido bastante la corte, mantenía los cargos de tesorero y mayordomo, y otros, como las damas de la reina, además de los elementos principales de su camarilla, entre ellos Carlos Marfori. Sor Patrocinio, religiosa y confidente de doña Isabel desde su infancia, aunque muy cuestionada en la corte, se había marchado al convento de Montmorency, aunque no dejaba de visitar el palacio de Castilla ante el menor requerimiento de la reina. El padre Claret falleció ese mismo año.

Isabel iba y venía, entraba y salía, con la misma frivolidad de sus tiempos en España. En París era reconocida como la extranjera de mayor rango y condición. La primera temporada fue de visitas continuas al modisto Frederick Worth, en la *rue* de la Paix. Era el más famoso de París y costurero de referencia de la emperatriz Eugenia, de Isabel de Baviera —Sissi— y de la princesa Paulina de Metternich. Desde hacía años se le encargaban los trajes de gala que Isabel vestía en la corte, pero ahora, en su salón, entre tafetanes y *valençiennes*, se sentía pletórica.

La reina también se aficionó a la vida de espectáculos de la capital y se convirtió en una habitual de los teatros de la Gaîte y de Variétés, y, sobre todo, a las carreras de caballos en el hipódromo de Longchamp, en el parque de Bois de Boulogne. Siempre vestida en llamativos colores, se movía sin disimulos entre los mejores salones acompañada de su amigo e intendente. Hasta se reunía con su primo Carlos de Borbón y Austria Este, antiguo contrincante como pretendiente carlista, y con su esposa, Margarita. ¡Toda una provocación! Isabel acudía con frecuencia a cenas en el majestuoso comedor *grand seize* del Café Anglais, en el animado *boulevard* des Italiens, y a todos los bailes de gala que se celebraban en Saint-Cloud, residencia favorita de la familia imperial. Muchas mañanas salía en carruaje por los Campos Elíseos con la duquesa de Sesto, Sofía Troubetzkoy, esa rusa que había robado el corazón a Pepe Alcañices y que se desenvolvía con destreza en los círculos poderosos. O lo hacía con sus hijas menores en coche descubierto hasta el Café Tortoni. Excursiones con las infantas a Fontainebleau y a Versalles, y visitas al Jardín de Plantas y el zoológico. Isabel se resistía a dejar atrás un pasado de brillo y resplandor. Pero había problemas financieros y las noticias que llegaban desde España no eran buenas.

El palacio de Castilla se convirtió en el lugar de encuentro de los dinásticos españoles. La reina exiliada recibía numerosas visitas de fieles y cortesanos. ¿Qué debía hacerse? ¿Intentar el regreso de los Borbones? A las jóvenes infantas los asuntos políticos les interesaban poco, lo que les encantaba era entrar en las diferentes dependencias de palacio para ver, con discreción, quién acompañaba a su madre. Alcañices, Ezpeleta, Santa Cruz, Lersundi... Una tarde se sorprendieron al ver que había ido a visitarles Miguel Tenorio. Le recordaban de cuando vivían en Madrid, y con ellas siempre se había mostrado cariñoso y cercano. Escucharon cómo le contaba a la reina que había sido cesado de su cargo como ministro plenipotenciario en Berlín tras el triunfo de la Gloriosa y acudía a París a ponerse al servicio de la causa. Se fundieron en un abrazo, ya no apasionado como antaño, sino muestra de una fidelidad que lo acompañará hasta el final de sus días, cuando, aún no se imaginaba, sería la joven Paz quien lo arroparía en la vejez. ¡Pero faltaba mucho para eso!

Mientras tanto, en los salones del palacio de Castilla entraban continuamente secretarios y mayordomos con los periódicos franceses y la prensa que recibían desde Madrid. Isabel quería estar informada de lo que pasaba en España. Nunca comprendió que los mismos a los que había ennoblecido se hubieran unido para destronarla. Cuando leyó en *El Imparcial* del 13 de marzo de 1870 la noticia de la muerte del infante don Enrique, único hermano del rey Francisco, tras batirse en duelo en el campo de tiro de Carabanchel contra el conspicuo duque de Montpensier, se quedó sin habla. ¡Jamás le perdonaría a su desleal cuñado el daño que estaba haciendo a los Borbones!

Las jóvenes infantas también oían muchas veces a la reina hablar de un tal Antonio Cánovas. ¡Se ponía como loca! Pero era mucho peor cuando le volvían a mencionar el nombre del tío Antonio, el duque de Montpensier, que había financiado la revolución Gloriosa. «¡Un traidor! ¡Todo por su culpa, por querer convertirse en rey!», exclamaba. Los gritos se escuchaban en toda la casa. Del tal Cánovas decían que era el que estaba organizando la restauración en España. Había creado un partido alfonsino «para que pudiésemos volver», pensaban las infantas. Pero la exsoberana y el tal don Antonio no se llevaban bien. Isabel no quería dejar de ser reina. Y Cánovas decía que los españoles nunca consentirían el regreso de Isabel: tendría que abdicar y ceder sus derechos dinásticos al príncipe de Asturias que, en adelante, se convertiría en el futuro rey de España.

Ese día había mucho follón en el palacio de Castilla. Era sábado y a la reina se le notaba nerviosa. Había madrugado y no dejaba de dar órdenes e instrucciones. Camareras y ujieres desfilaban por los pasillos a ritmo acelerado. A primera hora subieron varias cajas de Worthy, un cofre de joyas y llegó el peluquero. Pepa levantó temprano a las infantas y les enseñó unos preciosos vestidos blancos que tendrían que ponerse para la ocasión. Era el 25 de junio de 1870 e iba a celebrarse el protocolario acto de abdicación de Isabel II. Tras muchas discusiones con Alcañices y Cánovas, al final la reina había accedido: sabía que era la única posibilidad de restablecer a los Borbones en el trono, aunque a ella le costase renunciar a lo que consideraba suyo por nacimiento.

Las doncellas daban el último repaso al salón principal y en las cocinas se apuraban en los preparativos del ágape que se serviría como almuerzo: *ceps* a la bordelesa, *punch à la romaine* y cordero St. Hubert. Sobre las once llegaron al palacio de Castilla el infante Sebastián, la infanta Pepita —hermana de don Francisco—, la abuela con su marido, Fernando Muñoz, y la condesa de Girgenti. Era lo que quedaba de la desperdigada familia, porque el rey consorte ni siquiera apareció y las cosas con Luisa Fernanda y Montpensier no estaban para invitaciones. Alfonso, con casi trece años, también estaba inquieto, consciente de lo que aquello representaba para la dinastía.

Isabel II se había puesto un traje rosa bordado con encajes blancos e incrustaciones en plata que completaba con una diadema de perlas. Con crinolina, galones y drapeados. Majestuoso para lo que debía ser un gran día: el de la abdicación necesaria y salvadora. Aunque ella nunca lo entendiese así. Eran ya las dos de la tarde cuando Isabel apareció seguida del príncipe de Asturias y sus cuatro hermanas. Al frente de la etiqueta para tan trascendental ceremonia, el duque de Sesto. Las jóvenes infantas no entendían bien qué significaba semejante puesta en escena, con tantos dignatarios y cortesanos, pero ellas cumplían con lo que se les mandaba. Isabel II, altiva, leyó el documento por el que abdicaba «libre y espontáneamente» en su amado hijo Alfonso, en adelante titular de los derechos dinásticos españoles. Lo firmó nerviosamente y besó la mano de su hijo. Pilar, Paz y Eulalia hicieron lo mismo sin saber muy bien lo que aquello representaba. Después, con su pulso infantil, estamparon su rúbrica sobre el papel. Para ellas, en adelante, Alfonso sería ya su rey. En el salón hacía calor e Isabel agitaba su abanico deseando que todo terminase pronto. En el fondo —y en sus castizas palabras— se había «quitado un peso de encima». Ya sin la responsabilidad de la corona, la exreina española empezó a pensar en el veraneo.

Pero corrían tiempos de agitación y apasionamiento en Francia. La idea de sentar en el trono de España a un príncipe alemán, primo del rey de Prusia, de la dinastía Hohenzollern-Sigmaringen, enfureció a Napoleón III. A partir de ahí, todo se complicó. Maniobras diplomáticas y el oportunismo de Bismarck llevaron a un rápido inicio de las hostilidades. Se decretó la movilización y el emperador y el príncipe imperial salieron para el frente. ¡Y todo por la cuestión española! Muchos advirtieron a Isabel de la conveniencia de salir de Francia, pero ella, liberada de las obligaciones dinásticas, se negaba a renunciar a sus baños de verano en la costa. Confiaba en que Napoleón reconduciría la situación. Se equivocaba.

El lugar elegido para pasar las vacaciones fue Houlgate, un pequeño pueblo de pescadores y playa en Normandía. Esa costa era la nueva zona de moda de la realeza y burguesía adinerada. Las jóvenes infantas se pusieron muy contentas de emprender el viaje. Tenían ganas de ver el mar. En esa ocasión su hermano no les acompañaría porque él iría a Deauville, tan elegante, con los Alcañices. Pero estaban muy cerca. Isabel, Pilar, Paz y Eulalia, con parte de su servidumbre, llegaron a la céntrica estación de la pequeña localidad y se instalaron en una espléndida villa con la intención de disfrutar de la brisa y la tranquilidad del paisaje; pesca, baños de agua salada, pintura al aire libre, paseos a caballo... Pero incluso en las calles de aquel apacible lugar se respiraba un clima bélico que aventuraba tiempos difíciles.

El 4 de septiembre de 1870, tras la derrota francesa frente a Bismarck, una insurrección popular proclamaba la III República en Francia. El Segundo Imperio dejaba de existir. La emperatriz Eugenia conseguía escapar de París ayudada por su dentista estadounidense y se refugiaba en Reino Unido. ¿Qué iban a hacer ellas?

9

Hacia Ginebra con salvoconductos

La caída del imperio. Eulalia viaja con sarampión. Una comitiva de cortesanos. El hotel de la Paix. Llega la nueva institutriz. ¡Hemos visto la nieve! Patinando sobre el lago helado. Viene Cayetano a jugar. Cumpleaños de Paz en Ginebra. Volvemos a París. ¿Qué ha pasado en casa?

¡Han detenido a Napoleón III! Cuando esa mañana subieron los periódicos al comedor en el que Isabel desayunaba con sus hijas, entendieron que ya no podían seguir en Francia. Había que regresar rápidamente a París para organizar la salida del país. Alcañices se ocuparía de todo. Esa misma noche llegaron a la capital. Lo primero era conseguir la documentación necesaria que les permitiese cruzar la frontera. «Pero ¿a dónde iremos?», pensaron. El caos se había apoderado de la política francesa y no era fácil conseguir salvoconductos.

Pilar, Paz y Eulalia, siempre bajo la mirada vigilante de la marquesa de Peñaflorida, notaban movimiento en los salones del palacio de Castilla y desde su cuarto, en la primera planta, asustadas, escuchaban los disturbios y las explosiones que venían de la calle. Preguntaban qué estaba pasando, pero solo les dieron instrucciones de preparar equipajes y vestirse con ropa de viaje. Pepa cogió trajes de abrigo y algunos de los juegos favoritos de las niñas. No quería que se repitiese lo ocurrido en su precipitada marcha de España. Tampoco sabían si les acompañaría toda la servidumbre, qué pasaría con don Francisco y si la abuela Cristina viajaría con ellas. Las cosas estaban ocurriendo muy deprisa y las noticias que se recibían desde España tampoco eran buenas: Amadeo, duque de Aosta, aquel que les había visitado veranos atrás en Lequeitio, pronto entraría en España para su proclamación como rey.

El duque de Sesto utilizó todos sus contactos diplomáticos para agilizar la documentación de la exiliada familia real. Se trasladarían a Suiza, país seguro por su histórica neutralidad en tiempos belicosos. Pero Isabel, dadivosa como siempre, no quería partir sin el servicio. Ezpeleta insistía en que había que salir ya si querían cruzar la frontera, y ella se empeñaba en hacerlo con todos sus cortesanos. Marfori iría con ellos, aunque a eso las infantas niñas ya parecían acostumbradas. Unos carromatos les esperaban en la *avenue* Roi de Rome mientras se ultimaban las últimas cargas de bultos y enseres personales. Se cerró el palacio de Castilla y la comitiva se puso en marcha veloz por las avenidas atestadas de parisinos enardecidos. Isabel junto a sus hijas y Alfonso. Además, la pequeña Eulalia viajaba con sarampión. En los coches siguientes, un séquito formado por decenas de personas entre fieles y servidores. ¿Cómo pagaría todo aquello? Era un 29 de septiembre y de nuevo tenían por delante muchos kilómetros que recorrer en un largo y penoso viaje. Tras horas de traqueteos por caminos sucios y polvorientos, pasaron Burdeos. De ahí a Ginebra, su destino en esos tiempos de agitación.

«Hijas, eso es el Ródano, entre montañas y colinas», dijo Isabel. Les impresionó. El paisaje alpino y la vista del Mont Blanc, con la ciudad a lo lejos, hizo que empezasen a respirar la tranquilidad que necesitaban. El hotel de la Paix, junto al muelle del lago Lemán, se convirtió en su nueva residencia. Al principio, Isabel dudó en hospedarse en una casa de campo, y hasta se rumoreó que pudiese comprar al príncipe Napoleón el cercano castillo de Prangins. Pero las comodidades que ofrecía el recién inaugurado establecimiento hotelero, de arquitectura original italiana, la deslumbraron: barandajes y escaleras de alabastro, techos artesonados, amplias *suites* con salas de baño y seis plantas. Ofrecía mucho más de lo que había aspirado al dejar París. Las niñas, al atravesar su fabuloso *hall*, quedaron fascinadas.

A las pocas horas de su llegada a Ginebra se les unieron Cayetano e Isabel, los condes de Girgenti, que abandonaron la calma de la cercana Lucerna, donde vivían, para instalarse con su familia. Con ellos, también, las marquesas de Peñaflorida y la de los Milagros, Ezpeleta, el marqués de San Gregorio, el brigadier O'Ryan y una servidumbre compuesta de cuarenta y seis personas, según podía leerse en los periódicos. Isabel había decidido alquilar todo el hotel confiando en los depósitos que todavía le quedaban en el extranjero y el soporte económico del fiel Alcañices. Pensaba, además, que la estancia no sería larga. Decidió, eso sí, retirar la pensión que pagaba a los generales españoles que sostenían su causa.

Pilar y Paz seguían compartiendo dormitorio. Les encantaba la vista del lago desde su ventana y los chocolates de Martel, los más famosos de la zona, que les subían muchas tardes mientras preparaban las tareas de caligrafía y francés. La reina había contratado una institutriz suiza para sus hijas, aunque a Alfonso prefirió matricularlo en el prestigioso liceo de la ciudad para que aprendiese física y química, si bien también acudía al hotel un profesor particular que, durante cinco horas diarias, le instruía bajo la dirección del brigadier O'Ryan. Convenía que los jóvenes mantuviesen formación y disciplina en esos días inciertos llenos de sobresaltos: en España, el general Prim acababa de ser asesinado y París ardía en barricadas con el estallido de la Comuna. Eso era demasiado para Isabel que, angustiada, veía multiplicados sus gastos entre familia y cortesanos.

Pero para las jóvenes infantas, Ginebra era el aire fresco, los juegos y las excursiones a las cercanas Versoix o Bellevue. A comienzos de febrero de 1871, Paz, recién levantada, vio la nieve por primera vez: un manto blanco perfecto y puro sobre el empedrado de las calles, la vista helada de los estanques y veleros en el puerto. Rápidamente despertó a su hermana. «¡Mira, Pilar!» exclamó. Fue una jornada inolvidable para las niñas. Su madre les había encargado unos patines en un establecimiento especializado de la ciudad, consciente como era de la afición que este entretenimiento estaba despertando en las clases altas y burguesas: patines de acero, con bordes afilados en la parte interior para facilitar el movimiento. En la ciudad se habían inaugurado las primeras pistas, aunque a Eulalia, por su edad, la movían en trineo. Pero Pilar y Paz, como buenas deportistas, mostraban ya su destreza sobre el hielo, aunque las caídas y el frío las hacían volver a casa antes de lo que deseaban.

Su cuñado, Cayetano, siempre melancólico, jugaba mucho con ellas. Él les enseñó a bailar sus peonzas de madera, a practicar con los cantillos, y en sus caminatas hacia el Pont des Bergues mostraba su pericia con los aros de metal. ¡Lo querían mucho! Era como un niño grande, aunque a la Chata nunca la hiciese feliz. También pasaban muchas horas con Alfonso, que había vuelto de Roma, a donde había viajado con la reina para recibir, casi de incógnito, la primera comunión a manos del papa Pío IX. Al poco de regresar, fueron todos juntos al estudio fotográfico que tenía Lacombe & Lacroix, el más reconocido de Suiza, a hacer una serie fotográfica en formato de «tarjeta álbum». «Venga, date prisa, Eulalia, que no podemos llegar tarde a la sesión», decía Paz a la menor de sus hermanas. «Mamá ha dicho que se convertirán en unas fotografías históricas», apostilló Pilar.

En esos días, Alfonso vivía ensimismado con los soldados de plomo, imaginando heroicas gestas imperiales: los tenía de todos los regimientos y organizaba con su cuñado emocionantes desfiles militares. En el hotel de la Paix será también donde Paz celebre su noveno cumpleaños. «Pepilla, ¿podrías prepararme una tarta de chantillí con bombones de la chocolatería de la *rue* du Marché?», sugirió con su característica bondad a la fiel servidora. La repostería no era lo suyo, pero pondría todo su empeño. ¡Siempre adoró a aquella niña! Isabel, que acababa de conseguir nuevo crédito de Alcañices avalado por el banquero Daunon, también les acompañó y la infanta pudo festejarlo con los suyos. Fueron meses muy felices.

Pero el dinero se iba acabando. Los gastos del hotel y de toda la recua de cortesanos eran difíciles de sostener para la depauperada economía en el exilio. Sofocada la Comuna, las noticias que por telégrafo empezaban a llegar desde Francia eran mejores. *Le Temps, Le Figaro, Le Gaulois* y hasta *Le Constitutionnel* informaban de que en la capital las cosas se estaban calmando, aunque los consejos de guerra y las ejecuciones seguían siendo diarias. Parecía que el presidente Adolphe Thiers había tomado las riendas de la situación e Isabel, angustiada por la falta de liquidez, decidió regresar a París. Sabía que durante el periodo revolucionario el palacio de Castilla se había utilizado como hospital, pero las bombas y los proyectiles habían dañado la estructura. Haría falta una disposición extra de francos para comenzar las reparaciones. ¡Otra preocupación! Isabel, con su familia, estaría de regreso a comienzos de agosto de 1871. Las jóvenes infantas decían adiós a Suiza, aquellas tierras helvéticas que, durante diez meses, habían sido su hogar. Desde la estación de ferrocarril de Cornavin, de nuevo entre baúles con tablillas, equipajes y cajas de madera, volvían a París.

Todavía se percibían los restos de la batalla, del espectáculo desgarrador que se había librado en las calles aquel «año terrible»: edificios demolidos, la columna de la *place* Vendôme desmantelada, el palacio de las Tullerías incendiado y escombros por doquier resultado de los disturbios en las principales avenidas parisinas. El palacio de Castilla seguía en pie, aunque las niñas quedaron impresionadas al comprobar el ruinoso estado en el que se encontraba su interior. «Mamá, ¿qué ha pasado?», preguntó Pilar en perfecto francés. Las habitaciones de la planta principal estaban llenas de grietas y los cristales de los ventanales que daban a la *place* l'Étoile seguían hechos añicos. Aquello les sobrecogió. Entre andamios, pintores y tapiceros pasaron las primeras noches en París, al tiempo que la reina volvía a abrir sus salones para recibir a los fieles a la causa de Alfonso: el duque de Sesto, el infante Sebastián, el conde de Xiquena, los condes de París y tantos otros leales a su suerte. Pero mientras no se terminasen las obras, Isabel decidió aceptar la invitación de pasar lo que quedaba de verano en la residencia del duque de Sesto en Deauville. ¡Así era Isabel! Llegaron a las costas normandas el 15 de agosto. Fueron días muy lluviosos y a principios de septiembre estaban de nuevo en París.

10

La tragedia golpea a la Chata

La vida en la Francia de la III República. Alfonso se marcha a Viena. El telegrama: «Una horrible desgracia ha venido a privarme de mi amado Cayetano. El hecho ha sido voluntario. Rogad por él». Adiós al conde de Girgenti. De nuevo en el Sacré Coeur. ¿Los Borbón y los Montpensier? En Randan conocía a mi amada. Alfonso y Mercedes. Un príncipe enamorado.

Aun con las puertas correderas de caoba cerradas en el salón de audiencias del palacio de Castilla, se oía a Isabel proferir gritos altisonantes contra la situación política: «¡Mucho parlamento democrático, cámara de diputados y sufragio universal, pero aquí no hay más que inestabilidad por doquier!», chillaba. La debilidad de la III República francesa era evidente. Aunque Thiers tratase de reconstruir el país, establecer el orden y organizar el Ejército, la fragilidad del propio sistema parecía incuestionable. ¡Y la pobre Eugenia en el exilio! La oposición monárquica, además, dividida entre legitimistas y orleanistas, hacía a Isabel de Borbón temer lo peor: el conde de Chambord pleiteaba con el conde de París en una disputa familiar que tanto le recordaba lo suyo.

España también era un desastre: muerto Prim, Amadeo de Saboya carecía de apoyos y tenía que hacer frente a la oposición de la aristocracia y hasta de la Iglesia. ¡Cuánto mejor estarían con ella como reina! Porque, además, seguía aguantando la insistencia de ese metomentodo de Cánovas, feo, bizco y mal vestido, de seguir trabajando desde el exilio para exteriorizar una reconciliación dinástica. ¡Jamás! Por mucho que María Cristina se empecinase en un acercamiento entre sus dos hijas mayores, Isabel permanecía en sus trece: «¿Qué era eso de que Montpensier se convirtiese en jefe del partido alfonsino?», pensaba. ¡Ese traidor! Como mucho accedería a que su hijo Alfonso se marchase a Viena a cursar estudios secundarios y así favorecer el acercamiento con otras casas reinantes. Pero nada de tender la mano a Antonio de Orleans.

El duque de Sesto consiguió convencer a Isabel para que Alfonso ingresase en el imperial internado Theresarium, en Viena, donde, además, estudiaban gran parte de los hijos de la alta nobleza centroeuropea. A Isabel le costaba entender que, tras su abdicación, solo como madre podía dirigir la educación del príncipe. Hicieron falta muchas jornadas para que entrase en razón. Todavía con Marfori cerca, se negaba a asumir que nunca regresaría a España como reina.

Pilar y Paz se entristecieron cuando les comunicaron la noticia de la marcha de su hermano. También Eulalia, aunque al ser la menor notaría menos su ausencia. Alfonso tenía ya catorce años y en los últimos meses había cambiado mucho: su voz era más grave, había ganado peso y leía con interés *La Correspondencia de España,* que por suscripción llegaba semanalmente a casa. Él, su hermano, estaba llamado un día a convertirse en rey de España. Las niñas habían vuelto al colegio del Sacré Coeur y se reencontraron con sus antiguas amigas y maestras religiosas. Pero sin Alfonso, el palacio se quedaba vacío. Se despidieron de él en el vestíbulo principal, donde le esperaba la comitiva de cortesanos que le acompañaría hasta Baviera, encabezada por Guillermo Morphy, su jefe de estudios. Acababa de comenzar el mes de octubre y como necesitaba aprender alemán

—la lengua de los militaristas tras la victoria en la guerra—, doña Isabel había decidido que antes de empezar el colegio viajase a pasar una temporada con los tíos Adalberto y Amalia, hermana de don Francisco, que vivían en Múnich. Residían en el palacio de Nymphenburg, en las afueras de la ciudad. No se imaginaban entonces que, años después, ese domicilio se convertiría en el hogar de la infanta Paz y que aquellos que acogieron a su hermano, un día serían sus suegros. Pero entonces, Pilar y Paz, con diez y once años, no pensaban en novios ni amoríos.

Una tarde, regresando por la *rue* de Varenne acompañadas de su madre, esta les comunicó que se marchaba a Múnich para visitar a Alfonso y celebrar su cumpleaños. Se empeñaron en acompañarla, pero resultó imposible: viajaría en tren de incógnito bajo el título de condesa de Toledo, y los Girgenti —quienes habían vuelto a instalarse en su residencia en Lucerna pasado el periodo revolucionario— se unirían en el trayecto. La Chata hacía poco que había sufrido un aborto e Isabel pensó que el viaje la animaría.

¡Qué ganas tenían las jóvenes de volver a ver a Cayetano! Cuánto añoraban sus juegos y la paciencia de este entristecido príncipe napolitano que las había acompañado en los días ginebrinos. Por eso, la noticia de la horrible tragedia las marcaría para siempre: Cayetano, preso de profundas depresiones, débil y epiléptico, se quitaba la vida en la madrugada del 26 de noviembre de 1871. Se había pegado un tiro en la sien. El telegrama llegó al palacio de Castilla cuando la reina ya había partido hacia Baviera: «Una horrible desgracia ha venido a privarme de mi amado Cayetano. El hecho ha sido voluntario. Rogad por él». Para Pilar, Paz y Eulalia, pese a su corta edad, la noticia del suicidio de su cuñado fue un golpe humano de profunda tristeza y amargura. Durante meses, su hogar estaría teñido de nostalgia. A ellas las vistieron de luto.

Tras la desgracia, Isabel, viuda con diecinueve años, se fue a vivir a París con su madre y sus hermanas. Estaba hundida, incapaz de exteriorizar un gesto de alegría. Pasaba las horas en el dormitorio habilitado en la planta principal, próximo a las estancias de la reina, en el lado derecho de la biblioteca. Le gustaba leer y la música parecía reconfortarla en sus horas de dolor. Fue siempre muy aficionada al solfeo y con los años terminaría convertida en una consagrada melómana, amiga de artistas y compositores.

Poco a poco superó su desconsuelo y empezó a salir de palacio para recoger a las hermanas en el colegio; eran su pequeño refugio en esos días de dolor. Con los meses, comenzó a acompañar a su madre a los paseos por los Campos Elíseos o a alguna reunión en la residencia de Josefa de Borbón, Pepita, prima y confidente de doña Isabel. De vez en cuando acudía a almorzar a casa de la abuela Cristina, donde se comía el mejor ragú napolitano de toda Francia, o con don Francisco a la *brasserie* Herser, que tanto les gustaba.

Algunos empezaron a pensar en la posibilidad de un nuevo matrimonio para la infanta. Se hablaba de la conveniencia de un enlace con su pariente Raimundo Güell y Borbón, aunque ella no quería ni oír hablar de tal posibilidad. Isabel se ocupaba de los estudios de Pilar y Paz, controlaba sus tareas de canto y escritura, y las amonestaba en modales y compostura. Muchas tardes jugaban al billar en la sala situada cerca del comedor, recubierta de zócalos de madera de roble y confortable sillería de tapicería almohadillada, que estaba repleta de retratos familiares. Pese a ser muy niñas aún, les encantaban las interminables partidas en las lluviosas tardes de asueto. La presencia de la joven Isabel en casa dio un tono más serio y familiar al palacio de Castilla, donde se recondujeron las costumbres relajadas de doña Isabel, quien desde el regreso a París se había vuelto a entregar a sus divertimentos, derroches diarios y estrecheces mensuales. Por un tiempo, el palacio de Castilla dejó de ser ese mundo de intrigas y murmuraciones en el que se había convertido; el corazón de festejos cortesanos entre los que brillaban muchos desaprensivos aprovechados de la supuesta fortuna de la reina.

En la primavera de 1872 los Montpensier se instalaron en París. Los acababan de echar de España por las supuestas implicaciones de Antonio de Orleans en la muerte del general Prim. La abuela Cristina los acogió con cariño en el palacete de Saint-Honoré. A sus sesenta y cuatro años, seguía insistiendo en la necesaria reconciliación de sus hijas mayores. El camino hacia el reconocimiento de un partido monárquico constitucional favorable a la causa del príncipe Alfonso parecía más próximo, aunque Isabel jamás dejó de desconfiar de su cuñado, Antonio de Orleans, pérfido e intrigante. Una mañana, cuando las infantas acababan de terminar sus oraciones, notaron ajetreo en el vestíbulo principal. Salieron al rellano de la primera planta y vieron entrar a Luisa Fernanda vestida de negro: acababa de franquear el ancho portalón de entrada y abrazaba conmovida a su hermana. Tras ella, su esposo, con un exquisito saludo, besó la mano de quien ayudó a destronar. Desde entonces, aunque fríos, los encuentros se repitieron y las jóvenes pudieron reunirse con sus primas Cristina y la pequeña Mercedes. Eran casi de la misma edad, pero desde que no vivían en España apenas se veían.

Como cada año, las jóvenes infantas españolas esperaban con ganas la llegada de la Navidad: el árbol, el misterio, los regalos y los turrones de almendra de Casa Mira que enviaban desde España… Además, esa ocasión iba a ser especial: la medianoche del viernes 21 de diciembre llegaría Alfonso después de muchos meses en Viena, donde se había amoldado con facilidad a la vida del colegio. Avisadas de su regreso, las infantas esperaban impacientes desde la ventana de su saleta la vista del carruaje en el que se acercaba su hermano. Le adoraban. Bajaron alocadas la escalera principal para abrazarlo con fuerza. Las encontró muy mayores: Pilar era la más alta, Paz acentuaba sus facciones dulces y Eulalia deslumbraba con sus enormes ojos claros. Les había traído sus dulces favoritos: las cajas de ambrosías de albaricoque del legendario hotel Sacher que tanto les gustaban. Además, venía con buenas noticias: la reina había aceptado la invitación de los Montpensier de visitarles en su *château* de Randan, en la región francesa de Auvernia, cerca de Vichy. El príncipe hacía varios años que no veía a sus tíos y aunque la antigua soberana mantenía su antipatía por el duque, consideraba que, al viajar en época fría y húmeda, cuando los caminos enfangados se llenaban de barro, el encuentro de ambas ramas de los Borbones resultaría un fracaso. Sería una visita para acallar comentarios. ¡Cuánto se equivocaba! Marcharían en tren el 26 para pasar las Pascuas y solo serían tres días.

Las infantas niñas se quedaron en París al cuidado de Isabel. Pero a su regreso encontraron raro a su hermano. Traía muy buenos recuerdos de su estancia con sus tíos y sus primos Fernando, Antonio y Cristina. Pero, sobre todo, a sus hermanas les sorprendió el tono en el que hablaba de Mercedes. Reservada, morena, de mediana estatura… Se le iluminaba el rostro cada vez que mencionaba su nombre o contaba anécdotas ocurridas entre las montañas cubiertas de nieve a lomos de los negros corceles que montaba con maestría. «¿Has notado, Pilar? Alfonso se pone colorado cada vez que Eulalia le pregunta cómo ha encontrado a la pequeña Mercedes», dijo Paz. Parece que el joven príncipe se lo confesó a su hermana Isabel, en un rincón, en secreto: se había enamorado locamente de su prima. La reina Isabel no quería ni oír hablar del asunto.

11

Comunión en Roma

La muerte de Napoleón III. En España se ha proclamado la república. La Fontana di Trevi y el Coliseo. Vestido de alpaca y velo de tul. Pío IX y los desmayos de la reina. Rosarios, medallas y misales. La emoción de la primera comunión: el Vaticano. Camino a Viena. Alfonso y el Theresarium. ¡Qué bien le sientan los uniformes! Vals y Danubio. ¿Dónde está María Cristina?

El ambiente en el palacio de Castilla era triste al comenzar 1873. Tras la recepción de Año Nuevo y la marcha de Alfonso a Viena, las hermanas volvían a sentir su ausencia. Pasados los festejos de Reyes, un telegrama anunciaba la muerte de Napoleón III en Inglaterra después de sufrir una dolorosa operación. A Isabel, reina también destronada, aquella noticia la inundó de melancolía. Sus hijas la notaban afligida, reconcomiéndose en su propia realidad. Vestida de negro y acompañada de Sofía Troubetzkoy, acudió a los funerales que se celebraron en la iglesia de la Magdalena. La situación en Francia comenzaba a normalizarse pese a nadar en cierta ambigüedad desde que el general Patrice de Mac Mahon, conservador y monárquico, resultase elegido presidente. Sin embargo, las noticias que llegaban desde España eran cada día más desastrosas. En el comedor de diario, a la hora del almuerzo, Isabel recibió la prensa: *Le Constitutionnel* anunciaba la abdicación de Amadeo de Saboya. Hastiado de su incapacidad para gobernar el país, devolvía la corona a las Cortes. Ese mismo día, se proclamaba la I República.

«¡No puede ser! ¡Desde que salí de España no han ocurrido más que catástrofes!», escucharon las niñas en su vuelta del colegio. Querían saber, entre curiosas y alarmadas, pero Pepa Angulo, su cuidadora y confidente, las ordenó subir rápidamente a sus dependencias y preparar las tareas escolares. Era martes y esa tarde su madre no las recibió. La abuela Cristina estaba con ella. Para Isabel, con cuarenta y tres años, una república era lo peor que le podía ocurrir a su patria. *La Época,* el periódico afín, llegaba cargado de informaciones desalentadoras para la causa alfonsina: el federalista Estanislao Figueras era el nuevo presidente, los carlistas concatenaban victorias en Navarra y Cuba ardía en aires de independencia. «¡Y los desvergonzados de *La Igualdad* escribiendo que se trata de una jornada solemne en los fastos de la historia de las libertades!», gritaba Isabel. Ezpeleta y Marfori trataban de calmarla, pero su furia sobrepasaba la pared adamascada del salón de recepciones de palacio. Esa tarde, bajo la lluvia invernal, tronó en todo París.

Pero para Pilar y Paz, y también para la pequeña Eulalia, era otro el motivo de sus cavilaciones en esos días de incertidumbres políticas: su madre les había anunciado que ya estaban preparadas para recibir la primera comunión. Y sería en Roma, a manos del mismísimo pontífice. ¡Isabel aprovecharía la ocasión para aliviar su conciencia pecadora por su situación marital! Desde que supieron la noticia, sus rezos eran más fervorosos, su devoción más firme y la presencia diaria en la misa matinal mucho más sentida. Siempre habían vivido de cerca el sentimiento religioso y el ardor beato de su madre, incluso el sectarismo tan criticado que había rodeado su infancia. Pero el padre Claret había fallecido hacía un par de años y sor Patrocinio apenas visitaba la corte. Ahora, la idea de recibir a Dios y de hacerlo en el Vaticano las llenaba de confianza. «Pilar, ¿cómo será todo aquello? ¿Qué sentiremos al recibir el sacramento de la eucaristía? ¿Volverá nuestra vida a ser igual?», preguntaba la piadosa Paz en sus secretas confidencias de hermanas al caer la noche.

Las modistas volvieron a circular por las habitaciones de las infantas entre alfileres, agujas y utensilios de costura. Los tres vestidos para hacer la comunión serían iguales y acordes con la distinción que correspondía a tan elevado ceremonial: de alpaca blanca con cuerpo de petos por delante y haldeta pequeña por detrás, lisa la falda, cinturón de faya y bullones en la manga. Lucirían, según costumbre y protocolo, velo de tul. Estaban muy nerviosas. Para la antigua soberana era también una oportunidad especial: siempre tan religiosa, recordaba con añoranza aquellos días de su reinado en los que la firma del Concordato había reconciliado España con la Iglesia tras los desastrosos efectos de la desamortización eclesiástica del ministro Mendizábal. ¡Qué recuerdos aquellos! Ahora no era más que una mujer madura sin corona que veía cómo su patria se precipitaba hacia la devastación. Ir a Roma, encontrarse con el santo padre, era para Isabel y sus hijas una oportunidad de redención.

Horas antes de partir, la reina destronada entregó a sus hijas un rosario y una medalla testimonio de sus promesas bautismales: de oro, ornamentada con el santísimo sacramento y el cáliz eucarístico. Pepa, austera y reservada, les dio una modesta cruz de madera que las niñas acogieron con estima: debían recordar siempre las enseñanzas de Jesús. Fue un momento emotivo. El 16 de junio de 1873 partieron hacia Roma. «¡Cuidado con esos bultos!», se oía a Isabel; allí iban los trajes de las niñas y el suyo, un extraordinario diseño en colores relajados, más juicioso de lo habitual. La comitiva era sencilla para un viaje privado en el que la «condesa de Toledo» —título utilizado por la reina desde su abdicación en sus traslados familiares— se desplazaba en ferrocarril a Italia acompañada por sus cuatro hijas, haciendo noche en Turín. Les acompañaba la duquesa de Valencia y la marquesa de Peñaflorida.

«Mira, Eulalia: Roma», decían Pilar y Paz a la más pequeña. Desde la ventanilla del vagón de primera clase en el que se dirigían a la antigua estación Termini, sobre la colina del Esquilino, Isabel mostraba las ruinas de lo que un día habían sido los baños termales de Diocleciano. Habían llegado al corazón de la Ciudad Eterna. Una comitiva de honor compuesta por prelados y cardenales las recibió a pie del andén y rápidamente fueron agasajadas con una recepción en el Vaticano. Apenas les dio tiempo a asearse y cambiarse de vestuario: vestido de sociedad en batista cruda para las mayores y traje corto para Eulalia. La guardia palatina las esperaba con los honores regios y el padre santo salió a su encuentro. La emoción de la reina fue tan grande que lloró de gozo y se sintió ligeramente trastornada. Un mareo, decían. Tuvo que tomar el aire en los espléndidos jardines pontificios. Las infantas no entendían bien lo que pasaba. Era Pío IX, con su tez clara, ojos marrones y pelo cano. Durante su pontificado se había proclamado el dogma de la Inmaculada Concepción y la infalibilidad del papa. ¡Estaban muy nerviosas!

Las ilustres visitantes se hospedaron en el hotel Boscolo, un fabuloso edificio de nueva construcción cerca de la Fontana di Trevi. Isabel y su hija mayor habían dado aviso para que se preparase a las jóvenes adecuadamente para una jornada de esparcimiento: visitarían la Roma imperial, la del Renacimiento y el Barroco. Fue agotador. Del Coliseo al arco de Constantino pasando por San Juan de Letrán. A lo lejos, tras atravesar un largo pasadizo amurallado, las infantas vieron cómo se alzaba el castillo de Sant'Angelo, «una fortaleza inexpugnable por los invasores», explicaba la infanta Isabel. En su inocente juventud y a pesar del calor que acechaba sobre la piedra caliza del Foro y el Panteón, la ciudad las conquistó. Fueron horas muy intensas ahogadas en la ilusión de la espera.

Había llegado el día. Era casi todavía madrugada del domingo 22 de junio cuando Pilar, Paz y Eulalia comenzaron a vestirse bajo la orgullosa mirada de su madre. En ese momento, su hermana, la condesa viuda de Girgenti, las besó en la mejilla y les entregó un misal. Tenía las tapas de nácar grabadas con la imagen del Sagrado Corazón. Esa mañana no pudieron desayunar. Se calzaron sus zapatos de tafilete blanco y salieron hacia la capilla privada vaticana. Todo estaba listo: la entrada de Pío IX, con su solideo blanco revestido con muceta roja, acentuaba la solemnidad del acto religioso. Su voz, hermosa, afectuosa pero intensa. Las infantas españolas, con doce, once y nueve años, recibían de manos del santo padre la primera comunión. En latín, respondieron con seguridad las preces del sacramento. Tres días después, la comitiva abandonaba Roma dirigiéndose a Florencia, Venecia y Milán. Pasarían una noche en las posesiones de los duques de Fernán Núñez, en las cercanías del lago Como. De ahí, partirían a Austria.

Llegaron a Viena el 5 de julio. Era también la primera vez que Pilar, Paz y Eulalia visitaban la capital de ese imperio: el palacio de Hofburg, el Danubio... Isabel seguía dando muestras de su dispendio y, pese a la modesta fortuna para su rango, se alojaron en el hotel Britannia, apabullante para la época. Aunque viajaban de incógnito, a las pocas horas de instalarse en sus lujosas habitaciones recibieron la visita del emperador Francisco José. Cuánto les hubiese gustado a las jóvenes conocer a la bellísima Isabel de Baviera, Sissi, pero sus dolencias de ánimo la habían llevado a Corfú.

Alfonso estaba a punto de terminar sus estudios en el Theresarium, ya habían pasado tres años desde su llegada, y aprovechó esos días para disfrutar con la familia. Se había convertido en un joven muy apuesto. «¿Has visto, Paz, lo bien que le quedan los uniformes?», risoteaban las jóvenes. Con él recorrieron los pabellones de la Exposición Universal y pasearon en carruaje descubierto: el palacio de Schönbrunn, los jardines de Stadtpark, el sonido de la música, aquellos primeros valses… Viena y los Habsburgo, la dinastía con la que un día próximo estrecharían afecto. La entonces archiduquesa María Cristina tenía dieciséis años y acababa de ser nombrada abadesa del Noble Capítulo de Damas Canonesas de Praga. En apenas un lustro estaba llamada a convertirse en reina de España.

12

Navidad con la abuela Cristina

Los gritos de mamá. Cánovas y el partido alfonsino. De nuevo el Sacré Coeur y los paseos por Saint-Germain. Alfonso se va a Inglaterra a una academia militar. Veraneo en Houlgate. El manifiesto de Sandhurst. Las barras de turrón de nieve. Polvos de arroz y perfume de Guerlain: nos vamos al teatro Gaîté. El pronunciamiento de Martínez Campos: «¡Viva España! ¡Viva Alfonso XII!».

«¡Mi país se desmorona y ahora entra Pavía a lomos de su caballo en el Congreso, disuelve las Cortes y liquida la república federal!», exclamaba Isabel. El telegrama con las informaciones que llegaban desde España puso a la reina colérica. Para las jóvenes infantas aquello no era más que un nuevo espectáculo atronador de su madre. Pero el palacio de Castilla volvía a llenarse de cortesanos impacientes por conocer las últimas noticias sobre el nombramiento del general Serrano y su régimen presidencialista. Los ejemplares que se recibían de *La Correspondencia de España* traían titulares alarmantes. Ezpeleta y el duque de Sesto pensaban, sin embargo, que podía tratarse de una oportunidad para la causa: Cánovas había tomado definitivamente las riendas del partido alfonsino y comenzaba a ganar adeptos entre antiguos opositores. Admirador como era del parlamentarismo británico, pensaba que la formación del joven príncipe debía completarse en una academia militar: jefe del Estado y jefe del Ejército, pensaba; el único modo de evitar los pronunciamientos que habían lastrado la monarquía liberal de su augusta madre. «Para mandar a los espadones hay que ser militar», repetía el malagueño con su deje andaluz. A la antigua soberana la idea no le convencía. Adoraba a su hijo y verse por más tiempo lejos de Alfonso la consumía. En el fondo ella no había perdido la esperanza de volver a España, pero sabía que los impedimentos eran muchos. El primero, ese pedante de Cánovas que no hacía más que entrometerse en los asuntos familiares. «¿Que ahora dice que mi desdichada hija Isabel es la que tiene los afectos del pueblo?». Ya había pasado por una forzada abdicación, pero se resistía a admitir que su recuerdo, corrupto y licencioso, podía ser un escollo para la restauración de los Borbones.

Mientras el palacio de Castilla era un borboteo de adeptos y aprovechados, Pilar, Paz y Eulalia continuaban con su formación en el Sacré Coeur. Ellas no entendían muy bien lo que pasaba. Las jóvenes acudían a celebraciones religiosas, paseaban por Saint-Germain y la *avenue* de la Grande Armée, o acompañaban alguna vez a su madre a fiestas de beneficencia que se celebraban en el Bois de Boulogne. ¡Qué bien se portaban en sociedad! Manejaban ya el francés como primera lengua y sus modales, gentiles y refinados, recibían los más cumplidos halagos de la esposa del presidente Mac Mahon.

A veces, Pilar y Paz iban al teatro, como cuando Alfonso las llevó al estreno de la fábula infantil *La poule aux oeufs d'or* (La gallina de los huevos de oro) en el teatro Variétés, en pleno *boulevard* Montmartre. Cuánto se habían arreglado: traje de etiqueta azul con el conjunto de broches de aguamarinas y platino que les había prestado su madre. Eso había sido antes de que Alfonso marchase a Inglaterra. En verano ellas habían vuelto a Houlgate, en la costa de Normandía, a una villa situada a pocos metros de la playa. Baños de mar y partidas de cróquet —juego muy de moda entonces— añorando a su hermano que, al comenzar la temporada, había ingresado en la escuela militar de Sandhurst, la más prestigiosa del mundo, para que pudiese completar su formación. Otra idea de Cánovas, que decía que había que hacer del rey un *primus inter pares*. Y el rey iba a ser Alfonso, aunque el futuro era todavía muy incierto.

Llegado el mes de diciembre de 1874, en el palacio de Castilla comenzaban a esperar las viandas y los dulces navideños que los fieles monárquicos enviaban desde España. Sobre todo, las barras de turrón de nieve, hecho con mazapán, y otros de yema. Alfonso acababa de cumplir diecisiete años y había sido proclamado mayor de edad. Desde Inglaterra, donde estudiaba, redactó un manifiesto a los españoles en el que se presentaba como una alternativa monárquica y constitucional. Así respondía a las muchas felicitaciones que había recibido por su cumpleaños. Sus hermanas lo añoraban con impaciencia. Llegó a París el día 23. La reina e Isabel fueron a recibirlo a la estación. Cuando lo vieron entrar por el recibidor principal... ¡Qué guapo estaba! No era muy alto, pero había crecido un poco y se había dejado un bigote fino, con leve punta en curva, muy del gusto de la época. Se abalanzaron sobre él y le llenaron de besos.

Celebraron la Nochebuena en el comedor de gala y les acompañó la abuela Cristina, que no terminaba de recuperarse de la muerte de Fernando, su marido durante más de tres décadas. Había fallecido en El Havre hacía pocos meses. Carlos Marfori tampoco estaba, pues ya no vivía en París y apenas le veían. La mesa lucía fantástica: mantel de lino con galones de seda brocada, vajilla de porcelana de Limoges, cubertería de plata Meneses, que la reina había conseguido que le enviasen desde España, y cristalería de La Granja. Esperaban con apetito el *poulet* de Bresse que el jefe de cocina ordenaba preparar a *madame* Gabrielle en los fogones y que se había convertido en un clásico en esas fechas. Y, por supuesto, el *bûche de Noël, calissons* con perfume de melón confitado, *grignotines* y frutas escarchadas, los postres favoritos navideños desde que vivían en el exilio. Cuatro lacayos de la servidumbre, con librea y guantes blancos, se encargaban de atender la mesa. La reina se resistía a reducir más el lujo de la corte, a pesar de que sus gastos eran copiosos. Estaba, además, el pago de la pensión de don Francisco, a la que el rey consorte en ningún caso estaba dispuesto a renunciar. Era un tema que la enfurecía.

La tarde-noche del miércoles 30 de diciembre, las infantas se arreglaron con esmero: polvos de arroz, el mejor perfume de Guerlain, collar de gruesas perlas muy del gusto de la reina y unos fabulosos vestidos de vigoña en verde inglés con *fichú* de seda. Eulalia entró de vez en cuando a interrumpir a Pilar y Paz. Estaba muy linda y nerviosa pues era una de las primeras ocasiones que acudiría a una cita de sociedad. Su madre la miró embelesada. A sus doce años se estaba convirtiendo en una jovencita muy resultona. Alfonso había prometido llevarlas al teatro Gaîté, al nuevo estreno de la temporada. Bajaron la doble escalera que las conducía al vestíbulo de palacio a la hora establecida. Acababa de llegar un emisario con una nota anónima, en francés, que el ayuda de cámara entregó a Alfonso. Se retrasó unos minutos mientras ellas aguardaban, con sus manguitos de terciopelo y túnicas de cachemir, el momento de enfilar el *boulevard* Voltaire hasta llegar a la *rue* Papin. La reina era extremadamente puntual. Un landó cerrado con dos cocheros aguardaba en el zaguán de entrada. Esa noche hacía frio.

Construido en estilo italiano, el teatro presentaba un aspecto fabuloso. Las cinco entradas de su fachada principal resplandecían iluminadas por lámparas de gas. El interior, exquisito, se había engalanado con muérdago y acebo. Ocuparon el palco de platea con asientos tapizados en terciopelo carmesí. Al sentarse, las lentes escrutadoras de los quevedos de la sala se posaron sobre la exiliada real familia española. La función duró poco, apenas dos horas, con entreacto para hacer sociedad: trajes de cola en seda, vestidos con lazos y volantes en muselina, tocados de plumas y diademas. Las invitadas lucían sus mejores aderezos y los hombres vestían de frac. En el coche de vuelta, entre risas y comentarios, Alfonso parecía serio. La reina, mirando por la ventanilla, se extrañaba de la poca gente que rondaba las calles de París, aunque en esas Navidades de 1874 todavía seguía en vigor la ley marcial resultado del periodo revolucionario. Tras descender del carruaje, ya en el vestíbulo principal, Pepa se acercó apresurada a la reina: el marqués de Elduayen esperaba en el salón principal. Dinástico comprometido, era la mano derecha de Cánovas en lo referido a los asuntos de palacio. «Señora, don Alfonso ha sido proclamado rey en España». «Pero ¿cómo? ¿Qué demonios está diciendo, Elduayen? —le espetó la antigua soberana—. ¡Mire usted, que a estas horas no estoy ya para memeces!». Pero la noticia era cierta, había llegado vía el embajador Vega de Armijo. El general Martínez Campos se había pronunciado en una localidad cercana a Sagunto. Lo había hecho sin la aprobación de Cánovas en la tarde del martes 29, pero pasadas veinticuatro horas contaba con el respaldo de los españoles.

Alfonso sabía la noticia desde minutos antes de partir hacia el teatro, pero no quiso ensombrecer la ilusión adolescente de sus hermanas. Además, desconocía la validez de la información. Pilar, Paz y Eulalia contemplaban la escena entre sorprendidas y nerviosas. Frente a un aparador de madera de haya con ribetes de bronce dorado sobre el que abundaban fotografías familiares, veían a la reina amonestar a su hijo: ¿cómo no se lo había dicho? Isabel iba y venía, se sentaba y levantaba haciendo todo tipo de preguntas a la espera de una confirmación. Pepa ordenó a las jóvenes retirarse a sus dependencias. Se había hecho tarde. «¿Crees que es rey?», le preguntó Pilar a Paz. Apenas pudieron dormir. Todavía en la primera juventud, se removían inquietas ante el futuro incierto que les esperaba.

A la mañana siguiente los despachos telegráficos confirmaban que la proclamación se había hecho en medio del mayor entusiasmo. Su hermano era ya Alfonso XII. El extraordinario de *La Época* del 31 de diciembre de 1874 abría su edición con un «¡viva la España constitucional regenerada!». Una monarquía liberal y patriótica que enlazaba el pasado con el presente en la figura del joven rey. El palacio de Castilla volvía a llenarse de adeptos y cortesanos. Luisa Fernanda apareció con Mercedes. En un aparte, Alfonso de Borbón y Borbón, nervioso, le prometió que un día la haría reina. Minutos después le susurró que se disponía a salir inmediatamente para España.

13

Ahora somos las hermanas del rey

La Chata regresa a Madrid: España tiene nueva princesa de Asturias. El enfado de la reina. Protocolo en la corte de Alfonso XII. La señora De la Puente. Adiós al colegio. Las infantas en el hipódromo, ¡menudo escándalo! Nuestro primer carné de baile. ¿Tenemos acompañante? La regañina del rey Francisco. Contagiadas de sarampión. Adiós al palacio de Castilla. En tren hacia Burdeos. San Juan de Luz y la fragata Numancia. *¡Volvemos a España!*

¡Cuánto añoraban a Alfonso! Por las noticias que llegaban desde España sabían que había entrado en Madrid entre ovaciones y que su recibimiento fue apoteósico. Los cables telegráficos que se recibían mencionaban el fin de las hostilidades con los carlistas. «Adhesión de Cabrera al rey. Las fuerzas carlistas se repliegan hacia el territorio navarro», titulaba *El Imparcial*. Y hasta se habían pacificado los levantiscos aires cantonales. «Las tropas de los cantones han regresado a sus respectivos puestos», decía *La Correspondencia de España*. Isabel II siempre leía los periódicos procedentes de España a la hora del desayuno, y eso que se levantaba tarde. Solía recibirlos con dos días de retraso porque las comunicaciones eran bastante lentas. «¡Aclamado por el pueblo y por el Ejército, el rey ha recibido el bautismo de una popularidad inmensa!», resaltaba *La Época*. Este diario era el que dirigía Alfredo Escobar, marqués de Valdeiglesias, muy amigo de los próceres alfonsinos y alma periodística de la Restauración. Así que entre las tazas de chocolate de Pierre-Jean Bernard que traían desde su *maison* À la Mère de Famille y las medialunas (*halbmond*) de la pastelería Stohrer, pasaban la mañana con informaciones de España. Cuando regresaron al colegio después de la proclamación de Alfonso XII, muchas niñas miraban a las infantas con admiración: eran las hermanas del rey de España. Paz y Eulalia dejarán escrito en sus memorias el recuerdo de las nuevas deferencias de sus compañeras de estudios en el jardín de acceso al portalón principal que daba entrada a las aulas.

En el palacio de Castilla se empezaron a preparar baúles, equipajes, maletas y documentos. La reina albergaba la esperanza de regresar rápido a Madrid. Hasta se hizo traer parte de las joyas que se conservaban en una caja-depósito del Banco de Francia y con las que la soberana avalaba alguno de sus préstamos. Cánovas lideraba un gobierno-regencia a la espera de aprobar una constitución. Isabel se alegraba de la nueva posición de Alfonso: sabía que era rey por derecho, aunque también por el acto de su abdicación. Una mañana de domingo, temprano, al regresar de la iglesia de Saint-Eustache, Pilar, Paz y Eulalia encontraron a su madre indignada. La acompañaba el marqués de Elduayen en el despacho. «¡¿Cómo que por ahora no puedo volver?! ¿Qué es eso de que mi retorno será la ruina de Alfonso? —gruñía la reina—. ¡Ese majadero de Cánovas se ha vuelto loco y ahora malmete con mi hijo! Soy y he sido reina durante más de tres décadas, así que ahora no van a decirme unos botarates provincianos qué es lo mejor para mi pueblo», gritaba castiza y enojada.

Desde España, los artífices de la Restauración eran conscientes del mal recuerdo dejado por los tiempos licenciosos de la era isabelina. Ella nunca lo aceptó: se creía todavía honrada por los españoles. En su lugar —trató de persuadirla Elduayen—

«sería conveniente el regreso inminente de su alteza real la infanta Isabel. España necesita una princesa de Asturias». En ese momento la reina se desarmó. Se dejó caer sobre la butaca del tresillo capitoné en seda beis que adornaba la estancia. Aquello era demasiado para su orgullo. Su hija y primogénita partiría hacia España. Ella, la reina, herida y ofendida, tendría que permanecer en París.

El 4 de marzo de 1875 se despidieron de Isabel. Su hermana se marchaba para ocupar en España el papel institucional más alto después del de Alfonso. La abrazaron con cariño y besaron en la mejilla; primero Eulalia, Paz y después Pilar. La última fue la reina. Estaba muy dolida. Era su hija y la quería, pero no perdonaba la afrenta que para ella significaba aquella humillación. La servidumbre formaba en la pérgola del vestíbulo principal. Isabel, con veinticuatro años, dejaba el palacio de Castilla. Llevaba un vestido en poplín de lana azul y le acompañaba su fiel amiga Lolita Balanzat con su marido, José de Nájera, quienes en adelante permanecerán siempre a su lado. Viajó de París a Marsella en tren. De madrugada embarcó en la fragata *Navas de Tolosa* con dirección a Cartagena. El 6 de marzo, tras un día de travesía, Isabel de Borbón y Borbón llegaba a las costas españolas. Ministros y autoridades la recibían en el pantalán. Se había puesto unos pendientes de alfiler en forma de castañuelas: era la Chata. Volvía a pisar tierra española como flamante princesa de Asturias seis años después de su partida. Isabel y Alfonso tenían ante sí la tarea de consolidar la monarquía en España.

«¡Ha llegado un telegrama! Isabel ya está en Madrid», gritó Pilar muy acelerada. En el andén de la estación de Atocha la estaba esperando Alfonso. Todos vestidos de gala y con las autoridades inclinándose ante la nueva princesa. A esas horas debían de haber entrado ya en el Palacio Real. ¡En los carruajes de gala por la calle Bailén, ante gritos de entusiasmo! Qué añoranza. Cuántos recuerdos infantiles: los jardines del Campo del Moro, la enorme escalera de acceso, las habitaciones, el gimnasio y el comedor de diario. «¿Qué habrá sido de aquellos caballitos de madera que el abuelo Francisco había pulido para nosotras?», pensó Pilar. Sabía que sus hermanos estarían caminando por los anchos pasillos del piso principal frente a la plaza de Oriente, con la luz de primavera reflejando sobre las paredes enteladas de la galería del salón que había sido de la reina.

Por las informaciones que recibían vía diplomática desde España, sabían que el joven rey había repuesto a la antigua servidumbre de Isabel II: camaristas, personal de cocina, mayordomos... Y que los alabarderos volvían a flanquear las jambas de acceso a las estancias reales. Pero las cosas en el Palacio Real de Madrid habían cambiado mucho. Ahora el rey se levantaba temprano y trabajaba todo el día, salvo las horas que salía a caballo por la Casa de Campo. Además, Alfonso había relajado el protocolo y hasta había prohibido que le besasen la mano. A la reina aquello no le pareció bien: pensaba que no era vasallaje, sino demostración de acatamiento al soberano. Por correspondencia, Alfonso XII contaba que había decidido retirar la guardia de corps que vigilaba el trabajo de los cocineros y el traslado de la comida real en cacerolas con llave de los tiempos de la regencia de María Cristina. Con ironía escribía que a ver qué tal se tomaba tanto cambio Isabel, porque en cuestiones de parafernalia siempre había sido muy estricta. Cómo insistía a sus hermanas: que si la espalda, los modales, las apariencias...

A la reina esas cosas le importaban menos, y más entonces, que seguía furiosa por su nueva condición de madre desterrada. Al palacio de Castilla había llegado un velado ofrecimiento de Madrid para instalarse en el castillo de Bellver, en Palma de Mallorca, e incluso Carlos de Borbón y Austria Este, el candidato carlista con quien entonces mantenía buenas relaciones, había puesto a su disposición palacios en Zarauz, Lequeitio y Tolosa. Nada servía para calmar la ira de la reina: o volvía a España como correspondía, o no volvía. «¿Que viviese en su país de tapadillo...?». Esos mastuerzos no habían entendido bien quién era la antigua soberana.

«Venga, Paz. Date prisa», le dijo Pilar a su hermana menor. Desde que Isabel había dejado París, cada día amanecía más tarde en el palacio de Castilla. La superiora del Sacré Coeur había hecho llegar varios avisos advirtiendo que la puntualidad en la entrada del colegio era un requisito obligado para todas las escolares y que no permitiría nuevos retrasos. La señora De la Puente, esposa del nuevo secretario de Isabel II —el apuesto capitán de Artillería sevillano Ramiro de la Puente—, que ahora se encargaba de las tareas de las jóvenes, se enfadó mucho: «Qué era eso de recriminar a unas infantas españolas», susurraba. Pero en el fondo sabía que no tenía razón. En casa todo había vuelto a ser distinto desde que Isabel no imponía su disciplina: una salida al teatro, una mañana al hipódromo... ¡Cómo les gustaba! Estaba claro que esa afición la habían heredado de la reina, que, además, tenía muy buen ojo para las apuestas. Pero la verdad es que aquel no era un lugar para unas adolescentes de quince, catorce y doce años. A Longchamp, a orillas del río Sena, jamás acudían niños. Muchos se sorprendían al verlas en las gradas; otros, cuando llegaban en la berlina camino del Bois de Boulogne, y la mayoría, cuando se daba cuenta de que era en horario escolar.

A Isabel II no le importaban los dimes y diretes que circulaban por la capital sobre si paseaban por lugares poco recomendables o si las compañías no eran las adecuadas para su rango y condición. No era para tanto, pero lo cierto es que al palacio de Castilla llegaban diplomáticos y políticos, aristócratas, cortesanos y hasta algún jovencito interesado en cazar una buena dote. Una mañana, Isabel II amaneció diciendo que había decidido organizar un baile con motivo del dieciocho cumpleaños de Alfonso: invitó al todo París, y eso que la economía no estaba para dispendios. ¡Pero ella era así! A las infantas les habían encargado unos vestidos en tafetán de seda con volantes, y estrenaron guantes y abanicos. Además, acudirían las hijas del marqués de Molins, el nuevo embajador de España, que eran casi de su misma edad. ¡Qué bien lo pasaron! Les dieron su primer carné de baile y el rigodón lo reservaron para dos oficiales muy apuestos que contaban con el visto bueno de la reina. Eulalia se tuvo que quedar apartada en un lateral de la pista ya que todavía era pequeña para ese tipo de compañías. Ese día se acostaron tarde. Eran casi las doce de la noche cuando —según cuenta Paz en las páginas de su diario, que había comenzado a escribir apenas unas semanas atrás— pudieron subir a sus habitaciones.

Tanta ligereza iban a pagarla. Una mañana del mes de octubre, justo después del aseo matinal, tuvieron visita de Francisco de Asís. El rey consorte no iba mucho a verlas y menos desde que Isabel, su favorita, se había marchado a España. Seguía delgado, delicado de formas y voz, pero a las infantas les alegró que abandonase su apacible estancia en la localidad de Epinay, cercana a París, para pasar unas horas con ellas. Parecía enfadado, pero en esta ocasión nada tenía que ver con la pensión de la reina: había oído los rumores que corrían en boca de toda la ciudad sobre la volubilidad de hábitos que se había instalado en el palacio de Castilla. De la antigua soberana todo podía esperarse, pero ¡de las jóvenes! Que Isabel II les hubiese consentido dejar de acudir al colegio era inaceptable para quien llevaba el apellido

Borbón. «Una manera barata de terminar con nuestra categoría social», decía. Cuando la reina apareció, la furia de su mirada se hizo incontenible y le espetó recriminaciones serias sobre la educación de las infantas. Él no tenía ningún interés en regresar a España, pero jamás permitiría que aquellas niñas, a las que había reconocido como propias, vivieran de aquel modo distraído.

A comienzos de año las chicas se contagiaron de sarampión. Paz se llenó de manchas y los ojos claros de Pilar amanecieron enrojecidos. Para Eulalia fue más leve porque ya había tenido un amago de infección cuando habían dejado París camino de Suiza. Fiebre, tos... La reina, siempre cariñosa, las acompañaba en el dormitorio y el doctor pasaba revista todos los días. Decía que no era grave, que no había por qué preocuparse. «Unas tazas de caldo, agua con sal y en unas semanas sus altezas estarán como nuevas», decía. Cuando las noticias de la enfermedad llegaron a Madrid, Alfonso e Isabel comenzaron a plantearse muy en serio la posibilidad de que sus hermanas regresasen con ellos a España. Pero ¿qué se hacía con la reina? Sabían que eso supondría tiranteces con Cánovas, que no quería ni oír hablar de aquella posibilidad. Pero en esos días, el malagueño andaba enfrascado en la redacción de la nueva Constitución, aquella que iba a regular los destinos de España durante toda la Restauración: texto breve pero plagado de intenciones de consolidar en España una monarquía parlamentaria capaz de dar estabilidad al país y en la que el rey se situaba en la cúspide del estamento militar. ¡El rey soldado! Aquello con lo que había soñado. La Constitución se aprobó en Cortes y, en adelante, todo se dispuso para el regreso de las jóvenes infantas y su madre.

¡Cómo se recibió la noticia en el palacio de Castilla! Volvían a España. Baúles, maletas y arcones abarrotaban los pasillos. No sabían si su marcha era definitiva o si apenas estarían unos meses fuera de París, pero los preparativos fueron extraordinarios. La reina estaba exultante. Alfonso le había escrito una carta cariñosa y, por mediación del embajador Molins, supieron que Cánovas transigió con la petición del rey. Habían sido ocho años fuera de la patria desde esa horrible revolución que las echó de España. Sentían la pérdida de algunos familiares próximos, como el apreciado infante Sebastián, recientemente fallecido. Pero ahora Isabel volvía, como madre, aunque no como reina. Ella, exagerada, quería que su retorno estuviese acorde con la grandeza que ostentaba, aunque desde el Gobierno se insistió en que se guardasen prudencia y discreción. ¡Qué poco conocían a la reina!

Fueron días de mucho ajetreo. Se despidieron de algunas amistades y ofrecieron una merienda de cortesía a los Montpensier. Al comenzar el verano, todo estaba dispuesto para la partida. Las infantas llegaron a Francia siendo apenas unas niñas y regresaban a España como adolescentes que debían enfrentarse al peso de un apellido. Isabel II dejó gran parte de la servidumbre al cuidado de la casa y dispuso instrucciones para su mantenimiento. La reina había invertido parte de su exigua fortuna en el palacio de Castilla y desconocía si tendría que volver.

En la tarde del 28 de julio de 1876 bajaron por última vez las escaleras que daban acceso a la planta principal. Llevaban unos vestidos de algodón que Pepa había preparado, a pesar de que les insistía en que tendrían mucho calor. A las seis en punto, Isabel II apareció en el zaguán de entrada: llevaba el broche de la flor de lis en brillantes que la princesa de Asturias acababa de enviarle para lucir en las recepciones. Se despidió del marqués de Elduayen y subió al carruaje que las llevó a la estación del tren. Allí esperaban los condes de Sepúlveda, además de todas las damas de servicio que iban a acompañarlas en el viaje. El marqués de Molins dio el brazo a la reina para conducirla al vagón, y el marqués de Cabra, a Pilar. Cuando sonó el silbato de la locomotora, desde la ventana del coche-salón vieron alejarse la Ciudad de la Luz. Fueron apenas cuatro horas hasta llegar a Burdeos, donde las recibieron con gritos de «¡viva la reina!». Qué distinto era aquello de la huida fugaz de 1868: los andenes estaban engalanados con flores y alfombras de honor, en rojo y amarillo, y las autoridades locales les ofrecieron un fabuloso chocolate. El sábado 29 continuaron el viaje en el tren de lujo que el Gobierno francés había puesto a su disposición para llevarlas hasta San Juan de Luz, el maravilloso puerto pesquero cerca de la frontera que empezaba a oler a España. En el pantalán, una barca las acercó hasta el vapor *Ferrolano* y este, a la fragata *Numancia*, desde la que dijeron adiós a Francia. Para los que habían presenciado las escenas de San Sebastián y Biarritz en septiembre de 1868, el momento fue altamente conmovedor.

Eran las cinco de la tarde. Los marineros formaban en posición de honor con uniformes imponentes, en guardia ante la llegada de las regias viajeras. Isabel II se emocionó cuando escuchó salvas y cañonazos en su honor. Estaba conmovida. A las infantas tanto estruendo las asustó un poco. De repente, sonó la *Marcha Real* y otro «¡viva la reina!». La antigua soberana no pudo contener las lágrimas. Saludó protocolariamente a la oficialidad que formaba en proa y se retiró al camarote. Eran demasiados recuerdos. Además, acababa de recibir un telegrama de su santidad dándole la bendición. Al ponerse el sol, la banda de música tocó el *Ave María*, de Gounod. Cuando Pilar y Eulalia se fueron a acostar, «me quedé todavía largo rato sobre la cubierta, contemplando el mar», escribirá la infanta Paz en sus *Memorias*. La comitiva partía hacia mares españoles.

14

Las infantas vuelven a España

Domingo, 30 de julio de 1876: la fragata Numancia *llega a Santander. Entre vítores y aplausos. Pero ¿si nosotras hablamos francés? En casa de Pombo. A tomar las aguas a Ontanera y a la playa del Sardinero. Los bañistas y los paseos por la bahía. En tren de gala hacia El Escorial. En el monasterio de San Lorenzo. Visitamos Madrid. En la estación del Norte con nuestros trajes azul celeste. Nos vamos a Sevilla. ¿Estarán los Montpensier?*

El tronar de los cañones de la Marina anunció la llegada de Isabel II y las infantas. Era la una de la tarde cuando desembarcaron en el puerto de Santander entre vítores y aplausos. Alfonso e Isabel esperaban en el muelle acompañados de los representantes del Gobierno, la alta servidumbre y demás jefes superiores del Ejército, incluido el gobernador civil y militar. Primero fue la reina, seguida de Pilar, Paz y Eulalia. Un abrazo sentido, de añoranza por el reencuentro, pero también de satisfacción por pisar de nuevo tierra española. En protocolaria comitiva, pasaron bajo el arco de flores que se había construido para recibirlas. Hacía mucho calor y un inmenso gentío se agolpaba a su paso. La ciudad estaba alterada y las calles lucían adornadas de altos mástiles con gallardetes. ¡Todo eran halagos y piropos para las infantas que volvían a la patria!

«¿No te parece extraño lo que dicen, Paz?», preguntaba Eulalia. Ella, la más pequeña de los Borbones, había llegado a Francia con apenas cuatro años y ahora las castizas expresiones castellanas le sonaban extrañas. «¡En español!», recriminó Isabel mientras subían una calle vistosamente engalanada en medio de continuas manifestaciones de admiración. Alfonso y su madre encabezaban el cortejo hacia la catedral. Tras ellos, las infantas acompañadas del resto de autoridades y del general Martínez Campos. En la entrada les esperaba el obispo y en procesión accedieron al interior del templo para la celebración de una misa con un solemne tedeum. Al terminar, más saludos y reverencias hasta llegar a la casa palacio del marqués de Pombo, que se había habilitado para su estancia. Esa noche, el rey ofrecía un banquete en su honor mientras se quemaban en la bahía unos fuegos artificiales. Pilar ocupó el puesto preferente a la derecha del rey y Paz, el de la izquierda. Enfrente, la ahora reina madre con Isabel, Eulalia y la marquesa de Santa Cruz. Estaban cansadas, pero en el Sardinero, con la brisa del mar, volvieron a revivir su infancia.

Alfonso e Isabel se quedaron apenas un día desde la llegada. Tenían que cumplir con sus deberes institucionales y, sobre todo, Cánovas no quería que se les viese en exceso con el resto de la familia. Los equipajes se retrasaron un poco, pero Pepa se encargó de airear los vestidos cuando la servidumbre subió los baúles que venían con los enseres personales. Estaban también la marquesa de los Remedios y la señora de Zea Bermúdez.

Aquella residencia provisional era una casa grande, de planta rectangular, que tenía dos torres con minaretes y cuatro alturas. Se instalaron en la segunda planta, desde donde tenían vistas a una enorme plaza. Pero estuvieron pocos días porque la reina no renunciaba a tomar sus baños en el balneario de Ontanera, a apenas 40 kilómetros. Viajaron en carruajes y las acompañaron solo tres damas de servicio además del marqués de Cabra, que oficialmente representaba al Gobierno. Iban a quedarse cinco días, los justos para que Isabel empezase a notar el bienestar de sus aguas sulfurosas, que, decían, eran buenísimas para la piel. Se alojaron en una construcción del siglo XVII, rodeada de jardines y con capilla privada, en el municipio de Corvera. Las infantas aprovecharon para hacer muchas excursiones por las fértiles vegas del valle de Toranzo, sobre todo Paz, que era la que más disfrutaba en la naturaleza. Por donde pasaba la reina era recibida con entusiasmo y ella, generosa, correspondía con espléndidas limosnas. «Sabía que los españoles nunca me habían olvidado», decía. Se la veía radiante y hasta empezaba a recuperar el buen apetito del que solía hacer gala.

Regresaron a Santander a mediados de mes para los baños de mar. ¡Cuántos recuerdos! Los hijos de Pombo, el acaudalado marqués que les había cedido su residencia, habían hecho construir y adornar con exquisito gusto dos elegantes casetas en la playa del Sardinero: la más grande era para la reina y estaba tapizada en raso verde; la de las infantas, vestida de cretona elegantemente escogida, resultaba más acorde para jóvenes. Además, habían construido una rampa practicable hasta la playa para el carruaje. ¡Los anfitriones no escatimaron en detalles y galantería! Había una animación extraordinaria. Estaba lleno de bañistas. En tranvía, coches de alquiler y particulares llegaban de Santander a El Sardinero a todas las horas del día, desde la madrugada hasta bien entrada la noche. Era un sitio delicioso, pinares y caminos, y tenía casino en un edificio precioso.

En esos días, Pilar, Paz y Eulalia iban frecuentemente a pasear por el muelle de Maliaño y los veraneantes no hacían más que mostrar su afecto hacia las hermanas del rey. Además, un día su madre las autorizó a acudir a un baile que ofrecía la Sociedad de Campo en un jardín delicioso. ¡Estaban encantadas! Una tarde, salieron en la falúa real a dar un paseo por la bahía.

Había mar de fondo y el mareo fue tremendo. A Pilar la tuvieron que llevar de vuelta al embarcadero e inmediatamente a palacio junto con la señora De la Puente —la esposa de don Ramiro, quien últimamente estaba siempre con ellas—, que también se puso malísima.

Al terminar el mes de agosto, empezaron a escuchar las conversaciones de la reina sobre un próximo destino. Ella tenía empeño en volver a Madrid, entrar con honores y solemnidad como egregia madre del rey. Pero el Gobierno no iba a permitirlo, así que, de momento, se quedarían en El Escorial. Salieron de Santander el 23 de septiembre acompañadas por el arzobispo de Valladolid. Llegaron a la estación de tren de San Lorenzo al mediodía y ya las estaban esperando las autoridades locales. Cuando la reina salió del vagón sonó la *Marcha Real*. Las cuatro en un carruaje, avanzaron lentamente por el empedrado de las calles hasta que apareció ante ellas, majestuoso, el monasterio. Eulalia ni siquiera lo recordaba. Su estructura herreriana, austera e imponente, las impresionó. Isabel II derramó unas lágrimas y quiso subir a las habitaciones. Encontró todo igual y se sorprendió del excelente estado de conservación en el que se hallaban los ricos tapices, muebles y objetos; hasta las puertas de marquetería y una mesa con incrustaciones de marfil. A las infantas les parecía frío, pero en esas primeras horas, la reina les contó algunas de las conjuras que había protagonizado la familia en ese histórico lugar, como aquella en la que su padre, Fernando VII, se había visto implicado para derribar a Carlos IV. Pese a la historia, la escalera y los estrechos ventanales daban al complejo un aspecto de austera monumentalidad poco agradable para unas jovencitas que acababan de pisar el lugar.

Tuvieron el protocolario almuerzo con generales y mandos civiles, y Pilar, aunque se encontraba un poco indispuesta, volvió a ocupar un lugar principal en la mesa junto a los marqueses de Cabra y la marquesa de los Remedios. Las infantas estaban deseando que aquella bienvenida terminase pronto para poder conocer, al fin, el jardín de los frailes y las montañas de la sierra de las que tanto les había hablado Pepa. Además, les acababan de informar de que en breve se les uniría la abuela Cristina. Estaría pocos días, ya que ella, viuda, había decidido regresar a Francia, a su residencia de Le Havre junto al mar.

Justo un día después de la llegada, recibieron la visita de Alfonso e Isabel. Las habían vestido con unos sencillos trajes blancos y los recibieron a pie de la escalinata que había construido Juan de Villanueva. Isabel se mostró muy pendiente de sus hermanas y, sobre todo, insistió en lo necesario de expresarse, en adelante, en correcto castellano. Poco a poco se iban acostumbrando a las voces sonoras y cerradas del idioma, tan diferentes del francés. Isabel también les recordó lo imprescindible de volver a marcar una rutina en su formación y de retomar las lecciones de música, álgebra y literatura. Algo de eso habló con la reina, pero esta parecía más interesada en escuchar la autorización de Alfonso para poder volver a Madrid. No fue así: el Gobierno solo permitiría una estancia breve, de apenas unas horas. Cánovas seguía en sus trece. Inoportuno, decía. Para Isabel II era muy doloroso. Se sentía una intrusa en su propio país y no dejaba de quejarse de la situación.

Pese a ello, cuando el 12 de octubre salió hacia la capital —aunque fuese por unas horas— estaba radiante. Se puso un vestido en rayas blancas y negras, y las infantas, unos sencillos trajes en color azul celeste. ¡Irían también a Madrid! Cuando llegaron a la estación del Norte subieron a unas carretelas: la reina con Alfonso y las infantas con Isabel. Visitaron la Virgen de la Paloma, la basílica de Atocha, el Retiro, el barrio de Salamanca y, finalmente, el Palacio Real. ¡Qué nostalgia al subir de nuevo a sus antiguas dependencias! El salón de la primera planta, la galería con vistas a la plaza de la Armería, el gabinete de la reina y los dormitorios de la infancia. Eulalia ni siquiera los recordaba; para Pilar y Paz aquello significaba volver a sus primeros juegos, las muñecas de porcelana y el gimnasio, que pidieron visitar en el Campo del Moro.

Fueron apenas unas horas, pero a la reina la estancia en la capital de España le había causado demasiada impresión. Excesivos recuerdos. De regreso a El Escorial, la antigua soberana comprendió que su destino estaba temporalmente alejado de Madrid. Lo mejor para todas sería instalarse en Sevilla, en su residencia de los Reales Alcázares, donde, pensaba, interferiría menos en el rumbo político de Alfonso XII y sus gobernantes. En cuanto terminasen las obras de acondicionamiento, marcharían a Andalucía. Solo una inquietud le rondaba su firme determinación: ¿estarían los Montpensier en la ciudad del Guadalquivir? La idea de que Antonio de Orleans volviese a inmiscuirse en la vida palaciega la enfurecía. A ellos también les habían autorizado su regreso a España, pero Isabel II no parecía tener un interés especial en reencontrase con su hermana.

15

Por las calles de Sevilla

En Sevilla entre ovaciones entusiastas. Con vestidos azul celeste y mantilla española. La catedral y el altar mayor. Pero ¿dónde vamos a vivir? El barrio de Santa Cruz y los boquetes en el muro del jardín. La vida en el Alcázar. Ramiro de la Puente. ¡Llegan los Montpensier! En el palacio de San Telmo. ¿No notas en Mercedes un brillo especial?

Llegaron a Sevilla el 17 de octubre de 1876. Eran las cuatro y media de la tarde cuando el tren real hizo su entrada en la estación hispalense de San Bernardo. Les habían dicho que era una ciudad alegre, llena de color y de gentes hospitalarias. Ecléctica y racial. De toros, costumbres, folclore y olor a azahar. ¡Para las infantas fue más que eso! Desde la ventanilla vieron el inmenso gentío que abarrotaba las inmediaciones del andén donde esperaban, en protocolario cortejo, las autoridades civiles y militares encabezadas por el alcalde. Nada más la reina madre apareció en la escalinata, con un magnífico vestido azul con adornos blancos, sonó la *Marcha Real* y una ovación entusiasta se escuchó en todo el compartimento. Las infantas bajaron tras ella, acompañadas de la marquesa de los Remedios. De nuevo momentos intensos de lágrimas y melancolía mezclados con los gritos de «guapas» y «resaladas» que se escuchaban desde los callejones cercanos, adornados con vistosas colgaduras. Ese día amenazaba lluvia, aunque la luz ya era especial.

El carruaje que las esperaba en la entrada iba tirado por seis caballos tordos magníficamente enjaezados. El cochero y los lacayos vestían lujosas libreas de paño blanco galoneadas en oro. Precedía a la comitiva una sección del regimiento de Caballería Montesa. Entre el clamor y una lluvia de pétalos de flores, recorrieron las calles de los Reyes Católicos, San Pablo, Méndez Núñez, plaza de San Fernando y de la Constitución, y calle del Gran Capitán, hasta llegar a la catedral, inmensa en su arquitectura gótica, majestuosa, como un castillo con sus torrecillas talladas. A las infantas acababan de colocarles airosas mantillas españolas de blonda negra. «¡Algo muy andaluz!», espetó la reina.

Entraron por una de las puertas del coro, donde las recibió todo el cabildo eclesiástico, y pasaron al altar mayor. ¡Qué impresión más extraordinaria! El color celeste de los vestidos de las infantas se diluía ante aquel colosal retablo. Desde una tribuna situada junto a la verja del Evangelio, escucharon un solemne tedeum que sonó acompañado por el órgano. Después hicieron oración ante la capilla de Nuestra Señora de la Antigua y pasaron a la Capilla Real, iluminada, con la imagen de la Virgen y el cuerpo de San Fernando descubiertos. La iglesia estaba cuajada de gente. Los vivas al salir de la catedral volvieron a ser ensordecedores. Eran casi las siete de la tarde cuando tomaron, de nuevo, sus carruajes. A esa hora, se quemaron fuegos artificiales en la plaza Nueva.

Pero ¿dónde iban a vivir? En los últimos días habían oído hablar de las obras que se estaban realizando en lo que sería su nueva residencia, los Reales Alcázares. Notabilísimo como monumento de arte, pero poco dispuesto para albergar a regias personas. Decían que necesitaban una remodelación, que en invierno hacía frío, que estaba deteriorado. ¿Cómo sería aquello?

De repente, ante ellas apareció una enorme muralla con dos torres de estilo almohade en ladrillo desnudo que daban paso a una enorme fortaleza. Entraron por la puerta del León, donde les recibieron, de nuevo, mandos, autoridades y el personal palaciego que Alfonso había dispuesto para su madre y hermanas. Don Pedro Solís era el administrador y protocolariamente se acercó a explicarles, al detalle, la historia del edificio. Esperaba que todo fuese del agrado de sus altezas.

Se habían engalanado las paredes con cuadros y tapices de alto valor artístico, acomodado parte de los enseres y mobiliario llegado de París, y dispuesto todo lo necesario para que la estancia correspondiese a su rango y condición. Además, habían habilitado los altos del palacio, donde transcurriría la vida familiar. El dormitorio de la reina estaba tapizado en brocado blanco y azul en combinación con los arabescos que podían verse en el interior: tocador, ropero, mesilla de noche y unos espejos magníficos, además de la chimenea francesa que presidía la estancia. El comedor era extenso, con una lucerna abierta en la azotea y un pequeño saloncito como para un almuerzo familiar o sala de té. El señor Solís se mostró satisfecho con la remodelación, pero el rostro de la reina no parecía conforme con el resultado. «¿Podría mostrarme ahora las habitaciones de las infantas?», dijo en tono autoritario.

Las jóvenes caminaban tras su madre a paso inquieto, aunque prudente. Atravesaron la antecámara y un salón árabe que, pese a todo, estaba adornado con sencillez. Para las jóvenes habían destinado dos dormitorios: el de Pilar y Paz, y otro para Eulalia. Estaban pegados y sabían que la institutriz inglesa que había entrado a su servicio dormiría con ellas. «Es lo adecuado para la clase de sus altezas», se afanaba en repetir la marquesa de Novaliches, intransigente en formalismos protocolarios.

Un ejército de doncellas y camaristas trataba de acomodar los primeros baúles que habían destinado al guardarropa mientras que Pepa, con sus modales agitados, seleccionaba el vestuario que llevarían esa misma noche para la recepción oficial de bienvenida. Las hermanas compartían además un salón con enorme ventanal que daba a los jardines, llenos de luz y de una vegetación que Paz consideró exótica. Pero lo que más llamó la atención de las infantas fue que, por todas partes, veían retratos de la familia.

Las jóvenes aprovecharon también para hacer una primera visita a la galería baja del patio de la Montería, las espléndidas caballerizas y la cochera. Les sorprendieron unos boquetes sobre el muro de la fortaleza y las casas de lienzo, más humildes, que daban al barrio de Santa Cruz. «Por ahí no deben acercarse sus altezas», les dijo Solís. Pero ellas querían verlo y tocarlo todo, aunque su posición les impedía una primera jornada a lomos de aquellos excepcionales caballos; les apetecía montar, lo echaban en falta. Era tarde y debían componerse para la cena. Pilar, como hermana mayor, ocuparía de nuevo un puesto preferente junto al marqués de Cabra y el conde de Sepúlveda.

Sus primeros días en Sevilla fueron tranquilos. Escuchaban misa, tomaban el desayuno y salían en la berlina recién adquirida por la casa real para los paseos: Triana, la Macarena, la calle Sierpes y hasta el barrio del Arenal con sus huertos y limoneros. El coche tenía gran capacidad y muchas veces les acompañaba el apuesto capitán Ramiro de la Puente, secretario y confidente de la reina en aquella temporada. Conocieron la ciudad y empezaron a familiarizarse con las costumbres y sus gentes. ¡Era tan diferente a París! La manera de hablar con su deje escarpado, la proximidad del pueblo que tanto gustaba a Isabel y los sabores frescos de olivas y naranjos.

Pero la reina seguía intranquila: un telegrama había confirmado la inmediata llegada de su hermana Luisa Fernanda. El diario *La Andalucía,* el más influyente de la ciudad, anunciaba la información en página principal. En su feudo sevillano, los duques eran los más queridos y la ahora reina madre temía perder su posición. En Francia se había producido una escenificada reconciliación, pero la realidad era más cruda: Isabel II, noble pero impulsiva, era incapaz de perdonar a Antonio de Orleans. Sabía, sin embargo, que la consolidación de la corona de su hijo Alfonso XII exigía disimular aquella guerra abierta que los había llevado al exilio.

Todo se dispuso para agasajar, con fastos y honores, a los regios Montpensier. La corporación municipal se volcó en los preparativos y Sevilla volvería a ser una pequeña corte. Llegaron el 24 de octubre a la estación procedentes de Madrid e Isabel II, con sus hijas, esperaba en el andén para recibirlos: Antonio y Luisa Fernanda, el infante Antonio y las primas Cristina y Mercedes. A las jóvenes les gustó mucho el reencuentro. Eran casi de la misma edad y aunque ya habían pasado los años de juegos infantiles, compartían gustos y aficiones. La reina no parecía tan contenta.

El palacio de San Telmo era espléndido: un edificio barroco del siglo XVII con extraordinarios jardines franceses que los duques habían comprado al Estado cuando era un antiguo seminario de mareantes. Repleto de obras de arte, lujo exquisito y, pese a todo, acogedor. ¡Infinitamente más cálido que el desabrido Alcázar! Aquello era demasiado para el carácter receloso de Isabel.

El día 28, los Montpensier ofrecieron una recepción en San Telmo para festejar su llegada. La reina quiso que sus hijas apareciesen deslumbrantes. Ellas eran las hermanas del rey y ante la «buena sociedad» sevillana —por ahí desfilarían los Solís, Porres o Goyena— debían representar un papel. Al tratarse de una comida temprana, Eulalia pudo acompañarlas y salieron en el landó por la calle Palos de la Frontera hasta el paseo de Roma. Llegaron a la puerta del Apeadero y subieron a la galería alta por una magnífica alfombra decorada con preciosas flores aromáticas. Era una mansión suntuosa. En el centro preferente de la mesa del salón de los tapices se situó la reina con Eulalia y, frente a ellas, Montpensier con el infante Antonio. En aquellos días esos dos jóvenes congeniaban. ¡Quién les diría entonces que se convertirían en esposos y su matrimonio, en un escándalo social! Pilar y Paz se sentaron con las primas. Mercedes, con su voz melodiosa y serena, no paró de hablarles de lo apuesto que había encontrado a Alfonso durante su reciente, aunque breve, estancia en la capital. ¡Sus ojos chispeaban de emoción!

Se ofrecieron fiambres, dulces y pastas acompañados de los mejores vinos, licores, café y chocolates. Todo espléndido y profuso. El almuerzo terminó a las ocho, los varones se retiraron a la sala de cata con exquisitos puros y cigarros de papel mientras que las infantas aprovecharon para ofrecer una velada musical. Eran cerca de las doce cuando de nuevo regresaron al Alcázar. «Cómo ha crecido la pequeña de las Montpensier. Entrada en carnes y muy sonriente. ¡Será por volver a Sevilla!», dijo la antigua soberana. No podía suponer que en el corazón de la joven Mercedes empezaba a avivar la llama de un amor enamorado. Alfonso le había prometido que un día la haría reina. Isabel ni podía ni quería imaginárselo.

16

Inundaciones y beneficencia

Las comidas para los pobres y las dádivas de la reina. En el teatro de San Fernando a la zarzuela. Tablada con Ramiro de la Puente: el hipódromo y el tiro de pichón. La Rinconada. Recepciones en San Telmo. Los jardines del Alcázar. ¡Que viene Alfonso! El rey, en Sevilla. La visita de Eugenia de Montijo. ¿Qué pasa con Mercedes? Lágrimas en el jardín de las Damas: dejaremos Andalucía e iremos a Madrid.

Llovía torrencialmente. El Guadalquivir se había desbordado y la ciudad amaneció anegada: el río castigaba igual el populoso barrio de Triana que el de San Bernardo. Puentes arrancados de cuajo y las viviendas humildes arrasadas por la fuerza de las aguas. «Los ríos corrían sobre los pueblos como mensajeros del diluvio», podía leerse en *El Imparcial*. Las cosechas de trigo y cebada se habían perdido y las naranjas, empapeladas para la exportación, languidecían entre la broza. «¿Qué va a ser de esta gente? El temporal y las inundaciones dejarán sin trabajo a los obreros y en esta ciudad no tienen modo de subsistir», vociferaba la reina.

Era miércoles 13 de enero de 1877 cuando, impulsiva como era, Isabel II decidió visitar las zonas devastadas por la catástrofe. Las infantas irían con ella. El vestuario al que estaban acostumbradas era poco acorde para tanta calamidad: viviendas destrozadas, niños harapientos y ancianas pidiendo caridad. «Esto también es ser infanta», les decía su madre. Había dado orden, en cocina, de que preparasen víveres, chacinas y ropa seca para cargar en los carros con los que tratarían de recorrer la ciudad. «¡Y muchas hogazas de pan!», apostilló Paz, siempre cercana a las necesidades reales de los pobres y llena de caridad.

Era la mayor inundación del siglo y apenas pudieron llegar a las zonas inmediatas al Alcázar. Barro, heces y olor a remojo era lo que se respiraba entre aquella suciedad que los humildes vivían con resignación de folclore y palmas. Las crecidas del Guadalquivir azotaban vidas y sustentos que ellas, infantas españolas, reconfortaban con beneficencia y caridad. También visitaron viviendas miserables en las que se apiñaban familias víctimas del infortunio y la enfermedad. La estampa les impactó.

Ante aquel espectáculo desolador, la reina se empeñó en servir comidas para pobres y ser ella misma, con sus hijas, quienes les acompañasen en la mesa: puchero de garbanzos, arroz y tocino o potaje de habichuelas. También los bajos de San Telmo se abrieron a los mendigos en busca de refugio y algo de calor. En eso los Montpensier siempre fueron generosos. Las primas Mercedes y Cristina, con austeros atuendos de faena, llenaban con sonrisas la desesperanza de aquellas semanas lamentables.

Para las infantas eso fue solo un episodio más de una vida despreocupada y feliz. Al Alcázar habían ido llegando muchas de sus pertenencias desde París y la rutina se hacía cada día más completa. De Madrid recibían noticias del triunfo electoral de los conservadores en unas fechas en las que, incluso antiguos revolucionarios como Práxedes Mateo Sagasta, aceptaban el modelo de la Restauración.

Isabel seguía empeñada en que sus hijas perfeccionasen su castellano, pues para una infantas «con deberes institucionales», decía, era una muestra de respeto y deber a España. No tardó en aparecer en las dependencias de las jóvenes una adusta lingüista, espigada y vestida de oscuro, que diariamente las adiestraba en el correcto manejo del idioma. Las clases duraban dos horas, en las que compartían el recibidor contiguo a sus dormitorios. Eulalia era la más torpe porque se le prendía la lengua y parecía incapaz de adaptarse a los sonidos graves de algunas palabras, aunque a lo largo de su vida terminaría manejando ocho idiomas con soltura. Finalizados los ejercicios de pronunciación, las infantas disponían de toda la jornada para sus quehaceres cotidianos.

¡Sevilla era una ciudad fascinante! Divertida y llena de animación. Había entonces cuatro teatros, pero su favorito era el de San Fernando, en la calle Colcheros. Acudieron al estreno de la zarzuela *El sargento Bailén*. El género se había puesto muy de moda con sus libretos instrumentales, escénicos y de tonadilla. A las tres hermanas les encantaba y la reina las dejaba acudir siempre que lo hiciesen en compañía de la marquesa de los Remedios y con la autorización del marqués de Cabra. Pepa Angulo se mantenía como encargada del guardarropa y le insistía a la reina en que las infantas siguiesen vistiendo igual. «¡Pero si están hechas buenas mozas! —decía la ahora reina madre—. A su edad ya me habían casado con Paco».

Isabel II andaba apurada, de aquí para ahí en compañía de Ramiro de la Puente. La sempiterna presencia del secretario no parecía agradar en los corrillos tradicionales y, mucho menos, en los círculos canovistas que informaban a Madrid. Siempre acudían juntos al hipódromo de Tablada, situado en la margen izquierda del Guadalquivir, en el llamado cauce de los Gordales. Era el principal lugar de recreo de la buena sociedad, donde también se practicaba el tiro de pichón, al que la antigua soberana, aficionada, se presentaba enfundada en madroños y cordoncillos a pesar de que su figura cada día lucía más gruesa. Por esas fechas, además, Isabel II se decidió a gastar parte de su exigua fortuna en alquilar una dehesa para jornadas de caza y fiestas campestres, La Rinconada se llamaba. Un día, de regreso, volcó el carruaje break en el que viajaban y durante varias semanas sufrieron las contusiones del golpe. Nada grave, pero toda la prensa se enteró del incidente.

Las mejores recepciones de Sevilla eran las que se ofrecían en casa de los Montpensier. San Telmo lucía imponente, deslumbrante de luces y adornos: criados de gran librea colocados desde la puerta hasta las galerías altas; porteros con trajes a la suiza y mazas en el vestíbulo, y de estrado en las puertas de los salones. Los duques y las infantas Cristina y Mercedes recibían con el mayor afecto los saludos de los convidados. Pilar, Paz y Eulalia solían acudir acompañadas de su alta servidumbre, aunque a la reina, en el fondo, parecía incomodarle la suntuosidad de los Orleans-Borbón. Isabel se ponía magníficos vestidos de raso adornados con flores y ricas alhajas que eran la admiración de todos los concurrentes, y las infantas, unos elegantes trajes blancos que llegaban desde París. Cuando se iniciaba el baile, no perdían la oportunidad de dejarse acompañar por las autoridades y personas distinguidas que se encontraban allí.

A Luisa Fernanda le encantada agasajar a lo más notable de la sociedad sevillana: los Merry, Goyena o Esquivel. También organizaba veladas literarias con la ya anciana escritora Cecilia Böhl de Faber, protegida del duque y siempre aficionada a las bellas letras. Isabel II trataba de emular los fastos de su hermana en el regio Alcázar, pero el escenario era distinto: más frío y menos acogedor pese al esmero que ponía en la elección y colocación de los adornos. Las fuentes de los jardines se decoraban con farolillos de colores y luces de fuego de bengala. El baile se organizaba alrededor del estanque de Mercurio, entre magnolios, mirtos y naranjos, aunque las lluvias de primavera obligaban a veces a refugiarse en el cenador mudéjar de Carlos V. Pero Isabel siempre presumió de los menús que se servían en palacio. Decía que eran mejores: consomé a la Colbert, *poulets* a la Toulouse con *haricots verts* y *gateau* de Compiègne, el pastel favorito de Napoleón, a base de chocolate y piña. En casa de la reina, la cocina fue siempre excepcional.

«¡Va a venir Alfonso!», gritaba Eulalia desde su dormitorio. Un telegrama recibido comunicaba la próxima llegada del rey y la princesa de Asturias. Hacía más de seis meses que no le veían, aunque la prensa daba cumplida información de los éxitos de su reinado. En esos días se había aprobado el servicio militar obligatorio, que pasaba por cuatro años en activo y otros tantos en la reserva, y que, en general, había contado con la aprobación del Gobierno. Era el 26 de marzo de 1877 y Alfonso XII había iniciado una gira institucional por las provincias del sur de España que lo había llevado a Jerez. La infanta Isabel viajaría directamente desde Madrid.

Su familia los esperaba en el salón de la estación de San Bernardo, adornado con las armas de Castilla y el emblema de la ciudad, acompañada por los Montpensier y sus hijas. ¡En los ojos de Mercedes había un brillo especial! También en los de Alfonso cuando, a las cuatro menos cuarto, bajó las escalinatas del vagón y sonó la *Marcha Real*. Primero besó a la reina, luego a sus hermanas e inmediatamente se dirigió hacia las primas Orleans. Isabel, que llegó en otro tren unos minutos más tarde, se había puesto un vestido de típica inspiración española que fascinó a los congregados. Los vítores y vivas ante su llegada fueron atronadores. Inmediatamente, Alfonso XII montó a caballo y se dirigió a la catedral. En el recorrido fue objeto de manifestaciones entusiastas, aclamado como la única y legítima esperanza de regeneración.

Durante una semana, Sevilla agasajó al cónclave Borbón que, por primera vez en muchos años, reunía a toda la familia real. Visitaron la fábrica de loza de la Cartuja, la fundición de cañones del cuerpo de Artillería y presidieron la procesión del Santo Entierro, en la tribuna colocada delante del ayuntamiento. Pero el tema de los corrillos era la cercanía de Alfonso y Mercedes. Incluso el prestigioso semanario *La Ilustración Española y Americana* se refería a un posible romance del rey: una elección inspirada por dulces sentimientos la que su majestad haga «para reina de España» (30 de marzo de 1877).

En mayo llegó a Sevilla la emperatriz Eugenia de Montijo. ¡Cuánto había cambiado! Todavía mantenía el porte elegante de sus formas, pero atrás habían quedado los fastuosos trajes y las deslumbrantes joyas con las que se adornaba en los salones de las Tullerías. Viuda desde el fallecimiento de Napoleón III, exiliada en la Inglaterra victoriana y sin el resplandor de glorias pasadas, había decidido visitar su Granada natal después de pasar por Malta y Roma. La reina la invitó a hospedarse en los Reales Alcázares en agradecimiento por sus antiguas atenciones con ella durante los años en Francia: Pau, el hotel Pavillon de Rohan... Pero Eugenia rehusó y prefirió quedarse en la fonda de las Cuatro Naciones, que, pese al nombre tan castizo, era de los más distinguidos alojamientos de la zona. Eugenia viajaba como condesa de Pierrefonds, el título que utilizaba en los desplazamientos privados. La estancia sería breve. Eran las seis y media de la tarde cuando su tren alcanzó la estación. A pie de andén, las infantas con su madre, acompañadas del capitán general de Andalucía y el gobernador de la provincia. Vestía de gris y en su rostro asomaban rasgos de nostalgia. La agasajaron con una comida oficial en la que la reina brilló ante la ausencia de Luisa Fernanda: los Montpensier habían salido para Madrid con la idea de entrevistarse con Alfonso.

Esa tarde, en el regio Alcázar, Pilar parecía intranquila. Le había pedido a Pepa que almidonase el conjunto de seda violeta que guardaba con tanto mimo. Quería estar radiante. En su retina quedaba el recuerdo de Napoleón Eugenio Luis, el príncipe imperial que tan grata impresión le había causado en los años de París. Tendría veinte años. Ella, diecisiete. *El Diario Español*, periódico que se tiraba en Valladolid, hacía conjeturas con el asunto. Un día, Pilar y Eugenio Luis soñarían con unir sus destinos, pero la historia de ambos jóvenes se tornaría trágica. Entonces lo desconocían.

Quizá por el reencuentro con Eugenia, o, tal vez, por el recelo que seguía sintiendo por Montpensier, la reina parecía preocupada. Hacía semanas que no la acompañaba Ramiro de la Puente —había regresado a París— y la proximidad que Alfonso mostraba hacia su prima Mercedes la tenía desconcertada. «Mamá, ¿estás bien?», le preguntaban sus hijas cada mañana. Las infantas sabían que lo que más le preocupaba era el romance entre el rey y la hija de Antonio de Orleans: se lo había confesado su hijo días después de terminar la Semana Santa. La joven era encantadora, dulce, bondadosa y muy afable —«un ángel», como dirá después el ministro Claudio Moyano—, pero ¿estaba dispuesta a aceptar que la hija de Montpensier se convirtiese en reina? Aquello era excesivo para ella. Por su cabeza empezó a rondar la idea de abandonar Sevilla y, quizá, dejar España. Isabel no terminaba de encontrar su sitio.

Una calurosa tarde de agosto, paseando por el jardín de las Damas, comunicó a las infantas su decisión. «Hijas, tengo ya cuarenta y siete años. He pasado mucho en este tiempo, como mujer y como reina. Mi lugar está fuera de estos muros, lejos de mi patria, quizá en París. Vosotras sois infantas españolas y vuestro deber es servir a vuestro hermano, el rey». Pilar, Paz y Eulalia no querían escuchar esas palabras, pero su madre las pronunció con su acento castizo y tono grave. Luego las abrazó. Iban a establecerse temporalmente en El Escorial y después la reina madre se marcharía definitivamente a Francia.

Era el 8 de septiembre de 1877 cuando Isabel II y sus hijas menores abandonaron Sevilla. Los Montpensier, en su residencia de Sanlúcar, no acudieron a despedirlas.

17

¡Alfonso quiere casarse con Mercedes!

Llegada a El Escorial. «La amo desde Randan». El collar de perlas. La injerencia de Cánovas. Por los bosques de La Granja de San Ildefonso. Entre las fuentes de los jardines y Valsaín. Leyendas de caballeros y templarios. Otra vez los Orleans. Con las primas por las calles de Madrid. Eulalia viaja a Sevilla con la reina. La despedida: «¡No dejéis de escribirme!».

Llegaron a San Lorenzo esa misma noche. Durante el viaje, en el compartimento, la reina había sido incapaz de contener su disgusto. ¡Ni siquiera los vivas atronadores y entusiastas con los que las recibieron en el real sitio fueron suficientes para que esbozase una leve sonrisa! Le dolía la posición que había adoptado el Gobierno y, en el fondo, la condescendencia de su propio hijo. Sabía que las infantas debían mantenerse cerca de su hermano, a su lado y cariñoso cuidado, que junto a él les esperaba un futuro más prometedor que con una exiliada sin fortuna que, de algún modo, volvía a ser obligada a dejar su país. Pero las infantas apenas eran todavía mujeres y siempre, desde los difíciles días de la Gloriosa, habían estado juntas. Pilar y Paz eran responsables y maduras. Pronto encontrarían un apuesto príncipe que las llenaría de dicha y caudales. ¿Y Eulalia? Tenía apenas catorce años, era espabilada y risueña, pero temía dejarla cerca del influjo de Orleans y de su hijo, con quien, por cierto, había congeniado en Sevilla. No. No lo consentiría. Bastante tenía ya con asumir que el rey, su heredero y sucesor, estaba decidido a casarse con Mercedes. Cuando se lo comunicó en el salón de tapices contiguo al monasterio, la reina se desplomó. Los gritos podían escucharse en toda la galería. Trató de hacer ver a Alfonso XII que aquello era una majadería, una nueva maniobra de Montpensier para estar cerca del trono. «Habla con Alcañices. ¿No te acompaña tanto en tus salidas nocturnas por Lavapiés? ¡Pues que te cuente cómo se las gastaba el duque con Prim en los días de la revolución!», decía enfurecida. Pero nada le hizo entrar en razón. Alfonso quería a Mercedes, la amaba desde su primera visita a la residencia de Randan.

Apenas una semana después, los Orleans llegaron a El Escorial. El ambiente era tenso. El estirado duque se paseaba por los jardines henchido de satisfacción de saber que la menor de sus hijas iba a ocupar el trono de España. Una vez se procediese a las protocolarias presentaciones, Mercedes de Orleans y Borbón se convertiría en la prometida del rey. Isabel cedió y hasta obsequió a la joven con un magnífico collar de perlas, aunque la petición oficial tendría que celebrarse en San Telmo. Pero la reina madre, orgullosa y arrogante, decidió no acudir a la boda. Le comunicó su resolución a Cánovas adelantándole que, por unas semanas, se quedaría en España. Después, marcharía a Francia.

Alfonso estaba satisfecho, podría casarse con Mercedes, aunque le molestaba el tono que el presidente del Consejo de Ministros había adoptado con su madre. Cariñoso y cercano, quiso alejar a sus hermanas de las maquinaciones palaciegas y decidió llevarlas una semana a La Granja. ¡Apenas lo recordaban! Su última visita había sido en el verano de 1868, de camino al norte. «Tenías apenas unos meses cuando pisaste esta tierra por primera vez», le susurró el rey a Eulalia. La infanta Isabel había decidido acompañarles en el viaje. Para la mayor de las hermanas, los jardines de San Ildefonso, con sus fuentes de Neptuno, Marte y Cibeles, eran un lugar mágico. «Veis, esos son los bosques de Valsaín, ahí está la cueva del Monje, lugar de caballeros y templarios. A la izquierda, el río Eresma y en el fondo, la sierra de Guadarrama», explicaba a Pilar, Paz y Eulalia. ¡Qué felices se sentían con sus hermanos mayores! Fueron pocos días, pero en La Granja las infantas descubrieron la fuerza de este paraje natural. Los robles melojos, las tollas... Leyendas de leñadores y gabarreros. El 28 de septiembre regresaron a Madrid. Empezaba una nueva etapa en la capital.

Recoletos, el paseo del Prado, la fuente de Cibeles y el palacio de Buenavista. Paseaban en carruajes descubiertos por el centro de Madrid y la infanta Isabel, con la marquesa de Santa Cruz —que seguía en su cargo— comentaba los monumentos representativos de la corte. Visitaron hasta la Fábrica Nacional de Sellos, donde las recibieron con lindos ramos de flores. Esos primeros días, las primas Cristina y Mercedes siempre les acompañaban. Sus padres iban a quedarse unos días en el Palacio Real ultimando temas de la dote antes de marchar a Andalucía para la petición formal de mano. Se fueron justo un día antes del cumpleaños de la reina. El 10 de octubre cumplía Isabel II cuarenta y ocho años. Era miércoles y fue agasajada con una recepción de gala. Pese a los golpes de la vida y del cambio visible en su cuerpo, lucía imponente con un riquísimo traje de seda blanco. La princesa de Asturias, Isabel, se puso un vestido azul claro y su majestad el rey, el uniforme de capitán general con la banda de San Fernando. Alonso Martínez, Alejandro Pidal y Mon o los señores Sánchez Bregua fueron algunos de los ilustres hombres públicos que desfilaron por palacio.

Unos días después, la reina decidió volver a Sevilla para recoger sus pertenencias. Se llevaría a Eulalia, pues sabía que cuando abandonase España definitivamente, el dolor de la separación iba a ser inmenso. Quería aprovechar esos últimos días con la pequeña de sus hijas. Le gustaba su carácter. Como ella, era apasionada, inquieta e insolente. Le faltaba el toque castizo que sí había heredado Isabel, aunque veía en ella rasgos dulces, de ternura. Como todos sus hijos, se mostraba cariñosa, pero Eulalia era además atractiva y bastante refinada. «¡Pronto la seducirán!», pensó. Partieron de la estación del Mediodía el 25 de octubre acompañadas por el marqués de Cabra, hombre sensato y con criterio para las cuestiones de intendencia que, por imposición de Cánovas, había quedado al frente de la casa de la reina. En esos días, Isabel se mostró cordial con los Montpensier y acudieron juntos a una recepción de romeros en el barrio de Triana y a algún que otro festejo. ¡Hasta a una jornada de caza! Pero Isabel seguía empeñada en llevarse sus cosas a París. A mediados de noviembre todo estaba listo para embalar. El día 11 salieron en tren hacia Córdoba y de ahí a Madrid. El conde de Sepúlveda viajaba con ellas.

Las últimas horas en España de la reina fueron emotivas: sabían que le quedaba apenas un día. Al poco de llegar, asistieron en familia a la representación de la comedia *La criolla*, de Antonio García Gutiérrez, que se representaba a beneficio del asilo de huérfanas de la parroquia de Santa Cruz y que tenía a la prometedora actriz María Álvarez Tubau en el papel protagonista. Toda la buena sociedad madrileña se dio cita en el teatro de la calle Príncipe para ver, por última vez, a quien había sido su reina. Junto a ella, Alfonso XII, la princesa de Asturias y las jóvenes infantas.

Por la mañana se celebró una misa en la capilla de palacio en honor a la Purificación de Nuestra Señora, que Isabel II presidió desde la tribuna de honor. La despedida se acercaba. En sus dependencias ultimaban los paquetes finales. «Paz, abre ese estuche —dijo la reina—. Ahí tienes el imperdible de rubíes con el que me obsequiaron durante mi estancia en Valladolid. Lúcelo con orgullo». Una lágrima se derramó por su rostro. Pilar, bajo el dintel de la puerta, tenía la mirada triste. Por personalidad, nunca fue optimista. Demasiado responsable y melancólica. Rara vez reía y solo las expansiones de sus hermanas le arrancaban ligeras sonrisas. A ella le había encargado custodiar su fabulosa colección de abanicos; sabía que, de sus hijas, era quien menos apego mostraba al valor material de los objetos. ¡Y a Isabel!: «Cuida a mis pequeñas. Haz de ellas unas honorables infantas españolas. Ofréceles —dijo con sentir lacónico— la disciplina de conducta que yo no he sabido darles». Su primogénita, la princesa de Asturias, llevaba esa semilla en su temperamento: voluntad y servicio a España. Eulalia sollozaba y las cinco se fundieron en un cálido abrazo. Alfonso, desde el rellano que daba acceso a la escalera principal, contemplaba la escena.

Había llegado el momento. Dos carruajes esperaban en los jardines del Campo del Moro. La reina viajaría de incógnito, como condesa de Toledo, en compañía de la condesa de Sorróndegui. Despidieron a su madre en el andén y subieron al vagón real para aprovechar los últimos instantes antes de la partida. «¡No dejéis de escribirme, hijas!», fueron las últimas palabras que le escucharon. Eran las cuatro de la tarde del miércoles 13 de noviembre de 1877 cuando el expreso partió de la estación del Norte. En apenas unas horas, Isabel II cruzaría, de nuevo, la frontera de Francia.

SEGUNDA PARTE

LEJOS DE NUESTRA MADRE

(1877-1904)

1

En el ala este del Palacio Real

Alumnas de Carlos Múgica. La marquesa de Santa Cruz y la sala de música. Clases de costura y pista de patinaje en la Casa de Campo. Las comidas con el rey. Viene la abuela Cristina y el rey Francisco. Los Montpensier llegan a Aranjuez. Los vestidos de Worth. «Déjame que hable yo»: ¡el teléfono en palacio! Boda en la basílica de Atocha. ¿Serán ellas las siguientes? María de las Mercedes, reina de España. La Puerta del Sol estrena alumbrado eléctrico.

Instalaron a las infantas en el ala este del Palacio Real, cerca de lo que habían sido sus habitaciones de niñez, con vistas a la plaza de la Armería. De nuevo Pilar y Paz juntas en un dormitorio, y a poca distancia, Eulalia. Camas con dosel y suntuosas telas de seda recubrían las paredes. Tenían, además, un cuarto de estudios particular con muchos libros e instrumentos de música. Piano, vihuela y hasta un arpa. Isabel se había tomado muy en serio el encargo de la reina: hacer de sus hermanas unas honorables infantas españolas. Pronto empezaron a desfilar por las dependencias ejércitos de profesores, maestros e institutrices. ¡Tenían tanto que aprender!, les repetía la princesa de Asturias. Hasta el rey Francisco, al que no veían desde la regañina en el palacio de Castilla, había enviado una carta en la que recordaba sus obligaciones ahora que vivían separadas de su madre y bajo la supervisión de la princesa de Asturias. Nada de frivolidades y bailes, escribía. Esos primeros días quisieron ir al Teatro Real, pero, por supuesto, no se lo permitieron. Las mandaron a una capilla pública con gentilhombres, mayordomos, alabarderos y oficiales de guardia entre los que se sintieron muy incómodas. También, al poco de llegar, Isabel organizó una sesión con Fernando Debas, primer fotógrafo de cámara de su majestad, que tenía su estudio en la calle del Príncipe; las cuatro con traje claro a la moda, de cuerpo entallado y polisón. ¡Las hijas de Isabel II en un retrato para la historia!

Pilar, con diecisiete años, era dulce y reservada, con una resplandeciente mirada azul. Paz, de ojos pequeños, aficionada a la pintura y muy religiosa, solícita y afable, tenía dieciséis. Y Eulalia, la más inquieta, catorce. La marquesa de Santa Cruz, camarera mayor de Isabel, entró al servicio de las infantas ayudada por la ubicua marquesa de los Remedios y por Cristina Sorróndegui como tenientas de aya. ¡Había vuelto el protocolo! Aunque Pepa también seguía con ellas. Isabel recuperó el plantel de maestros habituales de palacio y empezaron a recibir educación básica en cultura general e idiomas: lecciones de gramática y de geografía e historia con el maestro Pedro Cabello, y de inglés con Emma Delany. El resto de la educación, más artística, era la propia de las señoritas de entonces: música con el pianista Guelbenzu, arpa con la maestra Teresa Roaldés, dibujo con Carlos Múgica y labores con Joaquina García Clavel.

¡A Eulalia bordar se le daba fatal! «Paz, ¿puedes terminarme este dechado de punto de cruz?», decía. ¡Ni siquiera sabía colocar correctamente el lienzo en el bastidor! Jamás aprendió, pero temía las consecuencias que, de no acabar correctamente la tarea, podría imponer Lidia Inglis y Stein, supervisora de la educación de las infantas. ¿Y si no le dejaban salir a la pista de patinaje que Alfonso había mandado construir en la Casa de Campo? No. Tenía que terminar la muestra de entorchado para poder salir también a pasear con su hermano a los jardines del Retiro. Paz prefería quedarse leyendo a Lamartine, su escritor favorito, y quizá Pilar, cuando empezase a caer la tarde, saldría con el rey en coche descubierto.

Había demasiadas damas de servicio y no tenían modo de burlar su vigilancia. Años después, ya mayores, las hermanas recordarán una anécdota: cuando apareció «la niña del marqués de Isasi» con un cigarrillo y empezó a toser. Entraron cuatro camaristas al aviso de la marquesa de Santa Cruz. «¡Humo!, ¡humo!», gritaba Isabel despavorida. Durante más de cuatro semanas las dejó confinadas en sus cuartos, temerosa de las malas costumbres que, decía, se estaban imponiendo entre la sociedad. Alfonso se reía. Le adoraban. Era más permisivo con ellas, acostumbrado como estaba a las aficiones perniciosas de la vida: que si Morphy, Benalúa, Tamames o Beltrán de Lis. ¡Menudos compañeros de correrías! Aunque responsable en lo político, aquello era el chismorreo de la corte. Y eso que quería a Mercedes y había sacrificado mucho por amor. Cánovas se ponía furioso. «Después de tanto esfuerzo por consolidar el trono y ahora que las Cortes han aceptado a doña Mercedes...», repetía con gracejo afectado al joven soberano.

Durante uno de los encuentros que Alfonso organizó en el comedor familiar, las infantas empezaron a preguntar por los preparativos del enlace. El rey había decidido relajar la vida de palacio y suprimir las diarias recepciones de etiqueta en el salón de columnas a las que antaño acudían las damas con traje de corte. Ahora cenaban a las ocho. Con él, con su majestad, era todo más íntimo: solo la familia real y el personal palaciego de turno, aunque a Isabel le costase aceptarlo. «¡En Inglaterra han convertido a Victoria en emperatriz de la India y nosotros seguimos de esta guisa!», murmuraba. «Deja, hermana, si así estamos mejor», respondía él con pícara sonrisa.

Pilar, Paz y Eulalia querían saber: «¿Ya has pensado cuál será el regalo de Mercedes?», preguntaron. «Sí, una pulsera de oro con brillantes que Sesto entregará en San Telmo». La abuela Cristina, doña Cristina de Nápoles, había confirmado su asistencia. Además, actuaría como madrina siempre que su delicado estado de salud se lo permitiese. Una deferencia para la antigua regente que, con cerca de setenta años, presidiría el enlace de sus nietos. Un telegrama confirmó que había salido de Le Havre y en horas llegaría a Madrid. También el rey don Francisco había dispuesto su viaje a la capital de España. Lo hacía en compañía de Meneses, su fiel secretario, recientemente elevado a la dignidad de duque de Baños. Como la reina declinó acudir, no tendrían problemas de protocolo. Llegaron el 22 de enero, según informaba el diario liberal *La Iberia*. En Madrid, los corresponsales del *The Times*, *Le Figaro*, *Le Temps* y hasta de la *Gaceta de Colonia* andaban locos por hacerse con las últimas habladurías.

Las infantas estaban muy emocionadas. Worth, el modisto al que habían conocido en Francia durante los años del exilio, se encontraba en España dispuesto a tomar los encargos de todo el vestuario que se necesitaba para el casamiento. La alta sociedad, los Medinaceli, Híjar, Alba, Bailén, Bedmar y Monistrol, empezaba a confiar también en *monsieur* LaFerrière, la nueva promesa de la alta confección. Lacayos y camareras se arremolinaban en el patio de servidumbre a la espera de la llegada de los paquetes que la reina madre había encargado en París. Polisones, sobrefaldas y miriñaques. Pepa distribuía las cajas que se apilaban en el salón de entrada del guardarropa de la primera planta: para Pilar, estos tocados; para Paz, enaguas y ceñidores. «Eulalia, mira estos encajes y entredós. Son para tu vestido de la recepción». ¡Y había también un juego de sombrillas! Los joyeros y diamantistas de casas como Ansorena y Samper trabajan en piezas costosas, tiaras, aderezos y finas perlas que ofrecer a las mejores familias madrileñas. En esos días, los palacios de Gaviria, Salamanca y Fernán Núñez se habían convertido en un desfile de gemólogos y costureras. En los bailes y las tertulias de la corte no se hablaba de otro tema: todo tenía que resultar fastuoso en la boda del rey.

Los Montpensier habían llegado a Aranjuez desde Sevilla para instalarse hasta el día de la ceremonia. Un nuevo y revolucionario aparato permitía establecer, por cableado, comunicaciones entre el Palacio Real y Aranjuez. Con él, Alfonso pudo escuchar la voz de Mercedes ante la mirada atónita de sus hermanas. «¡Déjame ponerme a mí!». «¡No, separa! ¡Quiero cogerlo yo!». Se llamaba teléfono y estaba todavía en fase experimental, aunque en Inglaterra ya se habían hecho exitosas exhibiciones. Unos ingenieros del servicio de telegrafía acababan de instalarlo en el despacho del rey y, aunque con interferencias, la pareja había podido compartir impresiones horas antes del enlace.

Al día siguiente, María de las Mercedes, con su familia, marcharía en tren vestida de novia hasta la estación de Mediodía. Una hora y siete minutos de trayecto con su rico traje en encaje de Alençon y la corona de perlas y brillantes con la que sus padres le habían obsequiado. En una tribuna engalanada con flores de azahar situada en el andén principal le esperaba la princesa de Asturias, imponente con un manto de terciopelo carmesí bordado en seda de colores y una diadema de rubíes. Un batallón con bandera y música rendía a los Orleans honores de ordenanza.

El 23 de enero de 1878 Madrid se vistió de gala. Cuerpos de Infantería, Artillería y Guardia Civil formaban en dos hileras desde el palacio hasta la basílica de Atocha, adornada con banderas y guirnaldas. Cantores y trompetas de todos los regimientos de Caballería lanzaban al viento los acordes de la tradicional diana a la espera de la comitiva. A las diez de la mañana el sonido de cornetas anunció la salida del rey de palacio. Abría la marcha una sección de Caballería, seguida de clarineros, maceros y palafreneros. En un coche de corona ducal tirado por seis caballos empenachados, Pilar, Paz y Eulalia, con suntuosos trajes blancos, saludaban al pueblo madrileño que se rendía ante su paso. ¡Vítores y aplausos! Tras ellas, en la berlina real conducida por ocho corceles con magníficos atalajes, Alfonso y don Francisco con uniformes de capitán general. La ceremonia fue fastuosa, con las damas de la corte ataviadas con lujosos adornos y tiaras. Verificados los regios desposorios, dio comienzo la misa de velaciones y un solemne tedeum. María de las Mercedes era ya reina de España. Esa noche, farolas eléctricas iluminarían por primera vez la Puerta del Sol, aunque apenas siete minutos. Era el triste presagio de una felicidad que pronto quedaría segada por la muerte.

2
Luto en la corte

Una vida que se apaga entre sudores y agonía. Días de dolor en la corte. Junio de 1878: España llora a Mercedes. ¿Dónde vas, triste de ti? La epidemia de viruela. Adiós a la abuela Cristina. Otra reina muerta. Unos días en La Granja. Riofrío. Un tonelero regicida: el atentado contra el rey. De nuevo en Sevilla. ¿Nueva boda de Alfonso? Adiós a Cristina de Orleans. Adiós al luto.

El sonido de campanas anunciaba la peor de las desdichas. ¡Que Dios oiga las preces de las iglesias, el ruego de los fieles y la petición ferviente de todos los españoles! La vida de María de las Mercedes de Orleans se apagaba. En tan solo cinco meses la reina había enamorado el corazón de los españoles y conquistado el afecto de sus cuñadas. En esa primavera de 1878, Pilar, Eulalia y Paz se convirtieron en sus más fieles confidentes: eran casi de la misma edad y cuando los compromisos con Alfonso se lo permitían, las cuatro primas parloteaban en la sala de música, jugaban al escondite en el Campo del Moro o caminaban por el paseo del Prado ante las muestras de devoción de los madrileños. Al llegar la Semana Santa, el programa de oficios religiosos, visitas a iglesias y procesiones fue tan intenso que, en la primera quincena de mayo, las jóvenes decidieron trasladarse a Aranjuez. Allí podrían descansar, aunque siguiesen bajo la atenta mirada de la marquesa de Santa Cruz, recién ascendida a camarera mayor de palacio.

Mercedes tosía y había perdido un poco de apetito, pero nada que no se remediase con buenos paseos a la vera del Tajo, dijo el doctor Calvo Martín. Habían empezado a pensar en la próxima confirmación de la buena nueva: ¿serían los primeros síntomas de un embarazo? En su edad, recién casada y tras los vehementes encuentros que habían tenido en El Pardo durante los días de la luna de miel, todo hacía suponer que Mercedes estaba en cinta. De regreso a Madrid debía reponerse para la feria en la pradera de San Isidro y la corrida de beneficencia que se celebraría en la plaza de la Fuente del Berro.

Pero Mercedes no mejoraba: fiebre, sudores continuos y erupciones cutáneas. La junta de médicos de la real cámara no encontraba signos de gestación y sí de una vida que se apagaba. Tifus. Los partes facultativos eran cada día más alarmantes. María de las Mercedes agonizaba entre almohadas de plumas. Apenas iba a cumplir dieciocho años. Obreros y humildes mujeres se arremolinaban en las inmediaciones del regio Alcázar. «¡Que Dios devuelva la salud a la ilustre enferma!», titulaba *La Época*. Nada pudo hacerse. Una hemorragia intestinal de proporciones alarmantes la dejó inmóvil, sin habla. En palacio el silencio era sepulcral y solo se percibían los pasos de los centinelas en las galerías. Luisa Fernanda, la madre, se rompía del dolor. Rezos, oraciones, votos al cielo y funciones de rogativas. Pilar, Paz y Eulalia lloraban a los pies de la cama mientras Alfonso abrazaba su cuerpo moribundo. Solo abrió los ojos para pedir los auxilios espirituales. María de las Mercedes de Orleans y Borbón moría en brazos del rey el 26 de junio de 1878. Las infantas besaron la mano gélida de su prima y salieron del dormitorio. España amanecía consternada, hondamente conmovida. Alfonso XII había perdido a su esposa y el país, a la más llorada de sus reinas. Durante meses el luto se impuso en palacio y el negro vistió de tristeza la vida de la corte.

El rey no salía de sus dependencias. Ni siquiera las visitas de los marqueses de Alcañices y Benalúa le valían para evadirse de su ensimismamiento. «Su majestad, ¿una visita a Lavapiés?». Pero nunca estaba de humor. Apenas quería ver a sus hermanas. Le recordaban demasiado a Mercedes. Jóvenes, llenas de vida. No iba al Real. Tampoco a bailes o tertulias. En esas primeras semanas solo dejó el Palacio Real para visitar a los afectados por la epidemia de viruela que azotaba El Escorial. La vacuna empezaba a estar generalizada en zonas urbanas, pero no en los pueblos. ¡Aquel desplazamiento resultó una temeridad para la salud del monarca!

Alfonso no descuidaba sus responsabilidades políticas, pero apenas despachaba con Cánovas. La situación en Cuba parecía calmarse y las negociaciones entre Martínez Campos, general en jefe de la isla, y los guerrilleros independentistas seguían adelante. La Paz de Zanjón ponía fin a diez años de hostilidades, aunque no todos los mambises estaban dispuestos a dejar las armas. «Cuba libre», gritaban. Alfonso se congratulaba de los éxitos españoles, de la nueva ley electoral que restauraba el sufragio censitario e incorporaba disposiciones especiales para las colonias. Pero España necesitaba una reina.

La vida en familia se había vuelo triste, gris. A comienzos de agosto llegaron malas noticias desde Francia: la anciana abuela Cristina acababa de fallecer en su residencia de El Havre. Por carta, la reina contó a sus hijas que pasó con ella unas semanas en París, pero, enérgica y decidida como era, quiso regresar a su residencia en Normandía. «Queridas hijas —escribía—, mi madre, aunque enferma y contra la voluntad de los facultativos, ha decidido marcharse a la costa. Ha desoído mis ruegos y su vida se agota». Un telegrama lo confirmaba: a las dos y cuarenta minutos de la madrugada del 22 de agosto de 1878 moría María

Cristina. Tenía setenta y dos años. Para muchos había sido un símbolo de las libertades civiles y de los adelantos modernos, pero para las infantas era una abuela afectuosa. Pese a las diferencias que había tenido con la reina, ellas la recordaban en su villa de Mon Désir, con su magnífica hospitalidad y acento cadencioso. María Cristina tenía otros nietos fruto de su segundo matrimonio, los primos Muñoz —también engrandecidos por gracia de Isabel II—, pero no eran infantes de España y eso, en el parecer de una princesa de las Dos Sicilias, pesaba. Les dejó parte de la herencia, aunque las infantas también llegaron a beneficiarse, después de muchos problemas con la testamentaría, de parte del legado de su abuela.

María Cristina de Nápoles, reina gobernadora que fue de España, había pedido que la enterrasen con su segundo marido en Tarancón, donde reposaba su amado Riánsares, pero no era posible. Como madre de reina, sus restos debían ser trasladados al pabellón correspondiente en el Monasterio de El Escorial. En la misa de réquiem, Alfonso apenas pudo soportar el dolor de volver al lugar en el que descansaba Mercedes. Era el segundo enterramiento real en menos de dos meses.

En septiembre, con la pena de pérdidas tan cercanas, la familia se trasladó a La Granja. Isabel Queipo de Llano y Gayoso, hija de los condes de Toreno, la nueva aya de las infantas, fue con ellas, y también se incorporó en el último momento la princesa de Asturias. Así, entre paseos por los jardines, excursiones a caballo y almuerzos en el suelo a orillas del río, parecía que se olvidaban de aquellas funestas semanas de 1878.

Había allí una importante colonia de veraneantes; muchos venían de provincias del interior y otros, de la costa mediterránea. Decían que el clima privilegiado de la zona era bueno para los pulmones y pasaban estancias completas a los pies de la sierra de Guadarrama. Isabel disfrutaba muchísimo. De todos los reales sitios, La Granja siempre fue su favorito. Pilar aprovechaba para recorrer a pie los frondosos parajes del municipio, pues decía que una buena caminata reconfortaba un alma afligida. ¡Aquellas puestas de sol! Paz pintaba. Para la más bondadosa de las hermanas, el dibujo, la escritura y la música fueron siempre sus principales distracciones.

Pero Alfonso seguía sin ánimo. Estar con sus hermanas seguía recordándole demasiado a Mercedes. En esos días, decidió refugiarse en la soledad de Riofrío, entre las encinas, los ciervos y los gamos de la zona. El Gobierno vivía con preocupación el desconsuelo del monarca. Comprendían la desdicha, pero en España era indispensable un rey vigoroso. La monarquía necesitaba un heredero.

La violencia del carácter anarquista comenzaba a hacer estragos en la vida de la corte. El 25 de octubre, a su regreso de un exitoso viaje por las provincias del norte que apenas dos años atrás aclamaban a don Carlos de Borbón y Austria Este, Alfonso XII sufría un atentado fallido en la calle Mayor. Las infantas estaban reunidas en el comedor de diario cuando un edecán entró apresuradamente en la estancia. Su voz temblaba. «Sus altezas... Es su majestad... A caballo...». «Pero ¿qué ha ocurrido?». La taza de té que Eulalia sostenía se derramó sobre el tresillo en el que las hermanas cuchicheaban sobre la última velada de la duquesa de Sesto. Todo apuntaba a que el criminal había fallado el tiro, pero dos disparos de pistola acababan de amenazar la vida del rey. Bajaron despavoridas hasta la plaza de la Armería, donde vieron llegar a Alfonso, impresionado pero sano. «¡Gracias al cielo!», gritaron.

El asesino había pasado el día en una taberna en la calle de Luzón, de donde salió precipitadamente cuando oyó que se acercaba la regia comitiva, decía el diario *La Correspondencia de*

España. Juan Oliva se llamaba el regicida, tonelero tarraconense que terminó ajusticiado a garrote en el Campo de Guardias de Chamberí. El terrorismo ácrata había llegado para sembrar de metralla y fogonazos la apacible actividad de los españoles. Aquel estaba resultando un *annus horribilis*.

Todavía seguían de duelo y la vida en la corte era fría. Cada semana, las infantas recibían correspondencia desde París. Pero las risas y los juegos habían desaparecido. Ni ópera ni teatro. Solo la visita del rey Francisco, en el mes de diciembre, rompió la monotonía en palacio. Se alegró de ver a Isabel, imponente en su papel de princesa de Asturias, pero su idea era pasar las Navidades en Andalucía y visitar a los Montpensier, aún dolientes por la muerte de su hija. ¡Cuán horrible desventura! Alfonso autorizó a sus hermanas a acompañarle: volverían a Sevilla y pasarían una temporada en el palacio de San Telmo.

Por esos días se hablaba mucho de un nuevo matrimonio del rey. Era obligado perpetuar la dinastía y la prima Cristina, hermana de Mercedes y todavía soltera, sonaba como posible candidata. Con ella pasearon por la calle Sierpes y el barrio de Triana. El rey no la amaba, pero sabía de sus responsabilidades como monarca. La prensa entera se volcó en el casamiento sin saber que, de nuevo, la fatalidad iba a cebarse con los duques: en abril de 1879 fallecía Cristina de Orleans y Borbón, «hija excelente, hermana cariñosa y una princesa dignísima», como titulaba *El Pabellón Nacional* (29 de abril de 1879). Fue enterrada en Sevilla, aunque posteriormente sus restos se trasladaron al Panteón de Infantes del Monasterio de El Escorial. De todos los primos Montpensier, ya solo sobrevivían dos: la primogénita, María Isabel, casada con Felipe de Orleans, conde de París, y Antonio, el menor, duque de Galliera, llamado a un infortunado matrimonio con Eulalia.

¿Cuándo terminaría tanto dolor? Acababa de estrenarse *I puritani*, de Bellini, una ópera de pasión y espionaje ambientada en las guerras inglesas del siglo XVIII entre puritanos y estuardianos, en la que el gran tenor Julián Gayarre interpretaba al celoso enamorado. La princesa de Asturias consideró que ya era tiempo suficiente para que sus hermanas tuviesen unos momentos de esparcimiento. ¡Cómo se alegraron de aquella decisión! Pepa les preparó unos delicados vestidos morados, con polisón y capa. «Comedidas y prudentes», les repetía Isabel. Atravesaron los escasos metros que separaban el palacio del Teatro Real en uno de los magníficos landós de paseo que Ceferino, el cochero, preparó con mimo para la cita.

Unas semanas después, terminado oficialmente el luto, empezaron a prepararse para el carnaval. ¡Les gustaba muchísimo! La reina les había aficionado desde niñas. Comparsas y enmascarados abarrotaban los alrededores del palacio con panderetas, serpentinas y morteretes. Algunos hasta se subían al estribo del carruaje descubierto de las jóvenes para tratar de hacerles gracias. ¡Eran las infantas españolas! Las jóvenes hermanas del rey. En su juicio, todavía inocente y pueril, pensaban que no podría haber espacio para nuevo sufrimiento.

3

Días de amor y tragedia

La visita del archiduque Rodolfo, «un buen pretendiente». Adiós a Napoleón Eugenio Luis, ¿herido en la guerra zulú? En el balneario de Escoriaza. Agosto de 1879: la muerte de la infanta Pilar. El fatal destino de quien un día soñó con convertirse en emperatriz de los franceses. Las flores de Eugenia de Montijo. ¡Pilar de mi alma! Luto en la corte y crespones negros. El dolor de la infanta Paz.

Chambelanes, mayordomos y damas de honor desfilaban por las dependencias de Pilar, Paz y Eulalia. Un día, una recepción; otro, una visita a un orfanato o a un dispensario médico. ¡En España había todavía mucha necesidad! El movimiento obrero se estaba organizando en torno a un tipógrafo ferrolano, Pablo Iglesias, que decía quería poner en marcha el Partido Socialista. Y la vida como infantas empezaba a responder a las responsabilidades que se exigían a su rango y condición. Iban y venían, se dejaban ver en los mejores salones y suscitaban comentarios ingeniosos y, a veces, pícaros. Las hermanas estaban «en edad de merecer» y comenzaban a escuchar murmullos sobre posibles casamientos.

Una mañana, tras acudir a misa en la capilla de palacio, encontraron al aya hablando con la marquesa de Santa Cruz. Las miró de reojo, como en un análisis de talla y peso. Después, en el desayuno, Isabel confirmó las sospechas de sus hermanas: iban a recibir una visita regia. A Pilar se le iluminó el rosto. «¿Eugenio

Luis Bonaparte?», preguntó impulsivamente. En una carta de Isabel II recibida en abril, le escribía que este anhelaba verla en Madrid, «a la vuelta de una expedición y si Alfonso le convida». Pero no era él. «¡Vendrá nada menos que el archiduque Rodolfo!», contestó la princesa de Asturias. ¡El hijo de la emperatriz Sissi y heredero del Imperio austrohúngaro! A Pilar le cambió el gesto. Aunque sin duda se trataba de uno de los mejores partidos de cuantos desfilaban por las cortes europeas en busca de esposa. Su madre, Isabel de Baviera, se había convertido en una celebridad y a pesar de algunas de las extravagancias que contaban sobre ella, se la tenía como la emperatriz más hermosa de un trono imperial. Rodolfo tenía veinte años, había nacido en Viena, era inteligente, recio y atlético, y acababa de ser nombrado coronel de un regimiento de Infantería. Llegaría a Madrid a comienzos de mayo.

Inmediatamente se organizó un programa de festejos: visitas al museo Arqueológico, al Naval, el de Pinturas e Ingenieros, y una parada en Puerta de Hierro. Venía acompañado de Leopoldo de Baviera y se alojaron en el Palacio Real. La prensa entera se entregó a los ilustres visitantes pues, sin duda, el encuentro resultaría de interés para los intereses dinásticos. ¿Quizá también alguna joven Habsburgo para el rey? Hasta el prestigioso diario parisino *Le Figaro* llegó a anunciar el posible casamiento del heredero con una hermana de Alfonso XII. No era verdad. Ellos se lo pasaron en grande y hasta acudieron a la plaza de toros, donde el matador Frascuelo lidió seis astados de la renombrada ganadería Miura. Pero lo cierto es que las infantas no debieron de agradarles pues los apuestos visitantes apenas permanecieron dos días en la corte. Partieron al valle del Monasterio de Piedra y a la sierra de Gredos, donde tenían planeadas intensas partidas de caza de cabras montesas. Rodolfo se casó poco después con Estefanía de Bélgica, pero nunca fue feliz.

Pocos días más tarde, un telegrama llegado a palacio azotaba el ánimo de las infantas. Una noticia fatal. Un trágico desenlace. «Príncipe imperial muerto. Ataque zulú. Emperatriz informada». Era el 3 de julio de 1879. ¡No podía ser! Sabían que Eugenio Luis estaba enrolado como oficial en los ejércitos imperiales británicos. Al servicio de la reina Victoria. Pero ¿muerto de ese modo? ¿En tierras tan lejanas y por la herida de una lanza? ¿Caído en una emboscada? Pilar estaba destrozada. En su ánimo siempre había pervivido la esperanza de un reencuentro y un amor. Desde los días del exilio y los juegos en Tullerías, Pilar fantaseaba con convertirse en su esposa. Lágrimas de desconsuelo corrieron por sus mejillas. El dulce semblante de su mirada azul se tornó triste. ¡Cuánto había soñado Isabel II con aquel enlace! ¡Y cómo estaría Eugenia! Su único hijo desaparecido en tan dramático escenario. Acribillado por las lanzas de feroces guerrilleros zulúes en África del Sur. «Su cadáver desnudo, cubierto de heridas», anotó la infanta Paz en su diario. Aquello era una nueva bofetada para la viuda de Napoleón III.

Pilar languidecía y el rey no soportaba la pena de su hermana. Estaba pálida. No se encontraba bien. Alfonso decidió organizarles una estancia en el balneario de Escoriaza, en la provincia de Guipúzcoa. Seguro que con las aguas sulfurosas, el descanso y la tranquilidad de la zona su ánimo mejoraba. Estaba convencido de que el clima apacible de las tierras vascas aliviaría su fatiga. El viaje fue cansado, saludando a todas las autoridades en las estaciones. Acompañadas por la marquesa de Santa Cruz, llegaron el 10 de julio con un reducido séquito de sirvientes y se instalaron en una casa que se comunicaba con el balneario. Fueron días agradables en los que las infantas pasearon por los alrededores del pueblo ante las muestras de cariño de los lugareños, que presentaban sus típicos bailes como agasajo. Pilar, Paz y Eulalia asistieron a una fiesta de burros y a una novillada vestidas con livianos trajes blancos y boinas encarnadas. Eulalia estaba exultante. Pero Pilar no mejoraba. Se sentía cansada y estaba adelgazando mucho.

No bajó a la verbena esa tarde y se quedó en la cama leyendo y escuchando los acordes de la música militar que sonaba bajo su balcón. Llegaron unos doctores del pueblo. Pensaron que podía tratarse de una indisposición de vientre de carácter estacional. Pero la marquesa, preocupada, cursó los correspondientes avisos a los facultativos de la real cámara: el marqués de San Gregorio, el de Toca y los doctores Vicente y García Martínez. También dio orden de que se telegrafiase a su majestad y a la princesa de Asturias, quienes se habían quedado en La Granja. Y envió notificación urgente a la reina Isabel, que se encontraba pasando unos días de retiro en su finca de caza de Fontenay-Trésigny. El 3 de agosto el estado de Pilar se agravó: movimientos convulsivos, pérdida de conocimiento y dificultad para tragar. Fue todo muy repentino. Inesperado. En unas horas, apenas reconocía a sus hermanas. Los médicos diagnosticaron una meningitis tuberculosa. La situación era crítica.

Nada pudo hacerse. El martes 5 de agosto de 1879, a las siete y media de la mañana, fallecía la infanta Pilar de Borbón. Acababa de recibir la extremaunción. Sus grandes ojos azules se cerraron para siempre. Aunque «la airada mano de la muerte no pudo borrar la expresión angelical y candorosa de aquel bellísimo rostro», podía leerse en *La Época*. Comenzaba el sueño de la eternidad. Tenía, apenas, diecinueve años. La reina madre acababa de telegrafiar expresando el deseo de besar el cadáver de su hija. El marqués de Molins le había comunicado el fatal desenlace. Paz se aferraba a su mano inerte. Eulalia, a su cuerpo sin vida. Cuando Alfonso entró en la alcoba en la que yacía su hermana, el sonido del llanto quebró en desasosiego. Tras él, Isabel, descompuesta de dolor, profundamente católica, se aferraba al crucifijo de su pecho. ¡Cuánto sufrimiento! Para Paz fueron momentos desgarradores. Su amiga y confidente, su amable compañera de cuarto. Dulce, bondadosa. Adiós a Pilar, a su sonrisa tierna y hablar pausado. A sus largas caminatas por los prados, a los juegos y jornadas de oración, a la música y sonido de su voz. A los sueños de un amor quebrado. Adiós a su hermana. ¡Adiós para siempre!

Dejaron Escoriaza un día después del fallecimiento. En tren hacia Madrid con los restos mortales de su hermana. Desde ahí a El Escorial para los funerales. El cuerpo de Pilar estaba amortajado con un sencillo traje blanco y un velo sobre el rostro. El féretro se dispuso en un vagón forrado, acompañado en todo momento por el marqués de Alcañices. Un cuarto de hora antes había llegado la familia real a la estación: el rey, la princesa de Asturias y las infantas Paz y Eulalia vestidas de negro. Con el rostro roto por la angustia. En el cortejo, también, la marquesa de Santa Cruz y los marqueses de Nájera. Cánovas, también sobrecogido, esperaba acompañado de los ministros de Gobernación, Estado y Ultramar.

A las seis en punto el cadáver llegó al monasterio en un coche tirado por seis magníficos caballos empenachados, con los monteros de Espinosa a los lados llevando las cintas. El ataúd se colocó en el Patio de los Reyes en una mesa cubierta con un paño de terciopelo, sobre el cual había otro con las armas del monasterio —una parrilla y una palma—, siendo de nuevo reconocido el cadáver tras cantarse un solemne responso. ¡Qué cuadro más dramático presentaba la escena en el momento en que se puso en marcha la comitiva para entrar en la Iglesia! La escalinata que daba acceso al templo estaba cuajada de gente que quería despedir a la infanta Pilar. Más al fondo aún, brillaban en la penumbra las luces del altar. Después de una solemne oración, el señor arzobispo ofició una misa de réquiem. Terminada, el cortejo fúnebre se encaminó al Panteón de los Reyes, delante de cuyo altar mayor quedó depositado el cadáver de la infanta Pilar Berenguela de Borbón y Borbón. Su cuerpo fue reconocido nuevamente, bajo solemne juramento y con las fórmulas de costumbre, por el marqués de Alcañices. Era su última y tristísima ceremonia (*La Época*, 8 de agosto de 1879). La emperatriz Eugenia, desde el exilio en Inglaterra y en un gesto de arrebatado romanticismo, envió una corona de violetas tomada de la tumba de su hijo Eugenio Luis. Montijo y Borbón se unían ahora en el dolor de la muerte.

Terminados los actos protocolarios, la real familia escuchó misa en la capilla privada. Se establecieron tres días de luto oficial y dos meses de duelo en la corte. Se marcharon a La Granja. La primera carta que recibieron del palacio de Castilla exhalaba desconsuelo. Cada línea, una palabra de dolor; cada renglón, un «Pilar de mi alma». Era el sentir del corazón de una madre. Cuando semanas después regresaron a Madrid, la princesa de Asturias dispuso que Paz cambiase de habitación: no podría soportar el calvario de los recuerdos con su hermana. Desde entonces, estuvo sola.

4

Nueva boda en palacio

Deber real y encuentro en Arcachón. ¡De nuevo con mamá! Los rasgos del paso del tiempo. 29 de noviembre de 1879: los regios desposorios. Plumas, perlas y mantos de armiño. María Cristina de Habsburgo, reina. Una corte austera y cristiana. Toros y Circo Price. Lagartijo, Frascuelo y Currillo. No nos dejan ir a Viena. La visita del archiduque Carlos Esteban. El enamoramiento de Eulalia y un compromiso roto. ¡Los gritos de Isabel!

¿Abadesa del Noble Capítulo de Damas Canonesas de Praga? «No, don Antonio. ¡Serviré a España y a la Corona, pero no podré casarme con una monja!». Fueron muchos los españoles que confundieron la noble distinción de María Cristina, reservada a las más honorables mujeres de la familia imperial austriaca, con una vida monacal dedicada a la Iglesia. Ella sí era católica, conservadora y recta: lo que España necesitaba. Tenía entonces veinte años, sana y con capacidades para dar al país un heredero legítimo. Cierto que detentaba los rasgos físicos más característicos de los Habsburgo, la barbilla marcada y el mentón prominente, pero era esbelta, de talle distinguido y formada para los altos deberes de la corte. Hija de Carlos Fernando de Austria-Teschen y de Isabel de Austria-Lorena, María Cristina no podía presumir de la belleza física de su madre, pero por vía paterna heredaba parentesco con el emperador Francisco José y el malogrado archiduque Maximiliano de México. Era además princesa de Hungría, Bohemia, Eslovenia y Croacia; sin duda, una buena candidata a convertirse en reina de España. El mejor pedigrí de la realeza europea. Aunque se trataba de un matrimonio concertado, de conveniencia y falto de amor, abría esperanzas de regeneración tras meses de crespones negros.

Alfonso, resignado, quería que su futura esposa se integrase en las costumbres de la corte, que luciese el mejor vestuario, tejidos lujosos y buenos complementos. Sabía que María Cristina era culta, dominaba varios idiomas y mostraba afición al bel canto, sin embargo, sus informantes íntimos le habían hecho saber que parecía parca en adornos y oropel, anticuada en vestimenta y recatada en movimientos. Inmediatamente, el rey dio orden a la avezada marquesa de Alcañices, Sofía Troubetzkoy, para que acompañase a su prometida a los mejores modistos de Francia: que visitase Worth y encargase vestidos, capas, sombrillas y tocados. ¡Y el mejor traje de novia! Quería que en el encuentro que iba a celebrarse en Arcachón, en el sur de Francia, cuando se conociesen, nada recordase el dolor del pasado. Era verano y Alfonso XII debía también ofrecer una impresión agradable a quien habría de convertirse en su esposa.

A Paz y Eulalia, cuando la conocieron, les causó buen efecto: prudente, aunque de mirada tímida y ojos bajos. ¿Sería capaz de hacer feliz a Alfonso? La sombra de Elena Sanz, la afamada cantante lírica con la que andaba en amoríos, no dejaba de acechar. Cristina, retraída y poco sensual, no parecía el estilo de mujer por la que los hombres de la edad de Alfonso se pirraban. Lo tendría complicado.

«La reina madre ha confirmado que vendrá a la boda», anunció la marquesa de Santa Cruz. Don Francisco declinó la invitación. La intendencia en palacio se puso en marcha. Por carta, Isabel II aseguraba que en otoño llegaría a Madrid. Sabía que necesitaba la autorización del Gobierno, pero en esas circunstancias y tras la negativa que había recibido cuando solicitó, para aliviar su pena tras el fallecimiento de Pilar, que Paz y Eulalia pudiesen, por turnos, vivir con ella, pensaba que no podrían negárselo. «¡Ese gabinete de insensibles no se hace idea de mi dolor!», escribía por carta a los marqueses de Novaliches, sus más próximos consejeros en España. Se sentía humillada. No, ahora no podían impedírselo. Llevaba más de dos años sin abrazar a sus hijas y la ocasión, el matrimonio del rey con una archiduquesa austriaca, requería su presencia.

Las infantas se pusieron como locas. ¡Ansiaban ver a su madre y sentir el cariño de esos brazos recios que las reconfortaba! En palacio dieron orden de extremar la limpieza, cambiar lencerías y habilitar los dormitorios de Paz y Eulalia para que pudiesen compartir cuartos con su madre. Nada que recordase a Pilar. También había que reacondicionar las estancias destinadas a la princesa de Asturias. Desde hacía meses Isabel disponía de amplios espacios en la zona noroeste del piso principal: cerca de doce habitaciones con biblioteca, sala de música, saleta y comedor. A finales de octubre todo estaba a punto para recibir a Isabel II. Llegó a Madrid el 25 de noviembre con casi treinta miembros de séquito. Todos sus hijos la esperaban en la estación del Norte. Había engordado, la encontraron mayor.

Esos días, en la corte se ultimaban los preparativos para la boda. En Madrid no se respiraba la misma alegría que se había vivido con Mercedes de Orleans, pero España necesitaba una reina. Los Montpensier habían decidido no acudir. Muchos recuerdos. Era un sábado 29 de noviembre de 1879 y hacía frío en las calles. Al amanecer, Pepa preparaba con mimo los elegantes diseños que Paz y Eulalia lucirían en el enlace: vestidos de raso guarnecidos de perlas y rosas con mantos brocados. La princesa de Asturias, de terciopelo azul claro, adornada con plumas y preciosas joyas. Todo estaba listo. Isabel II se presentó con un magnífico traje de flores con tisú de oro y encaje de Alençon que completaba con una soberbia corona de brillantes. Aunque era ya una mujer adulta, mantenía los rasgos de exuberancia que le habían costado el trono. La comitiva, compuesta por los mejores carruajes de las cocheras reales, se puso en marcha cerca de las once de la mañana con dirección a Atocha. ¡Cuántos recuerdos pasaron por la cabeza de la antigua soberana! Su primera juventud, el atentado del cura Merino, el fervor de los madrileños… En su rostro, aún altivo y suficiente, se apreciaban los rasgos del paso del tiempo, aunque para las infantas, su madre era aún la reina irrefrenable de los españoles.

Las salvas y el son de las campanas anunciaban que había llegado la hora. Alfonso entró por una de las puertas de la basílica y María Cristina, acompañada de su madre, por la otra. La todavía archiduquesa atravesó el templo visiblemente afectada. Vestía un magnífico traje de raso blanco, de cola cuadrada y manto sembrado con águilas y flores de lis bordadas en oro con hileras de encaje. No era guapa, pero sí majestuosa, toda una alteza imperial. El rey, con uniforme de capitán general, le dio la mano para subir las gradas del altar. Ofició la ceremonia el cardenal patriarca de las Indias. España ya tenía reina.

A las dos y veinte minutos, el cortejo, precedido por escolta militar y palaciega, se puso en marcha por los paseos del Botánico, el del Prado, Alcalá, Puerta del Sol, Bailén y plaza de la Armería. La reina Isabel con la princesa de Asturias, Paz y Eulalia, seguidas por el carruaje de la archiduquesa Isabel, madre de la novia, y los archiduques Rainiero, representantes del emperador Francisco José. Tras ellos, los recién casados saludaban cariñosamente a la muchedumbre que se congregaba a su paso y a las damas que ocupaban los balcones de las casas, vistosamente engalanados. Durante la recepción de la grandeza ofrecida en los salones del Palacio Real, y a pesar de las bajas temperaturas de Madrid, se sirvió té con helados. La escalinata de acceso, vestida impresionante para la ocasión, fue la admiración de todos los convidados.

Cristina se mostraba apocada. Todavía un poco tímida; le faltaba esa seguridad que llegaría a convertirla en una magnífica mujer de Estado. A Paz y Eulalia siempre les agradó. Desde esos primeros momentos como reina, cuando todavía se comunicaban con ella en francés, contó con el afecto y la admiración de sus cuñadas. En cambio, Alfonso XII le había dado su mano de esposo, su trono y su patria, pero nunca sería capaz de darle su corazón.

Fueron días de festejos, actos de clemencia y mucha animación, aunque en las infantas la imagen de Pilar seguía presente. Acudieron con los parientes de María Cristina a la corrida de toros organizada por el Ayuntamiento, con la que se pretendía agasajar a los reyes. Paz y Eulalia de mantilla blanca, aunque su madre la lució en color negro. Lagartijo, Frascuelo y Currillo, hijo del mítico torero Cúchares. La princesa de Asturias era muy entendida y manifestó que, en esa ocasión, le habían defraudado: pocas verónicas y malas faenas.

En palacio se inauguró un nuevo comedor de gala que estrenaron con un gran banquete al que acudieron políticos y embajadores con los que se pretendía estrechar más, si cabe, los vínculos diplomáticos tras el casamiento. La princesa de Asturias esos días soltó un poco la mano y dejó a sus hermanas acudir a algunas de las fiestas que en honor a los reyes se celebraban en los mejores palacios de Madrid: los de Bedmar, Toreno, Baena o Almodóvar del Valle. Paz y Eulalia estaban encantadas, aunque a ellas les seguían pareciendo pocas. ¿Cuándo llegaría su momento? ¿Encontrarían también un príncipe de rango y abolengo? Su madre les recomendaba que no se precipitasen; sabía de primera mano lo difícil que era un matrimonio sin amor. Todavía tenían tiempo: apenas diecisiete años Paz y quince Eulalia. ¡Aún jóvenes para las cosas del amor! Aunque a su edad ella había parido varias veces. Fueron horas de conversación, partidas de billar y muchos secretos; horas «¡de hallarse con mis amados hijos!», como gustaba decir a la antigua reina. El 6 de diciembre Isabel II abandonó España. Habían pasado juntas diez días.

Pronto volvieron los toros y la temporada del hipódromo con las carreras de caballos. Las infantas eran admiradas por su sencillez y simpática belleza. En el Real se estrenaba *Fausto* y en el Teatro de la Zarzuela, *Los polvos de la madre Celestina*. También las funciones en el Circo Price, instalado en la llamada calle de las Infantas, donde el empresario William Parish sorprendía cada semana al público con variadas funciones de ejercicios ecuestres y gimnásticos en los que participaban artistas afamados como Selbini Troupet, Bradbury, *el Indiano*, o el notable See-Mee.

En el verano de 1880, la archiduquesa Rainiero —tan protectora de Isabel en los días de su malogrado matrimonio con Cayetano y tía de la ahora reina— las invitó a pasar una temporada en Viena. ¡Estaban entusiasmadas! El vals, el Danubio... Pero la princesa de Asturias dijo que no: acababa de recibir correspondencia del rey Francisco en la que indicaba que había que poner término a las frivolidades. «¡Ni que estuviesen de nuevo con su madre!», escribía. No. No podría ser. ¡Lecturas, ceremonias, caridad y a formarse como infantas! ¿Qué era eso de que tenían que buscar marido? Nada de distracciones ni liviandades. Por mucho que dijesen los periódicos, «siempre ambiguos y desinformados», el papel de Paz y Eulalia seguía en España.

Otra cosa era Isabel. Ya viuda, inflexible en el cumplimiento del protocolo y el desempeño de sus responsabilidades regias. Ella sí. Le vendría bien una estancia por Europa al calor de las cortes amigas y con los queridos archiduques Rainiero. Paz y Eulalia se quedaron sin ir. Estaban furiosas. ¡Más asilos y asistencia a enfermos! Isabel partió a Viena el 2 de junio de 1880 en el expreso de la tarde. Ya de regreso, el 8 de julio, hizo escala en París para ver a su madre, quien volvía precipitadamente de su casa de campo en Fontenay-Trésigny para el encuentro con su primogénita.

Pero, para sorpresa de las infantas, su estancia en Madrid esa calurosa primavera, sin la rigurosa vigilancia de su hermana mayor, no resultó aburrida. ¡Un invitado inesperado apareció en la corte!: el archiduque Carlos Esteban de Austria, hermano de María Cristina. ¿Vendría con intenciones casamenteras? ¿Para Paz? Aún soltero, de la misma edad. La maquinaria chismosa se había puesto en marcha. «¿Te ha parecido apuesto?», preguntó Eulalia. A la menor de las hermanas no la habían autorizado a acudir con ellos a las visitas a Toledo y El Escorial. No tenía edad, consideraron todos. Sin embargo, una tarde, desde el balcón del cuarto en el que la habían relegado con lectura y lecciones de piano, vio pasear a Carlos Esteban por los jardines del Campo del Moro. Acompañada de una de sus damas, decidió bajar. «¡Alteza, su majestad ha dicho... que no debe usted salir! No se pueden incumplir las órdenes del rey». Pamplinas, respondió Eulalia. Ella sola, con su lozanía y desparpajo, se presentó al archiduque. «Pero, Alfonso, ¿cómo no me habías presentado a la menor de tus hermanas?». Insolente, desenfadada... Tardó poco en pedir permiso para cortejarla.

Ya en La Granja, entre los bosques de Valsaín y las fuentes de los jardines de palacio, Eulalia creyó haberse enamorado. Era muy niña, todavía no había cumplido los dieciséis, pero el rey, que sentía debilidad por las infantas, accedió al cortejo. «¡Gracias, Alfonso!», gritaba Eulalia. «Aunque anunciaremos el compromiso pasados unos meses», repetía el rey. ¡Era aún demasiado joven! Cuando la princesa Isabel regresó a La Granja, el 11 de julio, montó en cólera. «Pero ¿qué ha pasado durante mi ausencia? ¿Qué es eso de un noviazgo?». De Eulalia podía pensarlo, «pero tú, Alfonso, ¡todavía más imprudente que esa insensata!». No habría boda. Eulalia lloraba, Paz la consolaba, y el archiduque Carlos Esteban abandonaba España a finales de mes para incorporarse a su unidad militar en la Marina de Prusia. Durante un tiempo se cartearon. Él llegará a tener un papel fundamental en los ejércitos austríacos durante la Primera Guerra Mundial.

5

Isabel II ya es abuela

Tenemos una sobrina. Nace la primera hija de los reyes. «Se llamará Mercedes, como mi llorada esposa». Cristina se derrumba. La sombra de Elena Sanz. La Chata casamentera. ¿Unos príncipes bávaros en Madrid? Lazos de sangre. Luis Fernando de Baviera y la infanta Paz. Jornadas de caza y tiro al pichón. Sagasta en el Gobierno. España tiene nueva princesa de Asturias: Isabel de Borbón y Borbón, infanta de España.

¡Alfonso va a ser padre! Desde hacía semanas las indisposiciones de la reina eran frecuentes, aunque la prudencia había hecho retrasar el comunicado. Pero cuando el *Diario Oficial de Avisos de Madrid* hizo público el anuncio, en España entera cundió el entusiasmo. ¡Un heredero! Cánovas estaba exultante: la idea de la continuidad dinástica era uno de los pilares sobre los que había sustentado su Restauración. Isabel II telegrafió inmediatamente y en sus cartas hacía saber la ilusión de convertirse en abuela. La archiduquesa Isabel llegó a Madrid a finales de julio. Quería estar con su hija para el alumbramiento. Isabel II lo hizo unas semanas después, sola, sin su secretario Ramiro de la Puente.

Los aires de La Granja habían sentado bien a Cristina y de regreso al Palacio Real continuó su mejoría. Era animosa, esforzada y se iba integrando en las costumbres españolas, aunque su carácter, sobrio y austero, chocaba con la ligereza a la que seguían acostumbradas en la corte. ¡Qué poco le gustaban los bailes de sociedad y las funciones en el teatro Apolo! Isabel insistía a sus hermanas en que debían hablar con ella en castellano. «¡Nada de francés! —decía—. Aquí se habla español». Así que, poco a poco, sus cuñadas fueron iniciándola en la lengua de Cervantes. Le costaba, pero era tenaz, voluntariosa. Tenía una voz grave y un acento rígido, pero a Paz y Eulalia les agradaba. En familia, empezaron a llamarla Crista, a conocer su particular sentido del humor y a admirar su fortaleza: se había enamorado perdidamente del rey y sufría.

En la corte —y en todo Madrid— eran de dominio público los amoríos de su esposo con la cantante Elena Sanz. Sensual, exuberante. No, ella no era así. ¡La influencia de Alcañices!, pensaba: jamás soportó el dominio que ejercía sobre Alfonso XII. Sabía que el monarca había accedido al matrimonio por obligación institucional, pero soñaba que un día pudiese llegar a quererla. ¡Un hijo! De este modo habría cumplido su responsabilidad como reina y, quizá, le acercaría un poco más a Alfonso. Ella, María Cristina de Habsburgo, le daría el heredero que garantizase la sucesión.

Los dolores se presentaron a las seis de la tarde del miércoles 11 de septiembre de 1880. El doctor Riedel, facultativo particular de su majestad, lo confirmó: la reina estaba de parto. Con ella, además de su madre y su suegra, se encontraban la princesa de Asturias y la marquesa de Santa Cruz, camarera mayor de palacio. Paz y Eulalia esperaban en sus dependencias, nerviosas y un poco preocupadas. Pronto, el Gobierno en pleno empezó a llegar a las inmediaciones de la real cámara: Cánovas, Elduayen, Romero Robledo…, además de jefes de palacio, comisión del Senado y Congreso, y una representación de grandes de España, todos testigos de la presentación del bebé que la reina diese a luz.

Un grito, unos llantos. Un gemido de alegría: acababa de nacer su alteza real, la «serma», señora infanta, inmediata sucesora del trono. En la alcoba, entre el ajetreo de camareras, agua hirviendo y paños húmedos, Alfonso manifestó: «Se llamará Mercedes, en recuerdo de mi llorada esposa». Una lágrima se deslizó sobre el rostro descompuesto de María Cristina. En ese instante comprendió que nunca sería capaz de borrar la sombra de la mujer a quien su marido aún amaba, la reina angelical que había subido al cielo con las bendiciones de toda la nación. En ese instante, Cristina se derrumbó.

Paz y Eulalia accedieron a la alcoba justo en el momento en el que la nodriza, una recia pasiega uniformada en terciopelo encarnado, tomaba en su pecho a la pequeña. ¡Su primera sobrina! Una niña sana y larguirucha que no dejaba de llorar. María Cristina se encontraba cansada, habían sido horas intensas, pero se alegró de la llegada de sus cuñadas. «¡Una niña, Crista! ¡Un bebé en palacio!». Con delicadeza abrazaron a la pequeña, pues en aquellas lides tenían poca experiencia.

En la estancia había mucha agitación, encajes y organdí. Todo estaba dispuesto para el bautizo, que se celebraría, según protocolo, apenas unas horas después del natalicio. La madre nunca acudía, aunque sí la familia y personal de la corte. Era la una cuando se abrió la capilla de palacio para el acto solemne de administrar las aguas bautismales a la heredera de la Corona de España. En la galería, guardias y alabarderos custodiaban el acceso de la comitiva: su alteza real Mercedes de Borbón y Habsburgo portada por su aya en una bandeja cubierta con un paño de terciopelo rojo con flecos de oro. Tras ella, la reina Isabel II, que actuaba como madrina, exultante con un riquísimo traje de corte de raso blanco con flores bordadas en seda de colores y mantilla sujeta con su diadema de brillantes y topacios, una de sus favoritas. Detrás, el nuncio de su santidad, oficiante ante la pila bautismal de Santo Domingo de Guzmán. Se le impuso el nombre de María de las Mercedes Isabel Teresa Alfonsa.

«Alfonso, tienes una niña preciosa». Paz y Eulalia se abalanzaron sobre su hermano cuando, por fin, llegó al dormitorio en el que descansaba su esposa. También estaba contento, aunque consciente de las limitaciones que el nacimiento de una niña suponía para la monarquía. ¿De nuevo las huestes carlistas? No, no era ese el dilema para el rey; en su ánimo pesaba más la decisión, recomendada por el Gobierno, de retirar a Isabel el tratamiento de princesa de Asturias. Pero todavía era pronto.

España entera se había echado a la calle para celebrar el nacimiento. Toros, teatro, una visita al Colegio de Huérfanos de Guerra, en Guadalajara, y alguna *soirée* en las diferentes embajadas. Mercedes había devuelto la alegría a la familia. La reina Isabel II volvió a Francia y las infantas, a la monotonía de sus estudios, los actos religiosos y los deberes con la Corona, aunque la vida en palacio era ahora un poco más dichosa.

Cada semana llegaban cartas de París. «Mira, Eulalia, correspondencia desde el palacio de Castilla». Su madre les decía que había tenido de invitada a la tía Amalia —hermana del rey don Francisco de Asís—, que había viajado desde Múnich. No se veían desde la muerte de su marido, Adalberto de Baviera, hacía casi cinco años. La encontró bien, aunque un poco más gruesa, y le prometió que pronto le presentaría a sus dos hijos, Luis Fernando y Alfonso. Eran casi de la edad de las infantas y tenían intención de viajar a Madrid a mediados de otoño. En su carta también decía que eran muy apuestos, de estatura elevada, como todos los Wittelsbach, y que acaban de ingresar en la oficialidad del ejército bávaro. El mayor, de veinte años, era ya teniente de coraceros y caballero del Toisón de Oro, y, además, estudiaba medicina en la universidad. Había nacido en Madrid, pero aún niño se marchó a Nymphenburg con su abuelo Luis I y el resto de familia paterna pues sus responsabilidades, en los difíciles días de Bismarck y la unificación alemana, estaban con los suyos. ¡Eran príncipes bien instruidos y que disfrutan, además, de una considerable fortuna!

Los rumores no se hicieron esperar. La reina madre, desde París, parecía encantada con la idea de un noviazgo, y la infanta Isabel, que había sido tan bien acogida en Múnich en los complicados años de su matrimonio con el difunto Cayetano, empezaba a ver con muy buenos ojos el posible matrimonio de Paz con su primo Luis Fernando. Le parecía la mejor de las opciones, aunque sabía del apego que Paz tenía a sus hermanos, de su corazón noble e infinita bondad. Hasta la prensa francesa se estaba haciendo eco de los rumores y el parisino *La Patrie* anunciaba un probable matrimonio. Las murmuraciones aumentaron cuando los príncipes de Baviera llegaron a la estación del Norte de Madrid. Era un 13 de octubre de 1880. Alfonso les esperaba en el andén para cumplimentarles conforme a rango y posición. ¡Eran también nietos de don Francisco de Paula! No se veían desde 1871, cuando había pasado una temporada en su residencia de Nymphenburg acompañado por Morphy, su antiguo jefe de estudios, para aprender alemán antes de ingresar en el Theresarium de Viena. ¡Casi una década! Ahora él era padre y recibía a sus primos convertido en rey.

Paz, en sus habitaciones con vista a la plaza de la Armería, esperaba inquieta. «¿No tienes ganas de ver cómo es? —atosigaba, impetuosa, Eulalia—. Mamá, en su última carta, escribía que lo había encontrado muy apuesto y responsable. Además, toca el violín. ¡Igualito que tú!». Paz, con su mirada afable, sus ojos pequeños, un poco tímida, sonreía a la ocurrencia. Pepa, entre enaguas y polisones apilados sobre un canapé del guardarropa, sabía bien que su querida infanta se sentía turbada. ¿Y si no le agradaba? ¿Y si apenas sentía afecto? ¿No era, con apenas dieciocho años, demasiado joven para el amor? Pero Paz conocía sus responsabilidades como infanta: se puso un vestido en terciopelo azul con *fichú* de encaje y bajó con aplomo las escaleras que daban acceso a la entrada principal. Ahí, con sus guantes de cabritilla, se frotaba las manos en gesto de impaciencia. Pronto les vio llegar. El rey fue el primero en bajar del carruaje. Tras él lo hizo Luis Fernando. Sí, era atractivo, gentil y bien plantado. Se inclinó ante ella, le beso la mano y, del brazo, subieron al comedor de gala en el que les esperaba el resto de la familia. Se dirigió a ella en español, aunque con marcado acento extranjero. Paz, por ahora, no conocía el alemán.

Fueron días de muchos festejos. Las primeras emociones. ¿Un primer amor? Visitaron el museo de Pinturas y pasearon formalmente por el Retiro. Acudieron al teatro, al Price, al tiro de pichón en la Real Casa de Campo y a una corrida de toros. ¡Qué caras pusieron los invitados cuando vieron saltar a la plaza a la cuadrilla y Lagartijo empezó a poner banderillas! Demasiado exótico, típicamente español. Se lo habían escuchado muchas veces a su madre, la infanta Amalia, pero en vivo aquello resultaba pintoresco. La reina María Cristina no acudió, pues le costaba disfrutar de la fiesta. Se organizó también una cacería de gamos en El Pardo, y fueron a caballo desde Puerta de Hierro. El rey e Isabel gozaban intensamente de la serenidad de sus montes, los encinares y alcornoques. Había zorros, tejones y jinetas, y el tiempo estaba espléndido. A ellos les encantaba la caza, aunque Paz y Eulalia disfrutaban más del paisaje de su naturaleza agreste. Resultó una jornada agotadora, aunque cinegéticamente poco exitosa, que cerraron almorzando bajo un árbol un arroz extraordinario que uno de los guardeses preparó para ellos.

Fue una semana muy agradable en la que Luis Fernando confesó a Alfonso que se había enamorado de Paz. Desde que había recibido el primer retrato *cabinet* de la infanta, notó algo especial, pero en persona, sus sentimientos eran más intensos. Sin embargo, nada se decidió. Luis Fernando era culto, juicioso, reflexivo y buen conversador. Fuerte y sano. Las impresiones fueron muy buenas. Pero la infanta necesitaba tiempo. Habrían de pasar todavía dos años hasta que Paz de Borbón y Borbón se decidiese a aceptar al prudente Luis Fernando de Baviera como esposo. En esos meses nunca dejaron de cartearse y, desde ese momento, Paz le llamó Tito.

Recibieron 1881 entre el estruendo de los fuegos de artificio y la alegría de los madrileños. Práxedes Mateo Sagasta se había convertido en nuevo presidente del Consejo de Ministros. Nacido en La Rioja, venía de las filas revolucionarias que habían participado en la Gloriosa, pero por la experiencia y sensatez de la edad había convenido en aceptar la monarquía y tutelar con su Partido Liberal el bipartidismo que traería la estabilidad a España. Con mayoría de escaños, en sus planes se encontraba fortalecer los lazos con las colonias, avanzar en la libertad de prensa y frenar el embate del movimiento obrero. Alfonso lo recibió de buen grado, y también María Cristina, que, aunque ajena a las responsabilidades del mando, vio en don Práxedes una personalidad poco inclinada al escándalo. ¡Quizá con él en el Gobierno el rey aprendería a valorarla! Pero, a esas alturas, Alfonso sabía que no podía amarla: la respetaba como esposa y soberana, pero su corazón estaba lejos de los muros de palacio. En esos días, además, una decisión obligada turbaba el ánimo del rey. El 10 de marzo de 1881, Alfonso XII firmaba el decreto por el que disponía el título de princesa de Asturias para su hija Mercedes. Las hermanas conocían a Alfonso y sabían lo que aquello suponía para él: adoraba a Isabel, recta, protocolaria y al servicio de España. Quizá si el bebé hubiera sido varón… Pero su obligación como monarca era el acatamiento de la Constitución. Isabel de Borbón y Borbón, firme garante de las instituciones, pasaba a convertirse en infanta de España. Lo acató con honor y vocación de servicio. Su deber estaba con la monarquía.

6

¡Otro hijo bastardo!

En Comillas con Mercedes. ¿Quién es el tal marqués de Comillas? En casa Ocejo. Pinturas, acuarelas y pesca de saperos. La tos cavernosa de Alfonso. Jornada de caza con el marqués de Salamanca. De nuevo los Montpensier. Sevilla y Sanlúcar. Los ingleses en Riotinto: ¿qué les pasa a esos niños harapientos? Baile en el palacete de los duques de Bailén. Eulalia y su vestido azul. Otra infanta en palacio: nace María Teresa de Borbón.

En el verano de 1881, las infantas Paz y Eulalia iban a quedarse al cuidado de la pequeña Mercedes en Comillas. La niña era muy morena, pero de facciones típicamente Habsburgo, como la reina. Apenas tenía un año y sus padres tenían que iniciar un viaje oficial en barco por tierras gallegas y asturianas. Antonio López y López de Lamadrid las había invitado a pasar unos meses de descanso en su villa natal de Cantabria. Desde que Alfonso le había elevado a la dignidad de marqués de Comillas, estaba entregado a agasajar, con todos sus recursos, los caprichos de la familia. Algunos discutían el origen, bastante innoble, de esta emergente fortuna, pero lo cierto es que, pese a lo cuestionable de alguno de sus negocios, se había convertido en uno de los más generosos mecenas de las artes españolas. ¡Bancos, navieras, comercio con las Antillas! Tenía mucho interés en potenciar su tierra de origen como destino de veraneantes de postín. Comillas era lugar marinero y de tradición, pero la estancia de la familia real revolucionó la villa y la convirtió en reclamo para la sociedad más escogida.

¡Qué recibimiento! Cuando llegaron el 8 de agosto, después de pasar en tren por Venta de Baños y Torrelavega, repicaron las campanas y unos jóvenes pandereteros con traje regional ofertaron sus bailes típicos. Las calles se engalanaron con arcos de bienvenida que representaban los diferentes oficios de la localidad y que estaban iluminados con farolillos de luz eléctrica. ¡Qué imagen más deslumbrante! Ya en la boda de Alfonso con Mercedes se habían visto las primeras lámparas incandescentes, pero aquello era distinto: sobre el mar, el reflejo de las casas de la costa, con sus balconadas y su arquitectura indiana, resultaba excepcional. Se alojaron en la casona de Ocejo, fabulosa, todo lujo y gusto montañés, con unos jardines enormes en los que había un kiosco chinesco obra de una promesa del diseño que se hacía llamar Gaudí. En esas semanas de agosto y septiembre, hicieron mucha amistad con Claudio, hijo menor y heredero del marqués y con el que mantendrán, a lo largo de su vida, una relación muy cercana.

¡Qué bien lo pasaron! Paz pintaba con su caja de acuarelas y Eulalia disfrutaba de la playa de Gerra y de los baños de mar para los que usaba un moderno traje de baño de una pieza en franela oscura, que, aunque unía la blusa a los pantalones, llevaba añadida una falda a media pantorrilla. Hicieron excursiones y pescaron saperos en el cabo de Punta de Marie. Por las tardes, salían a pasear por los secaderos del puerto, con su olor a redes húmedas y pesca. A finales de mes llegó Isabel, que viajaba desde La Granja, y las salidas de sus hermanas se limitaron un poco, aunque visitaron San Vicente de la Barquera y la iglesia de Cobreces. Cuando Alfonso y Cristina llegaron, el rey organizó un consejo de ministros, con Sagasta y Martínez Campos, que transformó por unos días la apacible vida local de la villa. Desde entonces, las visitas de la familia real a la bravía costa de Cantabria fueron frecuentes y hasta Isabel II, una vez Sagasta levantó definitivamente el veto para que viajase a España, se animó a disfrutar de la hospitalidad de Comillas.

Regresaron a Madrid a finales de verano, cuando la temporada continuaba con la monotonía habitual de festejos, actos piadosos y capillas públicas. En los ratos libres, a las infantas les gustaba leer las obras de Zorrilla y del duque de Rivas, también novelas inglesas, casi las únicas que en esos días eran apropiadas para señoritas recatadas. Pero Alfonso no tenía buena cara, tosía bastante y el doctor recomendó una estancia larga en El Pardo. Decía que el clima de los bosques beneficiaba sus delicados pulmones. En esos días supieron además del nuevo embarazo de Crista, por lo que los cuidados se extremaron en la corte. ¿Sería el ansiado varón? La reina atendía a Alfonso con mimo y le ofrecía toda su dedicación, pero el rumor de que el soberano acababa de tener otro hijo con Elena Sanz la sumió en amargura; apenas salía ni se relacionaba fuera del círculo palaciego.

Ese año, Isabel II pasó largas temporadas con sus hijas. La vida con ella era más animada que en la austeridad de las veladas musicales impuestas por Isabel y con las que tanto disfrutaba María Cristina: Brahms, Haydn, Mahler y un sinfín de recitales. En octubre, el opulento marqués de Salamanca las invitó a su finca de caza en la provincia de Albacete, se llamaba Los Llanos, y como Alfonso parecía repuesto, decidió acompañar a sus hermanas y madre. Salamanca había hecho fortuna al calor de aventuras en la construcción, aunque sus inversiones no siempre marchaban bien: se decía que en la bolsa ganaba y perdía, pero, pese a ello, era uno de los primeros patrimonios de España. Llegaron en ferrocarril sobre las ocho de la noche y el revuelo que se organizó en aquel lugar fue exagerado. ¡Nunca antes la familia real había visitado la zona! La marquesa de Nájera, los condes de Xiquena y de Gomar, y, por supuesto, Pepe Alcañices, duque de Sesto, también acudieron a la caza del faisán.

Al año siguiente, Eulalia viajó al sur. En febrero de 1882, los reyes aceptaron una invitación de los Montpensier para pasar una temporada en Andalucía. Hacía tiempo que no se veían y en el recuerdo de aquellos padres dolientes quedaba viva la imagen de Mercedes. Eulalia le pidió a su hermano acompañarles y este no lo dudó. ¡La adoraba! «¡Cámbiate inmediatamente de ropa, que partimos en cuanto Alcañices disponga la marcha!». Corpiños, enaguas, polisones y corsés se embalaron para la inmediata salida en el tren. Alfonso sabía que Eulalia sería una buena compañera para Cristina mientras él salía de caza a la dehesa de Pago Llano o a sus excursiones con el duque de Sesto. Eulalia recordaba las veladas en San Telmo y los paseos en calesa por las calles de Sevilla. Seguro que además estaba el primo Antonio: distinguido como oficial de Húsares de la reina, se había empezado a valorar como posible candidato a la mano de la infanta. Los Montpensier tenían otra hija, la condesa de París, pero era Antonio quien les había reconfortado en la pérdida de Mercedes y Cristina. ¡Cuánto dolor en la mirada de Luisa Fernanda! Aún esbelta pese a su genética, mantenía el porte distinguido y una delicada compostura, muy diferente a la de su hermana.

La población entera los recibió entre vítores y aclamaciones, pues Alfonso siempre fue muy querido en tierras andaluzas. Hicieron una excursión a Cádiz y visitaron el arsenal de la Carraca. También viajaron a Huelva y a los históricos yacimientos de Riotinto. Hacía poco que las minas acababan de ser adquiridas por un consorcio británico que había devuelto a la zona la bonanza económica de antaño, aunque las condiciones de vida del minero fuesen cada día más precarias. Cobre, plata y oro habían conseguido el resurgir de la comarca, pero la conciencia de clase ganaba partidarios entre mandaderos y barreneros, con niños harapientos como mano de obra. De regreso, visitaron el histórico monasterio de La Rábida, donde se sirvió un espléndido *lunch*, y luego el santuario de Regla.

Tras unos días en la residencia de Sanlúcar de los tíos, entre naranjales y la brisa de la costa, volvieron a la corte. A su regreso, Isabel los recibió seria: «Pero hermana —dijo Alfonso—, ¿que no te alegras de vernos?». Sí se alegraba, pero estaba ofendida por no haberse contado con su consentimiento para organizar el viaje. ¿Qué era eso de cumplir todos los caprichos de Eulalia? Estaba convencida de que la menor de las infantas iba a echarse a perder. Su carácter, impulsivo y poco racional, chocaba frontalmente con la rigidez protocolaria que Isabel imponía en palacio. Seguía pensando que mientras sus hermanas no se casasen, nadie podría desautorizar su autoridad con ellas.

Madrid parecía revolucionado con la llegada en abril de la eminente actriz francesa Sarah Bernhardt y su representación en el Teatro Real de *La dama de las camelias*. A Paz y a Eulalia no las dejaron ir, aunque sí acudieron, con el resto de la familia, a la inauguración de la exposición de flores y plantas del Buen Retiro. También estaban los Montpensier, que esa temporada la pasaron en Madrid. Con ellos, su hijo Antonio. Esa tarde, al regresar a palacio, Isabel comunicó a sus hermanas que había decidido consentir la presentación en sociedad de Eulalia. Con dieciséis años, se le autorizaba a ir a bailes «discretos, sin opulencias ni fastuosidad», apostilló. Eulalia se volvió loca. Estaba próxima la fiesta anual que ofrecía la duquesa viuda de Bailén en su palacete de la calle Alcalá. Obra del arquitecto francés Adolfo Ombrecht, con su fachada curva, jardín interior, mármoles de carrara y artesonados, se había convertido en el lugar de encuentro de las élites sociales. ¡Ese sería el momento!

Era primavera y Eulalia encargó un fabuloso vestido en raso de seda carmesí que inmediatamente resultó censurado por Isabel. «En azul y con chaquetilla», dispuso. Pepa Angulo cumplió sus órdenes a pies juntillas y avisó a las costureras de palacio para que tomasen medidas: talle delantero, sisa y largo de manga. Llevaría, además, el conjunto de topacios y brillantes heredado de la abuela Luisa Carlota y un alfiler de perlas. Ese día invirtió más de tres horas en su *toilette*, y el resultado fue fabuloso. Paz la miró con nostalgia. ¡Cuánto habría disfrutado Pilar si pudiese verla! En un carruaje de tiro con el escudo de la casa, atravesaron el paseo de Recoletos ante la mirada escrutadora de Isabel. «Prudencia y comedimiento», repetía con los ojos fijos en la menor de las hermanas. La condesa de Nájera, también en el coche, asentía.

El zaguán de acceso estaba magníficamente decorado con flores, guirnaldas y el emblema familiar de los Bailén. Accedieron a la residencia escoltadas por personal de servidumbre, con librea y calzón corto, hasta la sala principal. Las infantas fueron recibidas por la anfitriona, María Dolores Collado, duquesa viuda de Bailén, con la correspondiente inclinación. El duque había fallecido recientemente con la misma fidelidad a la causa que había sostenido desde comienzos de la Restauración. Cerca de la sala de retratos, en un corrillo, las esperaban, agitando sus abanicos, las señoritas Isabel Prim, Conchita Ahumada, Lucía Conquista y Lucía Aranda. La velada se prolongó hasta el anochecer, pero los acompañantes masculinos no respondieron a las expectativas de animación que tenían de aquel baile, según relatará Eulalia años después en sus *Memorias*. De la pista al diván hasta esperar el siguiente turno de rigodón. ¡Fue un fracaso! Pese a ello, a la mañana siguiente, el estruendo por los gritos de Isabel hizo retumbar los muros de sus habitaciones. Pero ¿cómo ha sido posible? Un diminuto papel había aparecido pinchado en la sobrefalda del vestido de la infanta Eulalia con un texto en el que podía leerse: «Soy un gusano de tierra enamorado de una estrella y esa estrella se llama Eulalia». Una doncella del guardarropa había dado el aviso. ¡No podía ser! La regañina dejó a la menor de las hermanas sin otro festejo durante todo el otoño, pese a los intentos mediadores del rey que, en el fondo, disculpaba el temperamento de Eulalia.

Esos meses, Isabel II los pasó casi completos en España. Fueron a La Granja, visitaron Ávila y se prepararon para el nuevo alumbramiento real: el 12 de noviembre de 1882 nacía la infanta María Teresa de Borbón y Austria. ¡Quién iba a decirle a Paz que esa niña, un día, se convertiría en su nuera! Fue un parto ágil, pero de nuevo la llegada al mundo de una mujer ensombrecía la continuidad dinástica. Para Crista fue un fracaso. Ella, una archiduquesa austriaca, ¿no sería capaz de concebir un varón como todas las pelanduscas con las que se veía a Alfonso? Pero para Isabel, Paz y Eulalia el bebé era motivo de alegría, y, sobre todo, para Isabel II: ¡abuela por segunda vez!

Sin embargo, en la familia comenzó a valorarse la posibilidad de un matrimonio que aportase, al menos, un resquicio de masculinidad a ese gineceo que parecía la corte. ¿Habría llegado la hora de convertir a Luis Fernando de Baviera en infante de España?

7

La boda de Paz

¡Matrimonio en palacio! 2 de abril de 1883. Los Wittelsbach y Luis II de Baviera. Carta de Miguel Tenorio. ¡Un traje de diez mil duros regalo del rey! Repique de campanas. Corona de brillantes con velo de Alençon. Luis Fernando con uniforme de teniente de coraceros. Una mirada tímida: una intimidad afectuosa. Banquete de gala con la diadema de brillantes regalo de Eulalia. ¿Este fabuloso collar de parte de Montpensier? Las lágrimas de una despedida. Paz de Borbón es ya Ludwig Ferdinand von Bayern, princesa de Baviera.

Vítores y salvas anunciaban boda real. El aristocrático *La Época* abría su edición felicitando a la más bella, discreta y espiritual de las infantas españolas. Doña Paz, con el atractivo de su bondad y la dulzura de su carácter, iba a convertirse en princesa de Baviera. Luis Fernando llegó a Madrid a finales de enero de 1883 para la petición formal de mano. En los meses anteriores, su correspondencia se había hecho más fluida y el tono de sus palabras, cada vez más íntimo. Ella le había orientado hacia la medicina de familia frente a los iniciales estudios en bacteriología iniciados en Heidelberg, aunque sin abandonar la carrera militar. ¡Sí! Paz había aceptado el matrimonio y venturosos acontecimientos llegaban a la familia. Luis II, rey de Baviera desde 1864 y jefe de la casa Wittelsbach, había accedido complacido a esta nueva unión con los Borbones españoles, la segunda desde la de Adalberto con la infanta Amalia en 1856, padres del ahora enamorado. Excéntrico y melancólico, culto y apasionado, Luis II sentía un especial aprecio por su primo Luis

Fernando, de quien admiraba su férrea voluntad para el trabajo y la nobleza de su sentimiento. Todos auguraban un dichoso porvenir a los enamorados.

«¿No estás nerviosa por la vida que te espera?», preguntaba Eulalia mientras aguardaban el inicio de la actuación de la soprano Bianca Donadio y del tenor Angelo Masini en el concierto familiar que iba a celebrarse en la saleta de música de las dependencias de su hermana mayor para conmemorar el compromiso. «Hijas, silencio», les recriminaba Isabel II, quien llevaba ya varias semanas en Madrid. Paz sabía que Múnich estaba lejos y que las costumbres del país diferían mucho de la calidez española, aunque le tranquilizaba saber que su querida Pepilla Angulo había decidido acompañarla. La católica Baviera se había integrado en el Imperio alemán tras años de negociaciones diplomáticas y mucha ayuda económica para paliar el endeudamiento provocado por las faraónicas obras del alocado rey, aunque mantenía Ejército propio y servicio postal. La infanta apenas hablaba alemán, pero llevaba meses reforzando el idioma con una profesora llegada expresamente desde la ciudad de Wurzburgo.

Paz siempre había sentido afecto por la tía Amalia, madre de Luis Fernando y su futura suegra. Casi treinta años atrás, ella también había dejado el Palacio Real para vivir en Nymphenburg, residencia oficial de su nueva familia y, en adelante, su hogar. Doña Amalia era una mujer afable que había conseguido dar a sus hijos la calidez de una familia ordenada y que, además, dedicaba muchas horas a la beneficencia y la música. ¡Sí! Paz sabía que las artes podrían convertirse en su refugio. Lo había hablado con Luis Fernando: no llenaría las horas solo con recepciones y frivolidad. Su vida en su nueva patria sería altruista y generosa. Humanista como él, dedicaría su papel como princesa de Baviera al fomento de las artes y la cultura. La infanta Paz, mientras escuchaba las voces armoniosas del recital palaciego, estaba intranquila: ella, siempre prudente y discreta, temía convertirse en la protagonista de las jornadas festivas que se estaban organizando con motivo de su matrimonio.

Eran días de muchos preparativos y recepciones. Desde todos los puntos de España no dejaban de llegar telas, terciopelos y brocados, pues Paz de Borbón había dado orden de que todo gasto extraordinario que generase el enlace repercutiese en beneficio del país. «Mira, Paz, unos encajes que mandan las "bolilleras" de Granada», decía Crista, apabullada ante la avalancha de paquetes que se estaban recibiendo en palacio. La infanta quería que todo su ajuar fuese español: ropa blanca, tocados, calzado, sombrillas, lencería... Aquello sería su nexo de unión con la patria cuando atravesase la frontera. Sobre la bandeja de plata en la que se depositaba la correspondencia del día había una carta fechada en París: era de Miguel Tenorio, antiguo secretario personal de Isabel II que ahora vivía en Madrid como senador, aunque esperaba su próximo nombramiento como ministro plenipotenciario en Baviera. Le volvía a mostrar su afecto deseándole felicidad sin saber aún que un día, ya en la vejez, terminaría bajo el paraguas protector de su querida Paz. Mientras leía, mozos y mayordomos preparaban en cocheras los bultos y equipajes que les acompañarían a Múnich.

En las dependencias de sus altezas, un ejército de costureras ultimaba los retoques finales del fabuloso vestido que Paz luciría en la ceremonia nupcial: en raso blanco purísimo, tenía en la falda gran volumen y se recogía ligeramente en el lado izquierdo formando una cola adornada con flores de azahar y encajes. En el lado derecho, unos volantes dejaban ver la parte inferior de la falda en hilo de plata y terminada en fleco. El cuerpo del vestido era en recamado blanco y plata, adornado con brillantes. El traje, regalo de su majestad el rey, había costado diez mil duros, según la prensa de la época. Eulalia contemplaba la escena con emoción, esperando su momento. «¿Cuándo me tocará a mí?», pensaba. ¡A ella sí le gustaba ser protagonista!

«No se mueva, alteza», le decía una doncella a la infanta Paz cuando comenzaba a preparar el cabello para trabajar en el recogido horas antes de la boda. En ese momento, entró en el dormitorio su madre con su hermana Isabel. Tras un cálido beso en la mejilla, le entregaron un libro de misa y un abanico de marfil. Ella, con sus rasgos dulces y mirada tímida, sollozaba. Nunca había valorado lo material y sabía que era un momento feliz, pero no podía olvidar el recuerdo de Pilar, su voz pausada y sutil sonrisa. Las tres se abrazaron. La antigua soberana y la infanta Isabel sabían de las dificultades del amor, de la falta de pasiones con el esposo o la melancolía del recuerdo. Querían la felicidad para Paz. Una vida apacible ajena a las maledicencias de la política. Ya con el velo de Alençon y vestida de novia, su madre, Isabel II, le colocó la banda azul y blanca de la Orden de Damas de la reina Teresa de Baviera, distinción otorgada por su nueva familia que luciría durante la ceremonia. En la mano, un *bouquet* de flores.

Madrid amaneció radiante. Era el 2 de abril de 1883. A las once de la mañana empezaron a sonar las campanas. En los patios del regio Alcázar se apiñaba una gran muchedumbre. La alegría del pueblo era indescriptible: se casaba una de sus infantas más queridas, y personas de todas las clases llenaban los alrededores del palacio. Representantes de la prensa se arremolinaban para presenciar la ceremonia desde las galerías y el coro reservados para el público. Ahí estaban *La Correspondencia de España*, *El Imparcial*, *El Pabellón Nacional* y hasta los republicanos del satírico semanario *El Motín*. También había representantes de *La Ilustración Española y Americana*, aunque los mejor posicionados eran los redactores de *La Época*.

Paz, en sus habitaciones, esperaba nerviosa. Había llegado la hora. Su hermano, el rey, con el Toisón de Oro, presidía la comitiva de hombres compuesta por grandes de España y títulos de Castilla. Francisco de Asís había declinado su asistencia al enlace. El novio, Luis Fernando de Baviera, vestía el uniforme de teniente de coraceros de Baviera y el collar de Toisón de Oro y la Cruz de Santiago, condecoraciones que recientemente le había entregado Alfonso XII; lucía con el cabello cuidadosamente recortado, su rostro ancho y pronunciado mentón cubierto de una caudalosa perilla en punta. Con él, su hermano, el príncipe Alfonso de Baviera, y el omnipresente duque de Sesto.

En la capilla del Palacio Real, fabulosamente iluminada, todo estaba preparado. El altar, vestido con rica sabanilla y cuajado de candeleros de plata, ofrecía un aspecto magnífico. Cuatro sillones en raso blanco con bordados de oro se habían dispuesto para los novios y padrinos. A izquierda y derecha, tribunas para las autoridades, donde destacaba el presidente del Consejo, Sagasta, con sus ministros y señoras. Ocupaban también un lugar principal representantes del cuerpo diplomático austriaco y bávaro, además de cuerpos colegisladores, comisiones de la Diputación y Ayuntamiento, jefes de palacio y damas de sus altezas encabezadas por la marquesa de Nájera, visiblemente emocionada, y con el siempre activo inspector de los Reales Palacios, conde de Sepúlveda, en una tribuna destinada a la Diputación de la Grandeza. La comitiva de los hombres hizo entrada en la real capilla a las once y cuarto.

Poco después, y al sonido de Mozart y Haydn, entró el cortejo de las señoras formado por la reina, María Cristina de Habsburgo, elegantísima, y la augusta novia. La infanta Paz, con sus rasgos bondadosos y su mirada vergonzosa, estaba muy guapa. En la cabeza se había puesto un ramillete de flores de azahar sujeto por un broche y una diadema de brillantes, regalo de Luis Fernando. Tras ella iba su madre, Isabel II, con traje de raso grana y su extraordinario aderezo de estrellas de brillantes, que la hacía lucir en toda su magnificencia. Orgullosa de la estampa que ofrecía su familia y la felicidad del momento, sentía la ausencia de su difunta hija Pilar. Junto a ella, siempre impecable, la infanta Isabel con vestido de faya color blanco crema, manto bordado de seda y aderezo de esmeraldas. La infanta Eulalia, la menor de las hermanas, estaba encantadora con un discreto traje de otomana celeste adornado de encajes rosas té y perlas. También en la comitiva, la infanta Cristina —muy avejentada desde que enviudase del querido infante Sebastián—, la duquesa de Medina de las Torres, la baronesa Reichlin-Meldegg —nueva camarera de Paz—, las duquesas de Medinaceli, Alba e Híjar, la condesa de Heredia-Spínola y todo un sinfín de damas palaciegas. Paz, nerviosa, avanzó con aplomo los escasos metros que la separaban del altar, en el que la esperaba Luis Fernando, alto, imponente. Colocados los novios al pie del altar mayor, el patriarca de las Indias, oficiante, les preguntó si tenían algún impedimento para contraer santo matrimonio. Paz miró a su madre solicitando su consentimiento. Tras ello, con voz serena, aceptó a Luis Fernando como esposo. Este respondió sonoramente, con marcado acento extranjero. Los ojos de la infanta se vieron preñados de lágrimas. Tras la lectura por uno de los capellanes de la bendición de su santidad León XIII, los augustos desposados intercambiaron sus miradas. Paz de Borbón y Luis Fernando de Baviera eran ya marido y mujer.

Terminada la ceremonia, los reyes, seguidos de los recién casados príncipes de Baviera, de la real familia y de todo su séquito, salieron de la capilla y regresaron por las galerías a sus habitaciones. La nueva princesa de Baviera estaba nerviosa por la intimidad con Tito, como había empezado a llamarle en familia. Él siempre la había tratado con afecto y en las palabras de sus cartas apreciaba delicadeza y sensibilidad. En el fondo, sabía que con el tiempo se irían conociendo mejor y que el roce de sus cuerpos terminaría siendo más cálido. Pero esa noche los recién casados deberían todavía presidir el banquete de gala organizado para solemnizar los esponsales.

Cerca de las nueve, la escalera principal volvía a ofrecer un aspecto brillantísimo, formando en ella dos grandes hileras de lacayos, palafreneros, correos y cocheros de la casa real. Paz se vistió con un elegante traje color granate, perlas y una diadema de brillantes regalo de su hermana Eulalia, que llevaba con mucho orgullo. El aspecto de la mesa era verdaderamente regio: candelabros, arañas y la vajilla Pickman de Sevilla, favorita de la recién casada. Paz y Luis Fernando presidieron el banquete sentados a la derecha de los reyes Alfonso y María Cristina, que entraron en el comedor con los acordes de la *Marcha Real*.

Los novios estaban cansados, demasiadas emociones en esas horas intensas, aunque sabían que todavía debían continuar en los días siguientes con el bucle de festejos con motivo del casamiento: un baile de gala en el Salón de los Espejos, que Paz abrió con el embajador de Alemania y Luis Fernando con la reina María Cristina, y la función teatral con la que el Ayuntamiento quiso honrar a los novios. Se representó la comedia *El desdén, con el desdén*, de Agustín Moreto, interpretada con esmero por la señorita Mendoza Tenorio. Alfonso XII aplaudió y, con él, el público, hasta que se repitieron las coplas en honor de los desposados. Paz, que se había puesto el collar empedrado de brillantes regalo de su tío, el duque de Montpensier, se levantó de su asiento en el palco real y saludó agradecida a la concurrencia. En el fondo, y aun complacida por las muchas muestras de afecto, deseaba poner fin a ese protagonismo que no deseaba.

Tres días después, el nuevo matrimonio se preparó para la marcha. En los sótanos de palacio se ultimaban los equipajes y el resto del ajuar que todavía no había salido hacia Baviera. La dote se componía de metálico, valores, alhajas y ropas. Paz quería llevarse todos sus recuerdos y, sobre todo, el pequeño retrato de Pilar que conservaba en su mesilla. Junto a ella, en las horas previas a la partida, Eulalia y su hermana Isabel con las últimas indicaciones en saludos, reverencias y distinciones de quienes, en adelante, eran su nueva familia. ¡Como si ella no estuviese suficientemente instruida en protocolo y ceremonial! A las reales habitaciones en las que estaban reunidas entró también su madre, decidida a acompañarla hasta la estación. «¡Los últimos instantes junto a mis queridos hijos!», repetía con su característico dramatismo. «Madre, no se altere —le decía el rey—. Serán apenas unos meses, pues seguro que Paz querrá que su primer hijo nazca aquí, en España. ¿Verdad, hermana?». Ella, cohibida, agachaba la cabeza.

A las cuatro de la tarde salieron del Palacio Real hacia la estación del Norte. Una enorme concurrencia, de todas las clases, se había reunido en las proximidades para decir adiós a su querida infanta. En el andén, los últimos momentos antes de la partida; lágrimas y desasosiego. Paz, profundamente conmovida, se despedía sin poder apenas articular una palabra. En el vagón del expreso, lleno de ramos de flores, el abrazo final a su madre y sus hermanos. Desde la ventanilla, y con los primeros compases del movimiento del tren, justo a las cinco de la tarde, una lágrima empañó sus pequeños ojos claros. Pepilla, junto a ella, sentía también la incertidumbre del alejamiento. Los «vivas» entusiastas se entremezclaban con entrecortados sollozos. Eulalia agitaba su pañuelo mientras el rey, cariñoso, abrazaba a su madre y a Isabel. Era el adiós a la juventud. Paz, con veintiún años, se había convertido en una mujer casada que empezaba a sentir la soledad en la distancia reconfortada por la compañía de Luis Fernando, Tito, su primer y único amor. Su alteza real Paz de Borbón y Borbón comenzaba una feliz vida en pareja como Ludwig Ferdinand von Bayern.

8

¿Esa tos del rey?

Las cartas de la princesa de Baviera. París y Viena. La visita de los reyes de Portugal. ¿Habrá otra boda en palacio? El príncipe Guillermo de Alemania en los toros: una buena faena de El Gallo. ¡El baile de carnaval de los Fernán Núñez! El personaje de Coralina. ¡Viene Paz! 10 de mayo de 1884. Parto real en Madrid: la princesa de Baviera, madre de un varón. Ha nacido Fernando María de Baviera. Isabel y su viaje con los Habsburgo. En el palacio de Nymphenburg.

¡Ha llegado carta de Paz! Mientras almorzaban en el comedor de diario caldo con espárragos y champiñones, entró uno de los mayordomos de palacio. Traía la última correspondencia del día. «Mira, Alfonso —leía Eulalia—, dicen que han visitado París y asistido a una cena de gala con el presidente de la República, Jules Grévy. También han pasado unas horas en Épinay», la residencia de Francisco de Asís, al que ya se le notaba la edad. Paz no dejó de visitar su antiguo colegio del Sacré Coeur, en el barrio de Saint-Germain. ¡Cuántos recuerdos pasaron por su memoria ahora que volvía a recorrer la *rue* Varenne con Luis Fernando!

Pero Múnich... Paz estaba fascinada por la suntuosidad de sus edificaciones barrocas, los castillos neoclásicos y la plaza de Königsplatz. Era la primera vez que la nueva princesa pisaba la capital de Baviera y lo hacía como recién casada. La vista del paisaje de los Alpes bávaros y la música la conquistaron. El palacio de Nymphenburg era fabuloso, apenas separado de la ciudad por una extensa avenida de frondosos árboles. Les habían destinado toda el ala derecha del pabellón central, perfectamente acondicionada con mobiliario rococó bañado en oro, exquisitas figuras de porcelana y maravillosos frescos de Zimmermann.

Llegaron a finales de mayo de 1883 y, desde entonces, Paz de Borbón, con su carácter afable y bondadoso, se ganó el cariño de la corte y servidumbre. Todavía no dominaba el alemán, debía esforzarse. En unos días, estaba prevista su presentación al estrafalario Luis II, quien por aquellos meses atravesaba uno de sus sonados momentos de melancolía. ¡Qué orgullosa estaba Isabel de su hermana! Sabía que ella no podía fallar. Paz se comportaría siempre como correspondía a una infanta española instruida bajo sus directrices. Otra cosa era Eulalia: ¿qué iban a hacer con ella?

En Madrid fueron días de visitas y diplomacia. Los reyes Luis I y María Pía de Portugal, con su hijo Carlos de Braganza, visitaron la corte y no dejaron de acudir a conciertos, funciones teatrales, carreras en el hipódromo de la Castellana y hasta al sorprendente espectáculo de la ascensión de un globo aerostático en el parque del Buen Retiro. ¡Cuánta expectación! Muchos empezaron a murmurar con un posible noviazgo entre los jóvenes Carlos y Eulalia, pero nada se concretó. La reina María Cristina, sumida en una profunda tristeza por la intensa vida galante de Alfonso, decidió emprender un viaje a Viena para visitar a su familia. Los regios Habsburgo conocerían así a la princesa Mercedes y a la pequeña María Teresa. Además, como todos los años, en el aniversario de la muerte de la reina Mercedes el rey acudiría a El Escorial para oír misa en la capilla donde estaba enterrada. ¡Cristina jamás podría borrar su recuerdo!

Isabel y Eulalia se quedaron en España para pasar la temporada de verano en La Granja. Paseaban por sus jardines y comentaban los últimos artículos que habían leído de la Pardo Bazán recopilados bajo el nombre de *La cuestión palpitante*. ¿Querría la exuberante escritora gallega emular a Émile Zola? De regreso de una gira —jornada tradicional campestre habitual en el sitio de San Ildefonso—, se enteraron del estallido de una conspiración en Badajoz: una agrupación militar de carácter republicano se había alzado, fallidamente, contra la monarquía parlamentaria de Alfonso XII en su idea de instaurar la democracia por la fuerza de las armas. ¡Los ruidos de sables amenazaban los esfuerzos dinásticos! Tras la revuelta, se encontraba el intrigante Manuel Ruiz Zorrilla, antiguo revolucionario de la Gloriosa. Con la situación apaciguada y los ánimos tranquilos, el Gobierno de don Práxedes autorizó un viaje de Alfonso a Austria con el objeto de fortalecer los lazos diplomáticos con el Imperio de Francisco José. Seguía con bastante tos, pero los facultativos pensaron que el cambio de aires podría venir bien a sus enfermizos pulmones.

Las infantas Isabel y Eulalia permanecieron en el Palacio Real junto a su madre, que últimamente apenas viajaba a París. Prefería Ontaneda, Azcoitia, Zarauz y Segovia, donde disfrutaba de la compañía de la duquesa de Híjar y del marqués de Villasegura en las llamadas «cacerías íntimas», que congregaban tan solo a una reducida concurrencia. A finales de noviembre llegó a Madrid el heredero del trono alemán y futuro káiser, Guillermo de Prusia. Algún periódico antidinástico advirtió del riesgo de un atentado anarquista, pero la mayor parte de la prensa europea volvió a especular con una posible unión matrimonial. Pero Eulalia seguía en sus trece. ¡No quería convertirse en reina! Isabel puso especial empeño en que su hermana se comportase con el comedimiento que se esperaba de una infanta española. Esta no falló: ataviada con mantilla blanca, acompañó al egregio visitante a una corrida de Currillo, Arvelini y El Gallo, los grandes califas del toreo. ¡La fiesta causó grata impresión al príncipe teutón, sorprendido de la suerte de banderillas al quiebro! El espectáculo le conmovió y no dudó en agasajar a los maestros con valiosos *souvenirs*. Otro día fueron al teatro Apolo, al estreno de la ópera del maestro Arrieta *Marina*, y también se organizó una recepción de gala en el ayuntamiento, al que acudió toda la familia real y en la que Eulalia deslumbró en su traje de brocatel con rosas y hermoso hilo de perlas al cuello. Se ofrecieron un sinfín de festejos en honor al príncipe imperial. ¡Hasta una serenata de los estudiantes de Farmacia! Pero Guillermo abandonó España sin ningún compromiso formal, aunque dejando con la familia real española una valiosa amistad. Será siempre un amigo entrañable para Eulalia.

Isabel y Eulalia continuaron con su dinámica de banquetes y recepciones. Ambas, cristianas fervorosas, asistían a los oficios divinos, confesaban a menudo y encargaban novenas. Además de ello, en ese tiempo las residencias de postín se distinguían por la organización de conciertos benéficos y extravagantes fiestas de disfraces marcadas por la opulencia y el desahogo. ¡Cómo era la de los duques de Fernán Núñez! Su palacio de Cervellón, en la calle Santa Isabel, se transformaba en un espectáculo teatral de luces, flores y purpurinas. Manuel Pascual Falcó y María de Pilar Osorio, los anfitriones, habían organizado el que se esperaba fuese el mejor lunes de carnaval de la década, con la temática de *commedia dell'arte*, que daba pie a todo tipo de máscaras, mimos y acrobacias. Eulalia, impaciente, se había hecho diseñar un traje de Colombina, la graciosa musa de sirvientes y tentación de seniles en los espectáculos de teatro cómico. Isabel optó por un disfraz del personaje de la criada Coralina. Hasta los reyes decidieron acudir y Crista, regia y circunspecta, se vistió de Primavera, alegoría de las representaciones populares que tanto divertía a los aristócratas. La comparsa, antes de salir de palacio, quedó inmortalizada en un retrato fotográfico de Fernando Debas. El aspecto de la residencia de los duques, con lacayos de librea con los colores verde, encarnado y oro de la casa formando en la escalera principal de mármol, era fabuloso.

¡Va a venir Paz! Un telegrama anunciaba el estado de buena esperanza de la princesa de Baviera. Ella y Luis Fernando se disponían a viajar a España para el nacimiento de su primer hijo. Pepa les acompañaba y también el coronel Zebch, ayudante del príncipe. La felicidad en palacio fue enorme. Aunque Isabel ya era abuela, la llegada al mundo de un niño de su querida Paz la reconfortaba. Les tranquilizaba además saber de los buenos cuidados de su esposo, que recién licenciado en Medicina se deshacía en atenciones con la infanta. Hicieron el viaje en tren y en Barcelona fueron recibidos por la familia del marqués de Comillas, con quien mantenían buena amistad.

El 19 de enero de 1884 los príncipes de Baviera llegaron a Madrid: la estación del Norte los acogió entre vítores y sonoros aplausos. Su madre y sus hermanos, a pie de andén, los esperaban en pleno clamor popular. ¡Volvía su infanta! Paz pasaba ya la mitad de la gestación y su vientre abultado aventuraba los mejores presagios. ¡Eulalia se emocionó al verla! Su hermana y compañera iba a convertirse en madre. «¿Cómo te encuentras, Paz? ¿Sigue siendo galante Luis Fernando?», preguntaba curiosa. En los meses de espera, los príncipes de Baviera no dejaron de asistir a recepciones, visitas e inauguraciones de actos públicos. Paz estaba disfrutando de un buen embarazo. Cazaron en la Casa de Campo y hasta acudieron a uno de los divertidísimos bailes en el palacio de los Fernán Núñez, para el que la embarazadísima Paz se vistió a la usanza del tiempo de Luis XIX y su marido, Tito, con jubón y gregüescos granates bordados de oro, de época de Carlos V.

El parto de Paz, como tantas veces le había ocurrido a Isabel II, fue complicado. En las dependencias habilitadas en el ala regia de palacio, una sufrida Paz de Borbón resistía los intensos dolores tomando la mano firme de Luis Fernando. El príncipe, por sus conocimientos médicos, permanecía en la alcoba. Era una habitación espaciosa adornada con tapices antiguos y una cama de maderas finas. El doctor Laureano García Camisón, nuevo médico de cámara de su majestad, asistía el alumbramiento entre sudores y gemidos de dolor. A las once menos cuarto del sábado 10 de mayo de 1884, unos potentes llantos anunciaban el regio natalicio: era un niño sano y robusto. ¡El primer varón desde la llegada al mundo de Alfonso XII en 1857! Le pusieron de nombre Fernando María, aunque en familia empezaron a conocerle como Nando. Eulalia, que esperaba en el salón inmediato, entró escopetada en el dormitorio. «Paz, has tenido un bebé precioso», dijo en tono cariñoso. «Debes dejarla descansar», le indicó Luis Fernando. El parto la había agotado y preocupaba su estado: tenía fiebre y no eran capaces de controlar sus tiritonas ni espasmos. Por unos días, debía permanecer aislada, en la sola compañía de Luis Fernando. El niño quedaría al cuidado de sus tías y abuela, y de un ama de cría que, por supuesto, sería española.

¡Paz había obtenido los placeres de la maternidad! El bautizo del neófito se celebró dos días después, según protocolo marcado en palacio para el hijo de una infanta española. El augusto recién nacido fue llevado en brazos por la baronesa Irene de Reichlin-Meldegg, dama de doña Paz. En el salón llamado de Carlos III, con gran solemnidad, la reina Isabel II actuó como orgullosa madrina. Llevaba un rico traje con adornos *pompadour*, muy del gusto de la época. Lo miraba embelesada. ¡Era su pequeño! La infanta Eulalia lucía en azul celeste e Isabel, un vestido blanco. La reina María Cristina tenía en brazos a su alteza real la princesa de Asturias, mientras que la duquesa de Medinas de las Torres llevaba a la infanta María Teresa. El rey, que vestía uniforme de coronel del ejército bávaro, tomó en brazos al niño en el momento en el que el patriarca de la Indias vertió las aguas bautismales. Luis Fernando de Baviera, de alta estatura y porte elegante, con uniforme de teniente de Caballería, se había convertido en un padre orgulloso que miraba con cariño la estampa que ofrecía su querida familia española. Con ellos se encontraban las duquesas de Bailén, Ahumada, San Carlos y Medina Sidonia, y toda la corte de palaciegos.

Poco a poco, la infanta Paz se fue recuperando y pudo abrazar al bebé. ¡Quién iba a decirle que un día, su primogénito, estaría llamado a casarse con su sobrina María Teresa, hija de su hermano, Alfonso XII! Permanecieron en Madrid hasta que Paz estuvo completamente repuesta y, a comienzos de verano, regresaron a Múnich. De nuevo, en la estación del Norte volvieron a verse las escenas de tristeza de su primera despedida. En el andén, Isabel y Eulalia abrazaron a su hermana, que subía al vagón con Nando entre sus brazos. En su cabeza, la pregunta sobre cuándo volverían a verse.

En Madrid habían comenzado las obras del futuro Banco de España, en la plaza de la Cibeles. El 4 de julio Isabel y Eulalia acudieron a la colocación de la primera piedra junto a Antonio Cánovas, que había vuelto a la Presidencia del Consejo. El acto estuvo presidido por Alfonso XII, que se encontraba regular. Su salud declinaba. También estaba el marqués de Alcañices, antiguo propietario del solar. En ese espacio se había erigido, durante décadas, su magnífico palacio. Pero su desmesurado nivel de vida y el apoyo dadivoso que siempre había dado a la monarquía le habían forzado a venderlo. Se decía que recibió ¡tres millones de pesetas!, lo que, sin duda, constituía pingües beneficios para la época. «Todo sea por el apoyo a la causa de la Restauración», le decía ufano a su majestad.

Días después, un incendio en la vieja armería real —apenas reformada desde tiempos de los Austrias— hizo sonar todas las alarmas. La familia llegó a temer que las llamas devorasen las zonas colindantes, pero sobre todo sufrieron por la destrucción de yelmos, panceras y broqueles, que se conservaban en los sótanos desde el siglo XVI. ¡Cuánto patrimonio perdido! Fueron semanas de noticias alarmantes: al comenzar 1885, un terremoto devastaba Almería y Granada. La familia real se apresuró a encabezar una colecta de donaciones para paliar los efectos del desastre. ¡Paz envió desde Múnich un considerable donativo y Alfonso se apresuró a visitar la zona! Se organizaron rifas, rastrillos y un sinfín de actos de beneficencia, como el concierto preparado por los duques de Fernán Núñez, que, aparte de por los carnavales, eran conocidos por su extremada generosidad. El cólera también se estaba cebando con la población de Valencia y Murcia. El número de muertos iba en aumento: una nueva epidemia provocada por la contaminación de las aguas y los alimentos que minaba a los más humildes. España, pese a la estabilidad institucional que había llegado de la mano de Alfonso, tenía todavía mucha necesidad.

A mediados de mayo de 1885, la infanta Isabel emprendió un viaje a Viena para visitar a sus parientes austriacos. Lo hizo de incógnito, como condesa de Segovia, el título que más le gustaba. «¡Tendrás la oportunidad de visitar a Paz!», parloteaba Eulalia mientras leían las últimas noticias de *La Corresponden-*

cia de España. Isabel se instaló en la residencia de sus queridos archiduques Rainiero y fue recibida en el palacio imperial de Hofburg por el emperador Francisco José y la nostálgica Sissi. Aunque todavía distinguida, la célebre emperatriz iba perdiendo el encanto de su legendaria belleza. Isabel estaba agradecida por la familiaridad con la que siempre era tratada por los Habsburgo, pero deseaba llegar a Múnich. Quería estar con Paz. Debía informarle de la salud de Alfonso.

En Nymphenburg, Luis Fernando y su hermana la recibieron como cariño y humildad. ¡Como a ellos les gustaba! Durante unos días disfrutó de los primeros pasos del pequeño Fernando, ella, que no había podido ser madre. Las dos hermanas pasearon por el magnífico parterre de los jardines del palacio, se contaron confidencias y asistieron a grandes noches musicales. Paz había cumplido el firme compromiso hecho con su esposo: hacer de las bellas artes el motor de su presencia en Baviera. Hablaron de España, de la posición de Eulalia y de la tristeza de Crista, pero, sobre todo, de su hermano. ¿Qué iba a pasar? La infanta Isabel continuó hacia Bélgica y paró en París a visitar a su padre. Francisco de Asís estaba avejentado. El 25 de junio de 1885 la infanta Isabel de Borbón volvió a España. El rey empeoraba.

Isabel II y su esposo, el rey consorte Francisco de Asís.

Isabel II y Francisco de Asís en 1859. Les acompañan el infante Sebastián y su esposa, la infanta Cristina de Borbón. Con ellos también sus hijos, Isabel, Alfonso y la pequeña Concepción en brazos de su nodriza.

Un joven Alfonso de Borbón, futuro rey de España.

Isabel de Borbón, la Chata, recién casada.

La princesa Isabel y Cayetano de Borbón Dos Sicilias,
los condes de Girgenti, contrajeron matrimonio
en mayo de 1868, poco antes del estallido
de la Gloriosa.

Las infantas Paz, Pilar y la pequeña Eulalia ataviadas con traje regional.

La infanta Paz.

Las tres hermanas retratadas en París
durante los días del exilio.

Isabel y Eulalia en 1884 con los trajes que lucieron en la fiesta
de disfraces de los duques de Fernán Núñez.
Eulalia viste de Colombina, Isabel de Coralina.

Curiosa fotografía de Paz y Luis Fernando acompañados
por otros familiares en Berchtesgaden (Baviera).

Eulalia y Paz en su juventud. Según la costumbre, lucían idénticos vestidos.

Retrato de Alfonso XII
tomado en 1884.
En ese año ya mostraba
síntomas de la tuberculosis.

Mercedes de Orleans y Borbón
contrajo matrimonio con su primo
el rey Alfonso XII en 1878.

La infanta Eulalia fue una mujer sofisticada y elegante
que trató de luchar por su libertad.

Eulalia con sus dos hijos, Alfonso y Luis.

Isabel y Paz fueron siempre dos hermanas muy unidas.

La Chata se convirtió en el miembro más popular de la familia real.
Su actividad institucional fue enorme.

La infanta Isabel visitó Argentina en la primavera de 1910.
Fue un viaje triunfal para la Corona.

Isabel II con sus nietos Fernando y Adalberto de Baviera,
hijos de la infanta Paz.

Alfonso XII con María Cristina de Habsburgo.
Se casaron en 1879 en la madrileña basílica de Atocha.

Los marqueses de Comillas invitaron a la familia real a pasar unos días en su casa cántabra. En el centro la reina Cristina con su primera hija. Detrás, sus cuñadas Paz y Eulalia (con sombrero).

Isabel de Borbón con la tiara Mellerio
que sus padres le regalaron con motivo de su boda.

Alfonso XIII y Victoria Eugenia (ambos a la izquierda), acompañados por la reina madre María Cristina, la infanta Isabel y otros familiares durante la visita del presidente argentino Roque Sáenz Peña.

Paz y Luis Fernando acompañados por sus hijos y sus nietos.

Eulalia, Paz y Luis Fernando. Pese a las diferencias de carácter, ambas hermanas siempre mantuvieron una relación muy próxima.

9

Cortejo fúnebre y velatorio

Olor a muerte. Los accesos de disnea. ¿Quizá en El Pardo? Las últimas palabras a Eulalia: «Hermana, ¿una boda con el primo Antonio de Orleans?». Náuseas y falta de apetito. Se confirma el embarazo real. ¿Qué va a pasar ahora? 25 de noviembre de 1885. Crista, regente. Cánovas y Sagasta. En el salón de Columnas. El duelo de las infantas. «Pues que su majestad no responde, verdaderamente está muerto». La llegada de los príncipes de Baviera. Luto en la corte.

Un cielo tormentoso anunciaba el peor de los presagios. En el despacho ministerial, Cánovas, que había vuelto a la Presidencia del Consejo de Ministros en enero de 1884, paseaba alterado a la espera de noticias. «Don Antonio. El rey se muere», le comunicaron con gesto de preocupación. «Apenas unos meses. Pero sus pulmones no resistirán», afirmó el doctor Laureano García Camisón, primer médico de cámara de su majestad. Los accesos de disnea eran continuos. La situación parecía crítica, pero el monarca, fiado en su juventud, no quería convencerse de que estaba enfermo y se resistía a someterse a las prescripciones facultativas. El jefe superior de Palacio, marqués de Alcañices, no sabía qué decir.

A punto de cumplir los veintisiete años, Alfonso XII tenía pocas esperanzas de sobrevivir: la tuberculosis que arrastraba desde su nacimiento había minado su vigor. Estaba pálido, demacrado. ¡Quizá El Pardo! Sí. El clima templado de sus bosques, la naturaleza. Allí podría reponerse y mejorar, como había ocurrido en anteriores ocasiones. Su madre, sollozante, se aferraba a esa posibilidad. Su esposa, María Cristina, solo se reconfortaba en compañía de sus pequeñas, con sus juegos y canciones infantiles. Tenían apenas cuatro y dos años, y sabía que apenas tendrían tiempo para conocer a su padre. ¡Qué poco quedaba en él de fortaleza y vitalidad, de aquella pícara sonrisa y gracejo engatusador! Ella, la reina, tampoco se encontraba bien: casi no comía y las náuseas matinales le recordaban el estado de debilidad que había sentido en las primeras semanas de sus embarazos. ¡No! ¡No podía ser! Seguro que se trataba de una indisposición provocada por la preocupación ante la enfermedad de Alfonso. Muchas dudas pasaron por la cabeza de la joven Habsburgo. ¿Debía decírselo al macilento monarca? Quizá la sola posibilidad de un posible heredero varón le diera brío para luchar por su vida. Porque el rey se moría.

Isabel y Eulalia, en el Palacio Real, trataban de reconfortar a su afligida madre. «Verás, mamá, cómo los aires de El Pardo hacen que pronto mejore —repetía Eulalia—, y en unos meses podrá estar de nuevo de vuelta con nosotras». La antigua soberana no tenía consuelo. Sabía que debía mantener la normalidad institucional y evitar que la magnitud de la noticia se dispersase por todos los rincones de España. «Ahora, más que nunca, servicio a España y al rey», les había dicho Cánovas. Nada debía notarse. Nada debía saberse. Pero en la prensa entera no dejaban de leerse murmuraciones sobre el delicado estado del monarca. Su madre y sus hermanas sufrían tremendamente por Alfonso.

En la saleta próxima a su alcoba, ante el aroma del chocolate humeante que acababan de servirle al amanecer, Eulalia recordaba la última conversación que había mantenido con su hermano. Erguido, con su acento castizo y tono encandilador, le había sugerido un posible matrimonio con el primo Antonio de

Orleans. «Pero, hermana, ¡si siempre os habéis entendido!». El tío Antonio era un buen suegro, «te lo digo porque lo sé», repetía esbozando una sonrisa irónica. ¡Eulalia no podía olvidar esas palabras! Al principio se había resistido. Apreciaba al hijo de los Montpensier, pero no sentía nada en su compañía. Necesitaba tiempo. «Ni tiempo ni monsergas —le decía Isabel—. Es tu deber como infanta». Con el rey moribundo, una nueva unión con la familia de Luisa Fernanda reforzaría la imagen de los Borbones. Eulalia dudaba, no sabía. ¡Pero nunca defraudaría al rey!

Isabel II parecía vencida por las circunstancias: tanto pelear contra su pérfido cuñado para esto, para que, de nuevo, la posibilidad de un matrimonio Orleans-Borbón volviese a ser la comidilla de la corte. La reina madre, a sus cincuenta y cinco años, perdido el encanto de su lozana juventud, se sentía derrotada. Las canas ya afloraban en su antaño atezado cabello y solo la noticia del nuevo embarazo de Paz parecía sacarla de ese abatimiento. ¡Sí! La princesa de Baviera estaba otra vez encinta. La segunda falta del mes había confirmado su estado de buena esperanza. El pequeño Nando se criaba en los fríos muniqueses con la fortaleza de los Wittelsbach y Paz se disponía a viajar a Madrid. Pararían en París a visitar a don Francisco. Así se lo escribía Paz a su madre en su última correspondencia. Además, no podía soportar el dolor de vivir desde la distancia la tragedia que se mascaba en la familia.

Era un 25 de noviembre de 1885. Crespones negros y lúgubres campanadas anunciaron el fatal desenlace: el rey acababa de fallecer. «¡El corazón de aquel joven egregio que simbolizaba el porvenir de España había dejado de latir!», podía leerse en *La Época*. Junto a él, en el lecho de muerte, María Cristina. Isabel II apenas podía ponerse en pie. Había perdido lo más querido: su único hijo varón, el heredero y sucesor. Su adorado

Alfonso. Lágrimas y sollozos. Apenas unas horas antes habían acudido a una función teatral en cumplimiento de la «normalidad institucional» recomendada por el presidente del Consejo, pero, rotas por la angustia, madre e hijas habían adelantado su regreso a El Pardo. Paz no había llegado aún. Por telegrama supieron que estaba en camino. Pero Alfonso XII yacía ya entre sábanas de lino con el rostro frío y los ojos cerrados. En sus manos, un crucifijo de plata. Los doctores de la real cámara acababan de certificar la muerte.

El cuerpo inerte de Alfonso debía ser embalsamado para recibir sepultura conforme a protocolo y tradición. Sería vestido con uniforme de capitán general, con la banda de San Fernando y la cruz de la Orden Teutónica de Austria. ¡España entera lloraba la muerte de su rey! Solo la ya viuda, la nueva reina gobernadora, una Habsburgo, mantenía cierta serenidad en aquel luctuoso escenario. Los marqueses de Santa Cruz, el marqués de Comillas, el conde de Sepúlveda, el ministro Alonso Martínez, el nuncio de su santidad y el viejo general Martínez Campos se encontraban también en palacio. Cánovas y Sagasta, en una de las antecámaras de la habitación mortuoria, trataban de articular una transición consensuada: ¿qué iba a pasar ahora? ¿Una regencia? ¿Estaba María Cristina preparada? La reina se encontraba ya en el quinto mes de embarazo y si quisiera la fortuna que diese a luz un príncipe variaría notablemente la cuestión sucesoria. El Partido Liberal estaba, más que nunca, resuelto a defender por todos los medios el trono que representaba la legalidad constitucional; en esos infelices momentos, Sagasta pasaba a asumir la Presidencia del Gobierno.

Eran casi las once de la mañana del día 27 cuando en El Pardo los restos mortales de Alfonso XII se introducían en el coche estufa que lo llevaría hasta Madrid. El féretro iba cubierto de terciopelo negro bordado en oro y escoltado por personal de las reales caballerizas con uniforme y traje de gala. Salvas de cañones despidieron al rey: ocho caballos negros con gualdrapas y penachos, enjaezados, anunciaban que el cortejo fúnebre estaba listo. Su majestad la reina María Cristina salió de El Pardo a la una y media en un landó cerrado tirado por cuatro caballos y con la única compañía de sus hijas, Mercedes y Teresa. Tras ellas, también en coche cubierto, madre y hermanas del difunto, de riguroso luto y bajo un velo negro que cubría sus rostros descompuestos. Les seguían los grandes de España, clero, ayudantes del rey, cuerpo de Alabarderos, el regimiento de Lanceros de la reina y la servidumbre portando hachones encendidos. ¡Un desfile de llanto y dolor! La comitiva fúnebre paró en la ermita de San Antonio de la Florida para rezar un responso y continuó el camino hacia el Palacio Real de Madrid entre banderas a media asta y balcones negros: calle Bailén, arco y plaza de la Armería. En las aceras, en los arroyos, en las buhardillas y hasta en los tejados se agolpaban los madrileños deseosos de presenciar la conducción del cadáver de su majestad. «¡Pobre don Alfonso! ¡Tan joven! ¡Tan valiente!», era lo único que se escuchaba. La familia real entró por la puerta del Príncipe, donde les esperaban el duque de Montpensier y su hijo, el infante don Antonio, vestido de teniente de Húsares de la princesa. Besó afectuosamente a Eulalia. Esta no paraba de llorar. Pasadas las tres y media toda la cohorte de Borbones se dirigió a sus respectivas habitaciones. ¡Cuánto sufrimiento!

El grandioso salón de Columnas se convirtió en la capilla ardiente. Era el mismo lugar en el que se había expuesto el cadáver de la reina Mercedes. La cama imperial estaba colocada en el centro, frente a la puerta que da acceso a la sala Gasparini. Las infantas Isabel y Eulalia permanecieron largo rato orando mientras los españoles, de toda clase y condición, desfilaban ante el cuerpo sin vida de su rey. Cuatro monteros de Espinosa y dos oficiales de Alabarderos hacían guardia de honor. Por un día, los madrileños contemplaron los esplendores de la corte convertidos en regio escenario de la muerte. ¡Qué amarga pena se apoderó de los españoles al ver el féretro de su joven rey! El pueblo se descubría reverente ante el difunto y el dolor intenso de la madre afligida, de la viuda angustiada, de las jóvenes infantitas y de las sufrientes hermanas del difunto.

El domingo 29 de noviembre amaneció lluvioso. Una densa niebla cubría el horizonte y bañaba el suelo con tenue humedad. En el gran reloj del Palacio Real sonaron diez campanadas. Los restos mortales del monarca iban a ser trasladados en tren desde la estación del Norte hasta el Panteón de Reyes del Monasterio de El Escorial. Todo según lo dispuesto por María Cristina. Pero las damas de la familia no lo acompañarían. Presidía el duque de Sesto y el obispo de Madrid Alcalá. Sonaron los acordes de la *Marcha Real* y se cantó un solemne responso. Tras una hora de viaje, la comitiva llegó al real sitio de San Lorenzo. El féretro entró por la puerta principal del patio de los Reyes y fue recibido por setenta miembros de la comunidad agustina, ataviados con hábitos negros, enarbolando antorchas encendidas. Tras una misa funeral en el templo —ya en el panteón real—, el ministro de Gracia y Justicia, actuando como notario mayor del reino y ante la caja descubierta del difunto, preguntó si aquel cadáver era el de su majestad don Alfonso XII. El montero mayor y el jefe de Alabarderos, tras inclinar la cabeza y pedir silencio, pronunciaron tres veces el nombre del monarca: «Pues que su majestad no responde, verdaderamente está muerto». Rompieron en dos pedazos el bastón de mando del rey y lo depositaron a los pies del ataúd. Alfonso XII entraba así en el descanso de la eternidad.

De nuevo en palacio, se repitieron las escenas de dolor. La llegada de Paz, en el tren expreso, muy de mañana, no alivió la angustia de la pérdida. Profundamente emocionada, venía con su esposo, la baronesa de Reichlin-Meldegg y el gentilhombre conde de Teck. Isabel II abrazó a su hija. «¡Primero Pilar y ahora Alfonso!». Las lágrimas caían sobre sus mejillas enrojecidas y su mirada había perdido la chispa de su antigua majestuosidad. De la mano, Paz trataba de dar aliento a una madre desconsolada que apenas encontraba desahogo en su inquebrantable fe, aun sabiendo que León XIII preparaba un funeral en sufragio de su hijo. Paz besó también a sus hermanas. Primero a Isabel, doliente pero entera. Después a Eulalia, estremecida, aún turbada. Junto a ella, Luis Fernando reconfortaba con caricias y gestos amables a su querida suegra y cuñadas. Saludaron también a Crista. La estampa era triste, desoladora. Lo abultado de su vientre evidenciaba una gestación avanzada. Sus hijos, el que esperaba Paz y el de la reina viuda, apenas se llevarían unas semanas. El príncipe de Baviera le recomendó reposo. En su estado había que prevenir mayores alteraciones de ánimo. ¡Cuán distinta era esa corte de la que habían dejado apenas un año atrás! La regente había decretado un año de luto y el negro, en vestimenta y complementos, abundaba en palacio. Adiós a los festejos, a los bailes de gala y las jornadas de etiqueta. Por un tiempo, todos llorarían en privado la definitiva despedida del rey. Pese a ello, la estancia de los príncipes de Baviera se prolongaría solo hasta el 11 de diciembre.

La muerte de Alfonso había causado una verdadera conmoción en Europa. Todas las familias reales enviaron sus condolencias: la emperatriz Eugenia, la reina Victoria y el príncipe de Gales, Francisco José y Sissi, el rey Leopoldo de Bélgica, Guillermo de Alemania, Humberto de Italia, los príncipes de Coburgo, los condes de París —hija ella de los duques de Montpensier—, los Dos Sicilias y hasta el emperador de la China y su Gobierno imperial expresaban su sincero sentimiento.

Con los días, Isabel II y su primogénita empezaron a recibir; solo un reducido saludo, pues no se hallaban en situación de hablar. María Cristina, por el momento, no podía. Apenas se sentía con fuerza. Sus hermanos, los archiduques Federico y Eugenio, estaban con ella y sabía que contaba con el respaldo de Sagasta y de todas las fuerzas dinásticas. ¡Unidos para salvar la Restauración! Pero el ánimo, a veces, flaqueaba. Sus hijas eran su impulso, también el motor de su resistencia. En ocasiones, en muchas ocasiones, dudada. Ella, que en vida de su esposo permaneció alejada de la política, se ocuparía ahora de los asuntos de Estado. La muerte de Alfonso había hecho cobrar nuevas esperanzas al partido de los carlistas, que hasta entonces las tenía todas perdidas. Aunque no parecía probable que se levantasen en armas mientras existiese la legalidad monárquica, ¿qué iba a ser de España?

10

Eulalia se viste de novia

6 de marzo de 1886. Ajuar real. La herencia de Mercedes. Corona de perlas y brillantes. «Una boda silenciosa y oscura». Veinticinco salvas de cañón: ha nacido Alfonso XIII. «Tenemos la menor cantidad posible de rey, pero tenemos rey», Sagasta dixit. *¡España está de enhorabuena!*

A ella le hubiese gustado que fuese de otra manera. Con fastos y celebraciones en todo el país. Pero no podía ser: la boda de la infanta Eulalia se celebraría de manera austera, acorde con el luto que imperaba en la corte. Al final había transigido: se casaría con su primo Antonio aun sabiendo que no le amaba. Sabía de su buena posición y de la imperiosa necesidad de reforzar la imagen de los Borbones en esos momentos de duelo. Para su hermana Isabel, la cuestión del matrimonio se había convertido, poco menos, que en una cuestión de Estado. «Tú vas a ser la causa de un desastre», le había advertido ante la iniciales reticencias de Eulalia. Sagasta parecía conforme.

A ella, Eulalia, no le desagradaba la cercanía con los Montpensier, de la casa real de Francia, con quienes siempre se había entendido, especialmente con el duque, del que admiraba su conversación fluida, su aspecto impoluto y el cosmopolitismo que le hacía tan seductor. Pero su hijo era otra cosa: aunque recio y bien plantado, carecía del espíritu impetuoso de su progenitor y, pese a sus años de estudios en Bolonia, no había curtido el intelecto. Las malas lenguas decían que era dado a amoríos con mujeres de innobles orígenes y derrochador. Era cierto que se conocían desde niños, que habían pasado muchas veladas en San Telmo y que la muerte temprana de sus hermanas, la llorada Mercedes y la infanta Cristina, le había convertido en el sostén de los Orleans-Borbón. Pero Eulalia tenía aspiraciones más ambiciosas. Quería experimentar, complacerse y vivir. Sabía que, de algún modo, ese matrimonio la ataba para siempre. Atrás dejaba la niña risueña y gentil que había sido la alegría de la casa. Pero pesaba la responsabilidad: en su interior quedaba el recuerdo de aquella última conversación con Alfonso XII.

La boda se celebró en la capilla del Palacio Real. Sin pompa ni suntuosidad. Solo la herencia de las que habían sido las joyas de Mercedes recordaba, en algo, los días de esplendor en la corte: Eulalia recibió de Luisa Fernanda la magnífica corona de perlas y diamantes que perteneció a su hija; también el collar de chatones, las pulseras de zafiros, los broches de esmeraldas y los alfileres de amatistas de la casa Orleans. Y una sortija de rubíes y brillantes con la que Alfonso selló el compromiso. La infanta Eulalia aportaba al matrimonio doce millones de reales en valores de la deuda nacional y extranjera, con una pequeña parte en metálico, incluidas las alhajas de valor y el equipo de boda. El infante, 24.000 duros de renta anual que le donaban sus padres, asignación extensiva a Eulalia en caso de viudez, según el bien informado diario *La Época*.

Hacía semanas que los duques habían dejado Andalucía para conducir los preparativos del enlace. Con los años, las dos hermanas, Isabel II y la duquesa de Montpensier, habían cambiado mucho. Obligadas a entenderse y abatidas por las muertes, dejaron atrás la rivalidad de antaño. Ahora, sus caminos volvían a encontrarse en Eulalia y Antonio, los últimos eslabones de una dinastía que se perpetuaba. Acababan de celebrarse las capitulaciones matrimoniales, de riguroso luto, sin ningún adorno. Las dos vestidas de negro, ambas lastradas por el tiempo, eran lo poco que quedaba del infausto recuerdo de Fernando VII. Pero en la antecámara del dormitorio de la infanta Eulalia, con dos balcones a la plaza de Oriente, se abrazaron. Un instante, un soplo del pasado. En ese momento entró la infanta Isabel: «Todo está listo. La ceremonia va a comenzar». Don Francisco de Asís, que aun avejentado había acudido al enlace, ya estaba preparado. Era el 6 de marzo de 1886.

En Madrid el cielo estaba azul y los rayos de sol anunciaban una mañana calurosa. En la mesilla de Eulalia, un ramo de gardenias y lirios, sus flores favoritas. Lo había encargado Paz, que no podría asistir a los esponsales. ¡Cuánto añoraba su compañía! Le había enviado, además, un retrato de Nando, que, casi con dos años, crecía sano y robusto en Nymphenburg. Eran las once cuando la comitiva, encabezada por la reina regente, vestida con un sencillo traje de merino negro que no disimulaba su avanzado estado gestante, atravesó la galería hacia la Capilla Real. Tras María Cristina, el duque de Montpensier con uniforme de capitán general y la banda de Carlos III, la reina Isabel II con tiara de azabache, la infanta Isabel y Luisa Fernanda, muy elegante con su todavía esbelto talle. Ocuparon sus lugares en las tribunas de honor e inmediatamente se anunció la llegada de los novios. Se vivieron momentos de emoción, también de melancolía.

Eulalia entró con la mirada fija en el suelo al son de la *Marcha de los infantes*. El rico traje blanco de desposada realzaba su belleza y su rubio cabello, que iba sujeto con un simbólico ramo de azahar del que pendía el magnífico velo, regalo de su suegro, bordado con las armas entrelazadas de Borbón y Orleans. En las manos, un fino pañuelo de encaje y unas sencillas flores. Acompañaban a Eulalia la condesa de París —su ahora cuñada— en traje de moaré gris; la condesa de Toreno, recién nombrada camarera de su alteza para este solemne acto, y la duquesa de Molins, en brocatel verde oscuro. Tras el cortejo, lo único colorista en esta oscura celebración, entró Antonio de Orleans y Borbón. Lucía uniforme de Húsares de la princesa, el collar del Toisón y la banda de Carlos III. Estaba apuesto. A su lado, el padrino, su majestad el rey don Francisco, que aun vestido de capitán general del Ejército, recubierto de bandas y condecoraciones, mantenía el aspecto anodino y fútil de siempre. Al pie del altar mayor, su alteza real Eulalia Francisca de Borbón y Borbón, infanta de España, ante el oficiante, excelentísimo señor cardenal Ceferino González, pronunció un leve «sí, quiero». Eran casi las doce cuando, por santo sacramento, Eulalia y Antonio fueron proclamados marido y mujer. Su madre y la duquesa de Montpensier contenían los sollozos. Eulalia parecía extremadamente emocionada: boda triste, sin música ni trajes de gala, silenciosa y oscura como un presentimiento, según palabras de la propia infanta en sus *Memorias*.

Esa misma tarde, los nuevos esposos salieron hacia Aranjuez. Eulalia apenas había acudido a su antiguo dormitorio para cambiar su vestido de novia por un sencillo traje de paño negro. En adelante, compartiría alcoba con su esposo. Tenía veintiún años y desconocía la vida en pareja. Estaba nerviosa, pero le reconfortaba saber que Paz ya había pasado por ello y Luis Fernando había sido galante. ¡También lo sería Antonio! En la estación de Atocha los recién casados fueron despedidos por la reina regente, la infanta Isabel, Isabel II, bien avenida con don Francisco, la duquesa de Montpensier y la condesa de París.

Desde la ventana del coche-salón, Eulalia y Antonio se despidieron emocionados contestando afectuosamente a los saludos y pruebas de cariño de que eran objeto por parte de la numerosa concurrencia.

Pasaron dos románticas jornadas en el real sitio, entre sus jardines y las falúas del Tajo. Todavía con el espíritu ardoroso del reciente casamiento, emprendieron un viaje por las principales cortes europeas. El duque, su suegro, iría con ellos. Pasaron varias semanas en el castillo de Chantilly, con el duque de Aumale, hermano de Montpensier. Su estancia coincidió con una manifestación de alarde monárquico que hizo tambalear el equilibrio inestable de la cuestionada República francesa. El presidente, Jules Grévy, pidió a los Orleans que partieran al exilio y los recién casados se marcharon con ellos. El destino fue Londres. Allí, en la grandiosidad de la corte británica, fueron recibidos afectuosamente por la real familia inglesa encabezada por la reina Victoria: sin ninguna belleza, sin el porte que cabía esperar en quien se sentaba en el trono más poderoso de su tiempo. Eulalia y Antonio se alojaron en Sheen House, residencia campestre enclavada en el aristocrático parque de Richmond. Después de varios días entre brumas inglesas, regresaron a Madrid. Querían llegar a tiempo para el nacimiento póstumo del hijo del rey. España entera esperaba con impaciencia. Se instalaron en su propia residencia, un hotel en la Castellana que había preparado con decoro el marqués de Valdueza, recientemente designado jefe de su casa.

Llovía a raudales. Las calles estaban anegadas. La regente, embarazada de nueves meses, quiso visitar las zonas destrozadas de Madrid. «Es una temeridad», le decía su cuñada Isabel. «Por Dios, Crista, no salgas, que fuera arrecia», repetía la infanta en su castizo español. Pero la reina viuda tenía carácter: nada más asumir la regencia, había aceptado la dimisión de Alcañices y designado al fiel marqués de Santa Cruz jefe superior de Palacio. ¡A Sesto no le perdonaba sus pasadas correrías con Alfonso! Pero ahora, en su estado, subirse a la berlina para recorrer Lavapiés y Chamartín de la Rosa podía amenazar la estabilidad de la institución. Aun así, la reina, desafiando todo género de peligros, voló en socorro de las víctimas del ciclón. Quizá por ello el parto se precipitó.

Eulalia y Antonio acababan de llegar a palacio cuando María Cristina se empezó a sentirse ligeramente indispuesta. El 17 de mayo de 1886, el tronar de los cañones y el izar de las banderas anunciaban al pueblo que la España monárquica estaba de enhorabuena: su majestad acababa de dar a luz, con toda felicidad, a un robusto varón. Entre sudores y aullidos contenidos, llegaba al mundo Alfonso XIII. Eran las doce y veintitrés minutos. En la antecámara, el presidente Sagasta portaba una rica bandeja de plata con blando cojín guateado de terciopelo carmesí. Sobre él, el bebé cubierto por un fino pañuelo de riquísimo encaje, que levantó en parte, según ceremonial. «¡Viva el rey!», gritaron todos. España ya tenía monarca. «La menor cantidad posible de rey —como dirá el presidente del Consejo—, pero rey». Había querido la providencia reparar, del mejor modo posible, la pérdida de Alfonso XII, fallecido seis meses atrás. Además, la noticia del nacimiento había producido verdadero júbilo en el Vaticano; apadrinaría al neófito su santidad León XIII. La madrina sería su tía, la infanta Isabel de Borbón.

María Cristina, acompañada en todo momento por su madre, la archiduquesa Isabel de Austria, y de sus pequeñas hijas Mercedes y María Teresa, se sentía satisfecha. Había cumplido con sus deberes como esposa y como reina. ¡Era todo virtud! Isabel II ya no estaba con ellas, recientemente había partido hacia Baviera para acompañar a Paz en su nuevo alumbramiento. «Qué alegría habría tenido mi pobre Alfonso si hubiera conocido a este hijo varón que tanto deseaba», escribía al marqués de Novaliches. La monarquía constitucional parecía salvada y durante tres días la corte iba a vestirse de gala. «Todos experimentamos la grata sensación de que España volvía a encontrarse a sí misma y de que, frente a ella, se extendían despejados los caminos de la historia», escribiría Eulalia en sus *Memorias.* Ahora María Cristina debía reponerse. Ante ella, el reto de regir los destinos del país en nombre de su hijo, el rey Alfonso XIII. Una lágrima de desconsuelo y congoja corrió por su mejilla. María Cristina de Habsburgo-Lorena comandaría durante la minoría de edad de su pequeño esa nave a la deriva que era España. Solo ella sería capaz de enderezar la marcha.

11

La regente

Nacimiento de Adalberto de Baviera: 3 de junio de 1886. ¡Pobre perturbado!: la muerte de Luis II de Baviera. Eulalia va a ser mamá. Crista, ¿por qué no vamos a los toros? Los deberes de Estado. Eulalia ha tenido un hijo: el nacimiento de Alfonso. Isabel II se llena de nietos. La visita de Paz. Adalberto de Baviera pisa suelo español. Una pareja fascinante: Eulalia, Antonio y sus viajes por Europa. ¿Días de vino y rosas? Otro infante español: Luis Fernando de Orleans.

¡Ha llegado un telegrama de Múnich! El 3 de junio, reunidas en la biblioteca, con vistas al Campo del Moro, Isabel, Eulalia y María Cristina comentaban la novela de Juan Valera *Pepita Jiménez* cuando entró el personal de la alta servidumbre encargado de los despachos que se recibían por cable. Isabel lo cogió con rapidez: Paz acababa de dar a luz a un robusto barón. Sano, vigoroso. Llantos fuertes, llenos de vida. «Nuestra hermana se encuentra en buen estado y Luis Fernando piensa que en unos días estará plenamente repuesta», dijo. Hacía semanas que la reina Isabel había partido hacia Baviera en la idea de acompañar a su hija en el nuevo alumbramiento. ¿Qué nombre le pondrán? Seguro que Adalberto, pensaban, igual que su difunto abuelo paterno, que tan buenos servicios había prestado siempre a la corte bávara. Aunque en la familia —y según se desprende de su correspondencia— siempre le llamarán Apata. Pero en las siguientes semanas, Baviera se encontraría de luto: a mediados de junio de 1886, el cuerpo del desdichado monarca Luis II apareció flotando en las aguas del lago Starnberg junto al de su médico psiquiatra. ¡Pobre infeliz! ¡Siempre tan perturbado!

La infanta Isabel miraba con nostalgia ese papel azul que anunciaba el natalicio de su nuevo sobrino. En apenas unos años, la familia se había llenado de niños. Mercedes, María Teresa, Nando, Alfonso y el nuevo recién nacido. Tenían, además, otro en camino: Eulalia había confirmado su segunda falta y aunque todavía era temprano para que la casa de su majestad emitiese un comunicado oficial, el doctor García Camisón no tenía duda de que la menor de las hermanas estaba embarazada. Sin molestias, apenas alguna indisposición matinal que le forzaba a guardar reposo, pero era pasajera. Como todas las mujeres Borbón, gozaba de una fortaleza envidiable y aunque no había heredado la robustez de caderas de su progenitora, era seguro que aguantaría el embarazo sin dificultad.

María Cristina se estaba descubriendo como una magnífica regente: austera, fiel a la Constitución. Pasaba horas en el despacho de gobierno dando curso a los requerimientos políticos de Sagasta. Plenamente recuperada del parto de Alfonso XIII, la reina viuda afrontaba con entereza los asuntos políticos en aras de preservar el trono de su hijo. Los regionalistas del periódico *La Renaixensa* querían lanzarse a la arena política avivando el folklore y la lengua catalana, mientras que en las Vascongadas el impulso industrial en torno a las navieras bilbaínas estaba dando alas a quienes defendían una especie de identidad propia y el despertar nacional. Crista departía con el presidente del Consejo, firmaba decretos, concedía indultos y despachaba los asuntos levantiscos de las colonias. El poco tiempo en el que no se ocupaba de las cuestiones de Estado lo pasaba con sus hijas o atendiendo al niño rey, que tanto le recordaba a su esposo aunque tuviese muchos de los rasgos típicos de los Habsburgo.

La infanta Isabel nunca se entendió con Sagasta. Ella era abiertamente proclive a los conservadores, pero en cuestiones políticas no se metía. Desde su posición, trataba de animar a la regente invitándola a algún estreno de interés en el teatro Apolo, a una interpretación del tenor Gayarre o a la gran *soirée* de moda en el Circo Price en la que tomaban parte la *troupe* Beni y la familia Chiesi. En la plaza de toros iba a celebrarse una corrida extraordinaria a beneficio del hospital provincial en la que se lidiarían cuatro toros del duque de Veragua y otros tantos de Ibarra. «Crista, ¿por qué no te animas? —le sugería su cuñada Isabel—. Serán las cuadrillas de Currito, Frascuelo, Cara-Ancha y Mazzantini». Otro día le daba cuenta de la audiencia que iba a tener en palacio con el famoso actor Ricardo Calvo, miembro de una popular familia de cómicos. «¿No me acompañas?», preguntaba. Por su saleta pasaron la *mezzosoprano* Amelia Sthal y el maestro vienés Fahrbach, que «me lo ha recomendado Paz». Pero la Regente nunca podía: a sus casi treinta años seguía vestida de negro, con velos, mantos y encajes. Apenas se incorporaba a los recitales musicales que se organizaban en la saleta de la Chata o algún paseo matinal por las cercanías del Palacio Real, siempre acompañada de la princesa de Asturias, de la infanta Mercedes y del pequeño Alfonso, Buby, como le llamaban en la intimidad.

Ese otoño hacía frío en Madrid. Las tardes eran desapacibles, aunque Eulalia no perdía la oportunidad de tomar el aire en el milord que acababan de adquirir para pequeños desplazamientos. Era un coche de caballos bajo, de cuatro ruedas y capota forrada en color carmesí que su chófer conducía con destreza: «Tenga cuidado, Ceferino, que con tanto vaivén voy a enloquecer al bebé», decía la infanta al ya maduro lacayo, que había querido seguir a su servicio tras el matrimonio. Al llegar a casa, en su hotelito de la Castellana, empezó a encontrarse mal. Quizá un enfriamiento. Nada importante, pensó el facultativo: «Todavía faltan tres semanas, aunque sería conveniente avisar a su alteza». Don Antonio se encontraba de maniobras en El Pardo con su regimiento. «No, déjelo pasar. Mañana estará de vuelta y no debemos interferir en sus obligaciones», comentó Eulalia. Pero todo se precipitó. La infanta comenzó a notar síntomas de alumbramiento e inmediatamente se informó a palacio. También pusieron telegramas a París, al palacio de Castilla, en el que permanecía Isabel II desde su regreso de Múnich, y a los Montpensier, que se encontraban en Sevilla. La infanta Isabel y su majestad la reina apenas tardaron una hora en llegar a la residencia.

Fue un parto rápido y feliz. A la una y media de la madrugada del 12 de noviembre de 1886 Eulalia daba a luz a un egregio varón al que pusieron de nombre Alfonso. ¡En recuerdo del malogrado rey! Pero para su madre será siempre Ali. Era menudo, pero sano. El infante Antonio llegó apresurado. Cogió inmediatamente a su primogénito en brazos contemplando con orgullo ese eslabón dinástico que volvía a unir a la casa Orleans con los Borbón. Aunque sin el fasto protocolario de los nacimientos en palacio, allí se encontraban también el presidente del Consejo con los ministros de Estado y de Gracia y Justicia, los señores Moret y Alonso Martínez, así como las sempiternas duquesa de Medina de las Torres, condesa de Superunda y la camarera mayor de doña Eulalia, marquesa de Valdueza. En su dormitorio, aún cansada y acompañada de la infanta Isabel y de la reina, Eulalia pidió que avisasen a su hermana Paz del feliz natalicio: no quería dejar de informarla de que ella era ya, también, madre.

La corte entera se volcó con el nacimiento y la regente dictó un real decreto para que sus sobrinos, los hijos de quien consideraba sus hermanas, fuesen distinguidos como infantes de

España, con todas las prerrogativas que aquello suponía: Nando, Adalberto y el pequeño Alfonso guardarían en adelante honores y distinciones correspondientes a tan alta jerarquía.

Los Montpensier viajaron desde Andalucía y apenas tardaron en poder abrazar a su nieto. Antonio de Orleans y Luisa Fernanda estaban pletóricos. ¡Cuántos recuerdos! También cuánto dolor. Fue un encuentro tierno, emotivo. Seis días después llegaron a Madrid Isabel II y Francisco de Asís. Se habían retrasado un poco, pues decidieron esperar en París el tren en el que llegaba Paz con su familia para poder viajar juntos a Madrid. Su nietecito, Adalberto de Baviera, que acababa de cumplir seis meses, pisaría por primera vez suelo español. En los últimos tiempos, los antiguos soberanos parecían bien avenidos y hasta habían dejado atrás sus clamorosas disputas de antaño: «A la vejez, viruelas», decía con su popular gracejo Isabel. La entrada de los flamantes abuelos en la morada de su hija menor fue conmovedora: besos, abrazos y lágrimas de alegría delante del tierno infante. Isabel II se sentía pletórica.

Eulalia se repuso pronto y, aunque ya le había subido la leche, convino que un ama de cría, nodriza lozana y saludable, dispensase la alimentación de su vástago. Ella seguía con su faja y sus vendajes, las suturas y los paños de algodón, a la espera de recobrar el porte y el talle distinguido. Buscaba esa esbeltez exagerada que veía en los figurines de *La Moda Elegante*. ¿Cuándo volvería su cuerpo a lucir con gentileza los barrocos vestidos con polisón que acababa de recibir desde París? Esperaba la ocasión para el jubileo de la reina Victoria, que en unas semanas celebraría en Londres su medio siglo de soberana rodeada de la admiración del mundo. Ella y Antonio serían los representantes de la familia real de España. ¡Iban a alojarse en el hotel Claridge's! Pero, de momento, tenía que aguardar. Ni siquiera tuvo ocasión de acudir al Palacio Real al bautizo de su pequeño. El protocolo no lo permitía.

Fue un acto solemne, regio. Desde la cámara real, la procesión mayor, compuesta por los grandes de España y todos los integrantes de la real familia, avanzó hasta el salón del Trono y la sala Gasparini, donde les esperaba el arzobispo de Toledo revestido de mitra y capa pluvial. La regente, en raso negro sin alhajas, actuaba como madrina y tomó en brazos al recién nacido. El pequeño recibió las aguas bautismales de la pila de Santo Domingo de Guzmán. A su lado, la orgullosa abuela Isabel, que había elegido un vestido lila con aderezo de perlas, y Luisa Fernanda, en gris con magnífico collar de brillantes. Paz, con traje rojo y unos pendientes de rubíes, llevaba de la mano al pequeño Nando, que ya con dos años y en terciopelo verde asistía a su primer ceremonial. Apenas regresó la comitiva del oficio religioso, María Cristina impuso a su ahijado Alfonso y a su sobrino Fernando de Baviera la Gran Cruz de Carlos III. La infanta Isabel contemplaba satisfecha a su familia. Ella, que no había podido ser madre, veía cómo el palacio se llenaba de niños. ¡Eran el futuro de la institución!, pensaba sin saber que un día ese pequeño que acababa de ser cristianado sería su sostén en las horas del dramatismo republicano de 1931, cuando, vieja y enferma, la Chata tuviese que abandonar España para siempre.

Eulalia y Antonio eran muy populares en la corte. Ellos representaban la alegría de una juventud madura frente a la imagen más política de María Cristina y el papel institucional, aunque también castizo, de la infanta Isabel. Ambas viudas se entendían, siempre habían congeniado y compartían la afición a la equitación, que practicaban en sus solitarios retiros de Aranjuez. A Crista no le gustaba La Granja, el feudo de Isabel. Por ello la reina había decidido separar su temporada de verano del resto de la familia: ella iría a San Sebastián con sus hijos, temporalmente al palacio Aiete, propiedad de la duquesa de Bailén. Pero cuando regresaban y volvían a encontrarse en Madrid, se entretenían en sus paseos en coche descubierto o leyendo la prensa. Se sobrecogieron cuando *El Liberal* comenzó a informar en portada del trágico crimen que había ocurrido en la calle Fuencarral. ¡Qué dramatismo! En la corte no se hablaba de otra cosa.

Paz y Luis Fernando, cuando estaban en España, visitaban hospitales, establecimientos de beneficencia y participaban en las veladas artístico-literarias que se celebraban en los mejores salones de Madrid. También habían acudido a Barcelona a la inauguración de la Exposición Universal de 1888.

Sus altezas Eulalia y Antonio eran animados, divertidos. Ella, sofisticada, elegante, lucía siempre magnífica vestimenta y deslumbraba con su licenciosa mirada azul; él era galante, embelesador. Nunca se amaron, pero juntos acudían a las fiestas que los marqueses de la Romana organizaban en su palacio de Anglona, en la madrileña plaza de la Paja, y en cuya sala Goya colgaba el dibujo *Maja y petimetre*, amén de muchas otras pinturas del genio aragonés. También al popular baile de la Tarantela Napolitana que los marqueses de Viana ofrecían en su palacio la noche del lunes de carnaval y del que ofrecía referencia *La Ilustración Española y Americana*. Viajaban y eran recibidos conforme a su categoría en todas las familias reinantes europeas. Mantenían amistad con Nicolás Romanov y, sobre todo, con Guillermo de Prusia. ¡Cómo recordaba Eulalia sus estancias en la corte de Berlín! La imagen que proyectaba la pareja era de fasto y resplandor. Pero tanta dicha era solo fachada: en los corrillos era un secreto a voces los continuos escarceos de Antonio con muchachas de distinta condición. ¡Todo un escándalo!, al igual que su gasto desmedido, sus gustos caros, el despilfarro con su regimiento y los onerosos agasajos a sus acompañantes. Eulalia había sido reacia a ese matrimonio, pero, una vez convertidos en esposos, quiso su inocencia juvenil que aquello funcionase. Pronto tuvieron su segundo hijo, otro varón, también infante, al que llamaron Luis Fernando en honor a su tío el príncipe de Baviera. Nació el 5 de noviembre de 1888 y, aunque criado entre algodones, la historia le reservaría un muy cruel destino.

12
Una epidemia de gripe

El príncipe de Baviera, padrino en la corte. La mudanza de Eulalia. Enero de 1890: ¿el rey se muere? Purgantes de ricino, plegarias y rogativas. ¡Buby, mi niño! De nuevo en el Real. Adiós al duque de Montpensier. La niña muerta de la infanta Eulalia. «Vuelvo a París a revisar mis economías». Paz ha tenido una niña: se llamará Pilar.

El bautizo del pequeño Luis Fernando sería solemne. Pomposo. Otro nuevo infante, séptimo nieto de doña Isabel II. Se celebraba en el Real Alcázar. Eulalia y Paz, en la puerta del hotelito de la Castellana, aguardaban la llegada de Luis Fernando, el padrino, que, de uniforme de gala de coraceros bávaros, lucía muy gallardo. Hacía frío. Paz se había puesto un elegante traje de raso gris acero, su aderezo de brillantes y mantilla negra. ¡La ocasión lo merecía! Iba a representar a Luisa Fernanda en la ceremonia de cristianar. A ella le hubiese gustado ser la madrina del hijo menor de su hermana, pero, en su infinita bondad, Paz comprendía la resolución de que la elegida fuese la abuela del neófito: a sus cincuenta y cuatro años, la duquesa de Montpensier seguía sin recuperarse de la muerte de sus hijas y se había quedado en Sevilla.

La robusta nodriza, vestida en traje de paño negro con galones de terciopelo y plata, portaba en brazos al bebé, que lucía la capa de encajes bautismal de los Orleans. La comitiva subió al carruaje llamado de París, con cochero y lacayo de media gala, dirección al Palacio Real. Los niños, los infantes Fernando, Adalberto y Alfonso, con trajes blancos, viajaban en otro coche en compañía de sus *nurses*. Eulalia, conforme al protocolo, se quedaba en casa. Plenamente repuesta del parto, no dejaba de dar vueltas a la disposición de los enseres y muebles de la mudanza que traía entre manos: en unas semanas se cambiarían a un palacete en la calle Ferraz. Más amplio y confortable para su aumentada familia, aunque intuía que Antonio estaría poco en el hogar. Le habría gustado que su hermana Paz hubiera podido quedarse hasta la fiesta de inauguración del nuevo domicilio, pero sabía que los príncipes de Baviera se marcharían antes. El 18 de diciembre tenían programada su partida hacia Múnich. Las Navidades querían pasarlas en Nymphenburg.

¡Una epidemia de gripe! «Pero, doctor, ¿cree usted que será lastimoso?», preguntaba la infanta Isabel al doctor García Camisón, que seguía siendo responsable de la salud de los Borbones. El tenor Julián Gayarre acababa de fallecer a causa de la enfermedad y algunos ministros comenzaban a mostrar síntomas. «No podría decirle aún, su majestad. Desconocemos el alcance que pueda acarrear, aunque las cifras que se barajan en el Imperio austrohúngaro son devastadoras y el virus se propaga con rapidez». Solo en Madrid había ya más de veinte mil afectados. La prensa entera incidía en la dimensión de las infecciones, sin ser consciente aún de cómo la fatalidad iba a azotar a la real familia.

Sagasta, en pleno debate en torno a los presupuestos y la aprobación de la ley de sufragio universal masculino, quería tomar medidas para proteger a los más desfavorecidos y María Cristina se volcó en los donativos a las instituciones de beneficencia: hospitales, casas de socorro y hospicios. Sus hijas, Mercedes y Teresa, aunque con algún enfriamiento propio de la edad, gozaban de buena salud, pero cuando el pequeño rey amaneció con décimas, saltaron las alarmas. Tenía apenas tres años y los facultativos no eran capaces de bajarle la fiebre: paños húmedos, gasas, purgantes de aceite de ricino y bálsamo de Tolú. Los signos de la enfermedad no remitían. Los partes oficiales que se insertaban en la *Gaceta* mencionaban «largos periodos de descanso en el transcurso del día», pero la situación era crítica y los recargos, continuos. El 10 de enero de 1890 se elevaron muchas plegarias por la salud de Alfonso XIII y se cursaron telegramas a Múnich y Épinay. La reina Isabel ya había llegado a Madrid. Todos debían estar preparados. ¡Qué tragedia! María Cristina no se separaba del lecho de su augusto hijo ni de día ni de noche, solo los instantes precisos para conferenciar con el presidente del Consejo de Ministros. Hasta el Parlamento llegó a acordar la suspensión de las sesiones en vista de los fatales presagios. La infanta Isabel rezaba por su ahijado y trataba de consolar a sus pequeñas sobrinas.

Con los días, y ya libre de calenturas, el niño empezó a tomar algún alimento de fácil digestión y pudo descansar con sueño tranquilo; ligeras sopas de tapioca y huevo pasado por agua parecía que le sentaban bien. La marcha favorable de su padecimiento resultaba sorprendente. De mañana, a las ocho, se dijo una misa en el oratorio particular de la soberana con asistencia de María Cristina, la abuela del rey y la infanta Isabel, además de las marquesas de Nájera y Superunda, y demás palatinos. «No llores más, Crista, Alfonsito se ha repuesto», la consolaba su cuñada. «Está muy bien, está muy bien. De eso ya no hay que hablar», decía la reina Isabel a sus leales cuando era preguntada al atravesar la galería que separaba las dependencias reales de sus habitaciones en la planta principal. Una neumonía gripal había estado a punto de terminar con la vida del joven rey y el futuro de la monarquía. En esos momentos, la regente solo pensaba en la reposición del pequeño: «En cuanto Buby pueda levantarse —decía a sus hijas con su grave acento alemán—, daremos juntos largos paseos por la Casa de Campo y El Pardo». Pero esa noche todavía veló junto al lecho del pequeño.

La infanta Isabel había pedido a su camarista que preparase el vestido de terciopelo verde que acababa de recibir para su guardarropa. Era el 5 de febrero de 1890 y por primera vez desde la enfermedad del niño iba a salir al Teatro Real con su madre y Crista. Se estrenaba la *Carmen* de Bizet. Cuando apenas habían entrado en el palco y se estaban despojando de los abrigos, sonó el tosco teléfono que comunicaba con palacio. Desde aquella primera conexión en Aranjuez horas antes del enlace entre Mercedes y Alfonso, el mecanismo se había ido perfeccionando e instalado en los espacios más frecuentados por la real familia. Les sorprendió la llamada, pues apenas habían salido de palacio. «¿Qué pasa?», preguntó alterada María Cristina. Fue la propia Isabel quien, con ansiedad, se puso al aparato. «Dígame, ¿qué ocurre? ¡No puede ser! Pero, ¿cómo? ¿Cuándo ha sido? Mamá, el duque de Montpensier acaba de fallecer —dijo consternada—. Se ha recibido un despacho de Sanlúcar que anuncia la muerte del tío Antonio». Isabel II, pese a sus persistentes rivalidades, se emocionó. «Rápido, hay que avisar a Eulalia. Pongan en alerta a la servidumbre», comentó excitada. Con gestos acelerados y visiblemente nerviosas, las regias señoras abandonaron el coliseo hacia sus carruajes en dirección a la residencia de Eulalia.

Hacía pocos meses que la infanta se había instalado definitivamente en la calle Ferraz, un palacete amplio, con espacio suficiente para los dos niños y el otro que venía en camino. Estaba ya de casi ocho meses y había mandado a sus hijos a pasar una temporada con los abuelos paternos a Sanlúcar. Eulalia se sorprendió de la visita. Primero pensó en sus pequeños, en Ali y en Luisito. Cuando le comunicaron el infausto suceso, no pudo menos que sentir agonía y tristeza. Eulalia se echó a llorar en brazos de su hermana Isabel. Lamentaba con sincera pena la pérdida. Apreciaba mucho a su suegro. Para ella era un firme sostén, un hombre refinado, aficionado a las bellas artes y de culta conversación que desde niña la había tratado con afectuosidad pese a las hostilidades familiares. Por el momento, solo sabían que había muerto como consecuencia de una indisposición, un desfallecimiento, durante un paseo en carruaje por sus propiedades del soto de La Breva. «Avisen al infante don Antonio —dijo Eulalia al jefe de su casa—. Debe encontrarse en el teatro». Las cosas entre ellos hacía tiempo que no marchaban bien, aunque trataban de mantener las formalidades protocolarias, sobre todo en presencia de Isabel.

El traslado del cuerpo sin vida del duque de Montpensier se dispuso primero de Sanlúcar a Sevilla. Faroles encendidos con crespones negros alumbraban en muchos puntos del trayecto el paso del coche tirado por cuatro caballos negros. El féretro iba cubierto de terciopelo oscuro con la corona real. Después, el tren fúnebre, convertido en capilla ardiente, viajó desde la ciudad hispalense hasta la madrileña estación de Mediodía. Al toque de diana, una sección de Artillería hizo una salva de tres cañonazos. Desde ahí, en cortejo que cerraba el infante don Antonio, su hijo, en la carroza de caoba de la real casa, fue conducido a la estación del Norte con los honores dispuestos para un infante de España y miembro de la casa Orleans. Finalmente, en ferrocarril, el vagón mortuorio se dirigió a El Escorial. El cadáver de Antonio de Orleans y Borbón-Dos Sicilias, duque de

Montpensier, de la casa de Francia, hijo de rey, padre y abuelo de reina y quien un día quiso ser rey de España, recibió sepultura en el Panteón de Infantes del Real Monasterio de San Lorenzo de El Escorial. Tenía sesenta y seis años.

Luisa Fernanda, enferma a causa de la desgracia que le afligía, no tuvo fuerza para viajar a Madrid y permaneció en Sevilla acompañada de su hija, que había llegado desde Villamanrique. Estaba deshecha. Su matrimonio había respondido a los cánones principescos de la época; se habían sobrellevado pese a los rezos retraídos de la infanta. San Telmo se llenó de cirios y latines mientras los velos oscuros cubrían los retratos y espejos de aquella fastuosa mansión. De sus nueve hijos, solo sobrevivían dos y a la pobre Luisa Fernanda le quedaba tan solo el consuelo de sus nietos: los vástagos de los condes de París —entre ellos, la reina Amelia de Portugal— y, sobre todo, los niños de Eulalia: Alfonso, Luis y el bebé que venía en camino.

Tanto dolor aceleró el parto. La infanta se había sentido indispuesta y el 12 de marzo de 1890, apenas cinco semanas después del fallecimiento de su suegro, parió una niña muerta. Asfixiada, según el parte médico proporcionado por el doctor. Los esfuerzos por volverla a la vida resultaron inútiles. Inmediatamente informadas, Isabel II y su primogénita llegaron a la calle Ferraz. La salud de Eulalia no ofrecía preocupación, pero la tristeza del momento recordó a la abatida abuela todos sus alumbramientos malogrados. Habían pasado ya muchos años de aquello, pero nunca se olvidaba la desgracia de la pérdida. «Isabel, marcha a palacio, yo me quedo con tu hermana», decía con afecto. La estampa del duelo era desoladora: el cuerpecito estaba colocado sobre un lecho de flores en el salón estilo Luis XIV de la residencia de los infantes, con tres coronas de gardenias, jacintos y rosas de sus primos, además de otra de lirios con el nombre de Paz y Luis Fernando. Los restos mortales, vestidos con ropa de canastilla y cerrados en una preciosa cajita blanca, fueron trasladados por dos servidores de la casa hasta el carruaje fúnebre que los llevaría a la estación del Norte. La escena sobrecogía a todos los asistentes. De nuevo, el real sitio se teñía de negro. El padre vicario de la comunidad de agustinos depositaba a la pequeña en el *columbarium*. En la corte se decretaron tres días de duelo.

Isabel II todavía permaneció unos meses en España. Crista había autorizado los primeros bailes de gala en palacio desde el inicio de la regencia y no quería perdérselos. Se reanudaron las actuaciones artísticas privadas, los conciertos, las audiciones de ópera y las funciones de teatro. A Isabel le gustaba también la compañía de sus nietas Mercedes y Teresa, que con sus doce y diez años se estaban convirtiendo en unas jóvenes muy distinguidas, unas auténticas Habsburgo. Y disfrutaba viendo crecer al niño rey, mimándolo, consintiéndole todos sus caprichos: el velocípedo, la cometa y los soldaditos de plomo. Le recordaba mucho a su difunto Alfonso. Por las mañanas, tras escuchar misa, la reina acudía a casa de Eulalia, tomaba con sus nietos Alfonso y Luis Fernando el chocolate que le traían desde el establecimiento de Matías López y comentaba con su hija los sucesos más sonados de la capital. ¡Qué triste espectáculo había resultado la ejecución pública de Higinia Balaguer, la acusada del truculento drama de la calle Fuencarral! En las tardes soleadas, se desplazaba hasta el hipódromo de la Castellana; le seguían gustando las carreras, aunque parecía tener menos tino con el caballo ganador.

Un atardecer, en la saleta de música de Isabel, reunida con la regente y Eulalia, y mientras comentaba la colección de artículos sobre *La mujer española* que Pardo Bazán estaba publicando en la revista iberoamericana *La España Moderna,* llegó la correspondencia de Baviera. En papel verjurado color crema. «Es de vuestra hermana», dijo. Paz contaba que había conocido a una gran promesa musical, el joven Richard Strauss. Estaba triunfando con su poema sinfónico *Don Juan* y tenía intención de establecerse en Múnich como director del Teatro de la Ópera. Decía que había decorado su salón de respetos con vistosas mantas jerezanas y una guitarra con un lazo en el que lucían los colores de España. Como en cada ocasión, mandaba a sus hermanas saludos de Pepilla Angulo. Pero, sobre todo, la princesa de Baviera quería anunciar su nuevo embarazo: aún era pronto, pero tras otro retraso Tito no tenía duda de que se encontraba en estado. Sabía que la tía Amalia la llenaba de atenciones y que los niños se criaban fuertes y robustos, pero Isabel II dispuso su marcha. «Hijas, pasaré una temporada en París. Quiero visitar al nuevo embajador, León y Castillo, y ver cómo marchan las cosas en el palacio de Castilla». Además, el conde de Ezpeleta, jefe interino de su casa desde la marcha de Ramiro de la Puente, tenía que ponerle al tanto de sus depauperadas finanzas. Debía vender Fontenay-Trésigny, su finca de recreo y caza. Después, tomaría las aguas en Schlangenbad y luego marcharía a Múnich.

El 13 de marzo de 1891, en Nymphenburg, Paz de Borbón daba a luz una niña: le pusieron de nombre Pilar en memoria de la malograda infanta y hermana llorada. La reina Isabel se había convertido en una abuela honorable que, con casi sesenta años, empezaba a dejar atrás la imagen libidinosa de su pasada juventud.

13

Eulalia viaja a Cuba

¡Anuncio de revolución en las Antillas! Una Borbón llega a Canarias. Un vestido con aires levantiscos en las colonias. Con el duque de Tamames. En crucero de la Compañía Trasatlántica. ¡Aquellas lindas habaneras! Una ciudad hecha al derroche. ¿Es esto Nueva York? De Washington a Chicago. En la Exposición Colombina. Las cataratas del Niágara. ¡Los Vanderbilt! Una corte de mujeres para un niño rey. El Veloz Club y el frontón Fiesta Alegre. ¡Concierto de Sarasate en Nymphenburg! 24 de febrero de 1895: el Grito de Baire. En Cuba arde la revolución.

«Altercados con los insurrectos cubanos. Nuevos aires de independencia en la isla», titulaba *La Correspondencia de España*. Isabel y Eulalia estaban reunidas en el gabinete de lectura repasando la prensa del día, que uno de los mayordomos de palacio acababa de entregar, cuando recibieron la repentina visita de la regente. A esas horas María Cristina no solía acudir. Era de mañana y tocaba despacho con el presidente del Consejo de Ministros. Antonio Cánovas había vuelto al Gobierno en 1892, inmediatamente después del turno liberal. La llegada de su cuñada les sorprendió: «Eulalia, debes prepararte para un viaje a América», dijo en tono autoritario. La infanta representaría a la familia real española en los actos que iban a celebrarse en Chicago para conmemorar el cuarto centenario del descubrimiento. «Antes, pararéis en Cuba», sentenció Crista.

Isabel estaba desconcertada, ¿por qué no era ella la designada? Rígida, protocolaria. ¡No podía ser! La decisión enmascaraba una encomienda más compleja: la comitiva haría una visita institucional a las colonias antillanas para calmar los ánimos de los revolucionarios que amenazaban con aires de independencia. Eulalia, todavía joven a sus veintinueve años, atractiva y con indiscutible encanto femenino, sería la encargada de transmitir los propósitos conciliadores de la monarquía española con la isla. ¡Aquello la llenó de orgullo! Por primera vez, ella, la infanta Eulalia de Borbón y Borbón, desempeñaría una misión diplomática fuera de sus habituales ocupaciones festivas. El rostro de Isabel seguía hierático. Entendió aquello como un desdén. Pero Cánovas parecía tenerlo claro: solo la menor de las infantas sería capaz de llevar con éxito la promesa de la reina regente de atender las demandas de la isla.

«¿Sabes, Paz, que Crista ha pensado en mí para una importante labor política? En unos días me entrevistaré con Calixto García, el antiguo líder revolucionario que ahora vive en Madrid», escribió a su hermana en unas cuartillas beis con corona en relieve que acababa de recibir con las señas de su domicilio. Eulalia quería estar informada de la realidad de la situación en las colonias: las noticias que llegaban de ultramar eran siempre muy descafeinadas y ella, curiosa y preguntona, deseaba saber. También se lo comunicó a su madre, la reina Isabel, con la que no dejará de cartearse durante todo el viaje. Cuando su esposo llegó al palacete de la calle Ferraz, aún seguía entusiasmada: «Antonio, tú también vendrás. Partiremos a mediados de abril. El duque de Tamames, el de Veragua y la marquesa de Arco Hermoso nos acompañan». La residencia empezó a llenarse de maletas, baúles y una desmedida colección de vestidos que llegaron de los mejores modistos de París. ¡Quería estar radiante! Los niños, Alfonso y Luis Fernando, se quedarían al cuidado de la infanta Isabel, que seguía sin estar convencida del éxito de la misión. Para ella era una insensatez: la alocada de Eulalia para salvar las colonias. ¡Aquello no podía salir bien!

La legación partió del puerto de Santander con dirección a La Coruña. Desde ahí hasta las Canarias, para emprender una travesía a través del Atlántico que llevaría a América a sus altezas reales Eulalia y Antonio de Orleans. La infanta recordaba aquellos recorridos en barco por el Cantábrico en los que Pilar y ella siempre se mareaban. Pero ahora era distinto. El camarote del magnífico vapor *Reina Cristina*, de la Compañía Trasatlántica —propiedad de su amigo Claudio López Bru, nuevo marqués de Comillas—, era amplio, confortable para los doce días de travesía. «Mamá, el recibimiento que se nos hizo en Las Palmas y en Santa Cruz de Tenerife ha sido grandioso», decía a Isabel II en carta dirigida al palacio de Castilla. Cohetes y fuegos por doquier para dar la bienvenida a la primera visita de un miembro de la real familia al archipiélago.

Por fin, tras varias noches entre el cielo y el mar, divisaron tierra. La primera parada fue en Puerto Rico, para arribar a La Habana el 9 de mayo de 1893. Impresionaba la increíble bahía fortificada que daba acceso al puerto, engalanada para el regio recibimiento. Eulalia quería un desembarco triunfal; se acicalaba frente al espejo con el traje más suntuoso de su guardarropa, nada menos que un vestido de tela fina, azul celeste, con bordados blancos que llevaba en el cuello una fina cinta de terciopelo rojo, todo idea del mejor costurero de Francia. «Pero, alteza, usted no pueda bajar así», le espetó el capitán del buque. ¡Eran los colores de la revolución! ¡La bandera misma de los insurrectos cubanos! ¡Los colores rebeldes! El gesto adusto del infante Antonio indicaba que ya no había tiempo para improvisaciones: el capitán general de Cuba llegaba en una lancha para recibirles.

Los aplausos, cañonazos y gritos jubilosos fueron ensordecedores en el momento mismo en el que Eulalia pisó tierra. «¡Como se entere Isabel!», pensaba. Pero la infanta había captado la simpatía de todos por su gracia, su bondad y su modestia.

«En La Habana hemos asistido a misa en la catedral de San Cristóbal y, después, a una animada recepción en el palacio del gobernador general», decía a su madre. La ciudad se mostraba iluminada y los edificios ostentaban caprichosas combinaciones de luces. Sin embargo, Eulalia comprendió pronto que esas demostraciones cariñosas ocultaban la tirantez de los lazos que unían aquella Antilla a la madre patria: detrás de tantas atenciones y gentileza, se descubría un pensamiento fuertemente distanciado de la Corona. En España, sin embargo, la prensa entera se recreaba en los «vivas» a la infanta que se escuchaban en todos los puntos de la isla. Crista, en el Palacio Real, recibía entusiastas telegramas desde Cuba que referían el éxito de la misión. La regente parecía satisfecha.

Los bailes de gala y los agasajos provocaron en Eulalia una leve indisposición de la que se repuso sin complicaciones. La infanta estaba maravillada con La Habana: rica, galante, hecha al derroche y a la suntuosidad, como recordará años después en sus *Memorias*. Mezcla de la elegancia europea y el señorío criollo. El Gran Teatro, el hotel Inglaterra, las lujosas construcciones coloniales del barrio de Miramar, el tranvía, el palacio de los condes de Santovenia o el de los marqueses de Aguas Claras... ¡Y la belleza de las habaneras! Eulalia, elegantísimamente vestida, pasó revista a caballo a las tropas de la guarnición y fuerzas de voluntarios, visitó asilos, recorrió hospitales, fue a los toros y sonrió en todas partes. Varias damas de la más distinguida sociedad isleña firmaron un expresivo mensaje de adhesión a su majestad la reina regente.

Mientras tanto, el duque de Tamames, en representación del Gobierno, cumplía su misión política tratando de contener el estallido sedicioso. Unos querían la autonomía, otros la independencia; en Cuba latía la revolución. Ni siquiera los diputados y senadores en las Cortes estaban conformes con el régimen administrativo que imperaba y solo el partido Unión Constitucional, de Julio Apezteguía, parecía a esas alturas dispuesto a mantener los vínculos con España. «Dejamos atrás una tierra hermosa y fértil, un pueblo inteligente. Pero en Cuba, madre, los aires de subversión son imparables», escribía la infanta a su madre el 16 de mayo en el buque que los llevaba rumbo a Estados Unidos.

Toda la prensa de Nueva York saludó a sus altezas con expresivas frases y muestras de afecto. En el Nuevo Mundo, la presencia de una infanta real resultaba algo exótico. Para el *New York Herald*, la visita suponía un acontecimiento histórico. Doña Eulalia llegaba a una nación poderosa, a un pueblo feliz y próspero. Apenas estuvieron unas horas en la ciudad: casas rojizas de ladrillo y calles estrechas. Le pareció una urbe industrial, poco elegante. Nada que ver con la formidable metrópoli en la que iba a convertirse décadas después.

Los infantes partieron en tren de gala hacia Washington, donde les esperaba el serio presidente Grover Cleveland con su esposa. Nunca antes les había visitado una persona de tanta alcurnia, por lo que la llegada de Eulalia despertó una curiosidad tumultuaria. Sus altezas —¡cómo sonaba aquello a los americanos!— fueron agasajados con un gran banquete en la Casa Blanca y al día siguiente, entre vítores y aplausos, salieron hacia Chicago. Inauguraron la Exposición Colombina y dedicaron una jornada entera al pabellón de España, prestando especial atención a las ricas colecciones de tabaco de Cuba y las abacás de Filipinas. A su entrada, sonó la *Marcha Real* y todos los funcionarios de aquel país en crecimiento se pusieron en pie. Los fotógrafos no descansaban hasta lograr que Eulalia se dejase retratar.

Pero en esos días tuvieron también tiempo para el esparcimiento: los Whirlpool Rapids, el lago Michigan y las cataratas del Niágara. ¿Podría ese viaje sellar la reconciliación de la pareja y reconducir los gustos licenciosos del esposo?, cavilaba Eulalia. La pareja visitó también la tumba del general Grant, asistió a una revista militar en la Academia de West Point y en Newport —definida en esos años como el Biarritz americano— conocieron a una familia que comenzaba a sonar en los nuevos círculos sociales: los Vanderbilt. De ellos se decía que habían hecho una imponente fortuna gracias a los trasbordadores. Eran la nueva aristocracia americana.

Regresaron a España a comienzos del mes de julio. El viaje había resultado un éxito para los intereses de la Corona, aunque Cánovas nunca entendió la naturaleza de los acontecimientos que se estaban precipitando en los territorios de ultramar. El encuentro de Eulalia y Antonio con sus hijos fue emotivo. ¡Habían pasado más de dos meses ausentes y los encontraron muy crecidos! Isabel los había cuidado con mimo. La infanta estaba ansiosa por conocer todos los pormenores del viaje: ¿cómo era La Habana? ¿Qué contaban del general Antonio Maceo? ¿Era tan formidable la joven democracia del mundo occidental? Y los *yankees*, ¿cómo son? En su rigidez protocolaria, no podía entender que el carácter expansivo de Eulalia hubiese resultado útil para reforzar los lazos con la metrópoli. ¡Todo fuese por España y por el rey! En el fondo sabía que su hermana servía, igual que ella, los intereses de la dinastía. Y en esos días toda la atención política estaba fija en los asuntos cubanos. Pero Eulalia había regresado llena de vanidad y a los pocos días de su llegada ofreció una brillante recepción en su residencia de Ferraz. Asistió lo más granado de la sociedad madrileña: el duque de Santo Mauro, la condesa de Villagonzalo y el habitual desfile de palaciegos. Tras el clamoroso viaje a América, la corte de la Restauración retomaba su ritmo.

En el Palacio Real, Crista continuaba volcada en los asuntos políticos y en el cuidado de Alfonso, Mercedes y María Teresa. La regente ya había vuelto a autorizar los bailes de gala en palacio, aunque ella no bailaba jamás. Le incomodaba la imagen frívola que podía dar a su persona, ¡y ella era una Habsburgo y regente de España! Ese año, Alfonso, que había cumplido siete años, se contagió de escarlatina: fiebre, anginas y una erupción en el pecho. De nuevo se dispararon las alarmas, aunque el pequeño se recuperó pronto. Por las tardes, se reunía con su primo Alfonso, con quien apenas se llevaba unos meses, y jugaban en los jardines del Buen Retiro o paseaban en coche por la Castellana. Fueron buenos compañeros, afines y confidentes, aunque la historia fuese a depararles momentos de distanciamiento por celos en galanteos. La estampa de los regios niños se hizo bastante habitual por las calles de Madrid, siempre en compañía de su tía Isabel o de la legión de cortesanos y «damas de su cuarto» que Buby tenía a su servicio.

La infanta Eulalia aún trataba de salvar un matrimonio a la deriva, pese a que conocía cómo los caudales se evaporaban en los recurrentes convites de Alfonso en el Veloz Club o el frontón Fiesta Alegre, recientemente inaugurado en el barrio de Argüelles y en el que la familia real contaba con su propio palco. ¡Era un escándalo! Antonio se paseaba descaradamente con una tal Carmela, una criada andaluza a la que el pueblo apodaba «la Infantona». Solo la correspondencia que semanalmente recibía de su hermana Paz parecía animarla. Decorada con orla y blondas, en sus cartas mencionaba ademanes cariñosos, gestos zalameros y mucha cortesía. Paz era feliz en Baviera con sus hijos, Nando, Apata y la pequeña Pilar. Seguía pintando, su gran afición, y tratando de impulsar las carreras de jóvenes virtuosos de la música: Pablo Sarasate iba a dar un concierto de violín en Nymphenburg. ¡Ella sí había acertado! Tito acababa de ser promovido a general de división en el segundo cuerpo de la Caballería Pesada bávara y continuaba ejerciendo la medicina en el modesto Hospital de los Caballeros de San Jorge —más adelante reconvertido en Hospital de la Orden Tercera de Múnich—, amén de asesorar en las infinitas dolencias que sufrían todos los Wittelsbach.

Eulalia se alegraba por su hermana, siempre afable y cortés. Sin embargo, vivía lejos y aunque el avance de las comunicaciones había agilizado el viaje, la distancia de los Alpes bávaros impedía visitas más frecuentes. Pero estaba decidida: en abril de 1895 recogería a su madre en París, pasarían unos días en Bolonia y, desde ahí, marcharían a Múnich. ¡Nada podría impedirlo! Sin embargo, el inicio de la guerra de Independencia en Cuba frenó tanta determinación: el Grito de Baire, el 24 de febrero, a la orden de José Martí, había prendido la mecha. Ella ya lo había advertido: ¡en los territorios de ultramar ardía la revolución!

14

Aires nuevos en palacio

Teléfono y luz eléctrica. El cinematógrafo Lumière. ¡Mamá quiere celebrar sus bodas de oro! Cena de gala en el palacio de Castilla. 2 de febrero de 1897: adiós a Luisa Fernanda. La tristeza de una hermana. Los Baviera en Madrid: la princesa Pilar pisa suelo español. Paz en el estudio de Sorolla. Visita al palacio de Castilla. París y la tragedia del Bazar de la Caridad. Boda en Nymphenburg del duque de Calabria. ¡Cánovas asesinado! Un tiempo que se agota, un mundo que se va.

«No toques ahí, Alfonso. A ver si van a saltar chispas», decía la infanta Isabel a su sobrino y ahijado, el joven rey. Acababa de cumplir diez años y unos operarios de la casa habían terminado de instalar la luz eléctrica en las principales estancias de la espléndida residencia. Sustituían las antiguas lámparas de bujías y daban a los salones un aspecto fastuoso. «A mi casa vinieron hace unos meses los del teléfono, pero no creáis que me adapto bien al artilugio», comentaba Eulalia. Crista estaba convaleciente. Había pasado el sarampión y todavía no salía de sus habitaciones por temor a los contagios. En esos días, la Chata había quedado al frente de la educación de Alfonso XIII: lecciones de idiomas, cultura general, gimnasia, esgrima y algo de instrucción militar. «Buby, termina pronto esos fiambres y baja inmediatamente a las cuadras que hoy tienes equitación». Eulalia miraba a su hermana con sus expresivos ojos claros recordando la férrea disciplina a la que las había sometido en los años de niñez. ¡Igual de intransigente!, pensaba. Esa mañana, sus hijos también habían acudido a palacio para compartir jornada ecuestre.

Las dos infantas permanecieron en el gabinete de lectura. Las cosas no parecían marchar bien en Cuba y ahora Filipinas también quería la independencia. «José Rizal sigue en Mindanao, pero los tagalos se rebelan contra las autoridades», titulaba *El Imparcial*. «Esto es todo por culpa de los *yankees*», musitaba Isabel con su autoritaria personalidad. Eulalia había acudido a palacio para informarse sobre el programa de festejos reales que se estaba organizando: un concierto bajo la dirección del conde Morphy —gran amigo de su difunto hermano— para mostrar a lo más escogido de la sociedad la nueva iluminación eléctrica, y una velada teatral en la que actuarían, mano a mano, Sarah Bernhardt y la gran María Guerrero. ¡Menudo espectáculo! Aunque en aquellos días, nada tenía comparación con el último adelanto que acababa de inaugurarse en la capital: el Cinematógrafo Lumière, un espacioso local en la carrera de San Jerónimo que tenía fascinados a los madrileños. La Chata, acompañada por Lola Nájera, había decidido presentarse en la proyección de *La llegada de un tren a la estación*. ¡Era fascinante! ¡Auténtica fotografía animada! Cerrada la temporada, Isabel acudiría, como cada año, a la romería de San Isidro y a la verbena de San Antonio de la Florida antes de marcharse a La Granja. Toda una manola de sangre azul. En otoño, Eulalia viajaría a Francia.

Se había recibido carta de París. «Mira, Isabel, mamá dice que va a organizar un festejo para conmemorar sus bodas de oro». Los antiguos soberanos habían limado asperezas y, aunque seguían separados, pensaban conmemorar los cincuenta años de matrimonio. ¡Cuánto tiempo ya desde aquel 10 de octubre de 1846 en el que el salón del Trono del Real Alcázar de Madrid se había abierto para los regios esponsales! Ahora era distinto, Isabel II no lucía en la lozanía de su juventud y Francisco, delicado y pulcro, mostraba palmarios indicios de senilidad. El palacio de Castilla se vistió de gala. El comedor, con sus doseles de terciopelo carmesí y fabulosas arañas de cristal, estaba espléndidamente decorado con flores que formaban los colores de la bandera de España. La mesa, presidida por doña Isabel y don Francisco, lucía como en las grandes ocasiones. Junto a ellos, la infanta Paz con su esposo, Luis Fernando de Baviera, y Eulalia con sus dos hijos. Los niños de Paz se habían quedado con Pepilla y Antonio de Orleans había decidido no acudir. «¿Cuándo vendrás a España, hermana? Todavía no conocemos a la pequeña Pilar», preguntó Eulalia. Lo haría cuando terminase la exposición de bellas artes que se iba a celebrar en Múnich y a la que Paz había invitado a varios artistas españoles. Marius Neyroud, el fotógrafo de Isabel en París, recogió el momento. Fue un encuentro entrañable solo nublado por la ausencia de la infanta Isabel, la primogénita y más querida, que había decidido permanecer en Madrid acompañando a Crista en sus complejas responsabilidades de gobierno: las noticias que llegaban del Ministerio de Ultramar no eran buenas.

Un despacho oficial desde Sevilla alteró los ánimos en palacio. Era de Lerdo de Tejada, jefe de la casa de su alteza. La regente se sobresaltó. Había que informar a Isabel, pero sobre todo a Eulalia: la duquesa de Montpensier, su suegra, acababa de fallecer. Su estado se había agravado en las últimas semanas con fiebres altas e inflamación del pulmón. Su hija, la duquesa de París, estaba con ella y se esperaba a Antonio de Orleans. En unas horas estaba también prevista la llegada de la reina consorte Amelia de Portugal, muy afectada por la muerte de su abuela. Ese 2 de febrero de 1897 los cañones de la Torre del Oro hicieron salvas de ordenanza, doblaron las campanas de la Giralda y los buques anclados en el Guadalquivir izaron bandera a media asta. Desde San Telmo se organizaron los funerales y el traslado del cuerpo de su alteza real la duquesa viuda de Montpensier, hija menor de Fernando VII y hermana de Isabel II. Profundamente impresionada, desde París y pese a las envidias del pasado, la reina manifestó su deseo de acudir a abrazarla. Ya no hubo tiempo. Tuvo que conformarse con vestirse de negro y decretar varios días de luto en su corte de París. ¡Cuántos recuerdos! Esa primera infancia de los años de la guerra Carlista, el adusto Argüelles, Espartero, el apogeo de la juventud, los pronunciamientos...

El féretro de la difunta, cubierto con un paño negro sin adornos ni insignias de ninguna clase —en cumplimiento de sus últimas voluntades—, marcharía desde San Telmo a la estación de la plaza de Armas para viajar hasta Madrid. Solo un crucifijo y ramos de violetas. La carroza era un break tirado por cuatro caballos enjaezados con mantas y penachos negros. Los palafreneros llevaban libreas a la Federica. ¡Cuatro cañonazos anunciarían la llegada del cuerpo sin vida de la infanta a la capital en la que había nacido sesenta y cinco años atrás! En Atocha, la comitiva fúnebre se dirigiría por la carrera de San Jerónimo y Bailén hasta la estación del Norte para salir en tren especial a El Escorial. Sus restos mortales reposarían para siempre en el Panteón de Infantes del monasterio. Tras las honras fúnebres, María Cristina estableció seis semanas de luto, tres riguroso y otras tantas de alivio. Antonio de Orleans, marido de Eulalia de Borbón, pasaba a heredar una inmensa fortuna que dilapidará en una vida licenciosa que acabó en la ruina.

Terminado el duelo, los príncipes de Baviera viajaron a Madrid. Era el mes de abril de 1897 y por primera vez la pequeña Pilar, con seis años, pisaría suelo español. Con ellos, también,

Pepa Angulo, su leal sirvienta. Llegaron en el sudexpreso de la noche y en la estación les esperaba la infanta Isabel acompañada por la regente. ¡Habían pasado muchos meses sin verse! Su hermana les llenó de besos y abrazó con fuerza a los sobrinos. Cuánto habían crecido. Nando, rubio y muy guapo, se parecía a su padre, con el gesto penetrante de los Baviera. Adalberto, de once años, era más esbelto, de cabello trigueño y orejas despegadas. Pilar le recordaba a Paz, con el labio estrecho y el rostro afilado, aunque su cabello era como el oro viejo. ¡Una niña preciosa! «Os instalaréis en las habitaciones de la planta baja, que han quedado muy confortables», dijo con ánimo risueño. Al llegar habían preparado una pequeña recepción de la alta servidumbre palatina con la que honrar la visita. Mientras, los chicos pudieron jugar con Buby, que ya había terminado sus lecciones de historia. «También se acercarán los niños de Eulalia. Su madre está en París y siguen a nuestro cargo. Verás qué buenos mozos están. Y las de Crista, dos señoritas», anunció exultante. Su voz seguía siendo grave, severa. Isabel se sentía feliz con su familia.

Fueron días de mucho ajetreo. Paz paseó en coche abierto por el Retiro y la Castellana, visitó a su anciana tía la infanta Cristina de Borbón —hermana menor de don Francisco y Amalia— en su casona de Ferraz, acudió al estudio de pintura de Joaquín Sorolla, conoció al maestro Chapí y presidió la tradicional solemnidad de la bendición de las palmas en la Capilla Real de Palacio. Estaba muy elegante, de gris perla con mantilla blanca. Tímidamente, siempre prudente, miraba a su marido, que aún lucía apuesto vestido de uniforme de gala de Caballería. Durante su estancia, Luis Fernando realizó alguna operación en el Hospital Militar de Carabanchel, además de diferentes intervenciones en casas particulares. Incluso prometió al doctor Camisón —que seguía al frente de la atención médica de la real familia—

regresar para llevar a cabo una campaña de cirugía de más importancia, empleando sus avanzadas técnicas quirúrgicas.

Los príncipes de Baviera también asistieron a un banquete dispuesto en su honor por el embajador de Alemania y culminaron los festejos con una celebración de gala en el Palacio Real: el comedor rojo resplandecía con la iluminación eléctrica. ¡El aspecto era fastuoso! La mesa estaba espléndidamente adornada y el servicio era todo de plata. Ocuparon los centros su majestad la reina y su alteza real la infanta Paz, sentándose a la derecha el príncipe Luis Fernando y a la izquierda, la infanta doña Isabel. Les acompañaban los habituales palaciegos: duques de Medina Sidonia y Sotomayor, condesa de Torrejón, condesa de Superunda, el presidente del Consejo de Ministros, personal de la embajada de Alemania y la baronesa Reichlin-Meldegg, quien todavía continuaba como dama y compañera de Paz.

Los príncipes de Baviera y su familia dejaron Madrid el domingo 2 de mayo de 1897. En el andén, de nuevo, Isabel con Crista, amén de los ministros de Guerra y Marina, el veterano Martínez Campos, varias damas del cuerpo diplomático y los condes de Caserta, padres de Nino y del duque de Calabria y habituales de la infanta Isabel las últimas temporadas. La despedida fue afectuosa, muy sentida. «Pero ¿no podéis quedaros más?», preguntaba Crista. Había sido una estancia breve y deseaba que volviesen pronto. Era imposible quedarse. Querían visitar a Isabel II en París y llegar a Múnich para la boda del duque de Calabria. La infanta Isabel también acudiría. El novio era sobrino carnal de su difunto Cayetano. ¡Se verían pronto! Paz subió al vagón con un ramo de preciosos claveles y lágrimas en la mejilla. Los niños besaron a sus tías.

El tren puso rumbo a la frontera. Llegaron a París a la mañana siguiente. Inmediatamente se trasladaron al palacio de

Castilla. La abuela Isabel les esperaba. Dio un fuerte apretón a sus nietos. Siempre cariñosa. Siempre exagerada. Acarició el rostro bondadoso de Paz e hizo un mimo a su querido Luis Fernando. Rápidamente apareció Eulalia, que llevaba una larga temporada de reposo con su madre, distanciada de Antonio, quien seguía entregado a la Infantona y el placer. Preguntó cómo habían encontrado a sus chicos y, apresuradamente, mientras se acomodaban en el gabinete de estar, pasó a relatarles la espantosa catástrofe que acababa de ocurrir en el cercano Bazar de la Caridad, un mercado benéfico regentado por grandes damas de la aristocracia pasto de las llamas tras la explosión de la máquina de proyección de un cinematógrafo. Su prima, la duquesa de Alençon, hermana de la emperatriz Sissi, había fallecido abrasada. ¡Qué desgracia! Más de cien fallecidas. «Casi todas de nuestra condición», señalaba la reina Isabel con gesto de aspaviento. Luis Fernando no dudó en acudir a los hospitales más próximos. Se necesitaba personal sanitario para asistir a las decenas de heridos con quemaduras. Entre ellos figuraba la duquesa de la Torre, viuda del difunto general Narváez. Paz se sobrecogió. En su magnánimo corazón no podía imaginar aquello. La situación en París era caótica. El siniestro había causado en toda Europa una impresión penosísima.

Los Baviera llegaron a Múnich a finales de mayo. Nymphenburg se había vestido de gala para la boda de Fernando de Borbón-Dos Sicilias, duque de Calabria, con María de Baviera, hija de Luis III y sobrina de sangre de la reina María Cristina. Todo un acontecimiento regio en el que, sin embargo, no se habló más que de las damas de alta alcurnia calcinadas por las llamas. La infanta Isabel llevaba unos días en la residencia de su hermana, donde se hospedaban también otros miembros de la abultada familia bávara. ¡Cómo pasaba el tiempo! Su pelo empezaba a estar canoso y había engordado bastante. ¿Qué pensarían de ella ahora los Caserta? No le importaba, seguía feliz con Paz y Luis Fernando, y podía disfrutar un poco más de sus sobrinos. Después marcharía a Viena, a Villa Rainiero, con su querida archiduquesa, envejecida también. Aprovecharía para acudir al Festival de Ópera de Bayreuth, en el que se representarían varios dramas musicales de Wagner. «¿Por qué no me acompañas, Paz?».

No podía ser: obras de beneficencia y una colecta de caridad organizada por la Cruz Roja a favor de las pobres víctimas de la guerra de ultramar requerían su atención. También quería escribir y enviar unas composiciones poéticas que estaba empezando a publicar en la revista *Basílica Teresiana* dedicadas a Santa Teresa de Jesús. Tito tenía pendientes visitas médicas en Múnich y trabajo en el hospital que no podía descuidar. Se verían pronto. Su idea era viajar a París para el próximo cumpleaños de su madre y pasar unos días con Eulalia, que había fijado temporalmente su residencia en un hotelito en el *boulevard* de los Inválidos, aunque prácticamente pasaba los días en el palacio de Castilla. A los chicos decidió enviarlos a un prestigioso internado inglés, el Beaumont College, que la Compañía de Jesús tenía en Old Windsor, en el condado de Berkshire. ¡Nunca debían haber dado el visto bueno a aquel matrimonio! Eulalia no solo quería la separación, también la anulación y eso, en aquellos días, era un escándalo. ¿Quién se ocuparía de la tutela de los niños? ¿Y de los gastos de su educación? En España no se planteaba el divorcio y la cuestión era la comidilla de todas las cortes.

«Asesinato del señor Cánovas del Castillo». El titular a cinco columnas en *La Correspondencia de España* daba cuenta del magnicidio. El 8 de agosto de 1897, el anarquista de origen italiano Angiolillo mataba de un tiro en la cabeza al eminente estadista de la Restauración y presidente del Consejo de Ministros. A sangre fría, mientras tomaba las aguas en el balneario de Santa Águeda, en las provincias vascongadas. ¡La noticia conmocionó a la corte! María Cristina, en su palacio de Miramar de San Sebastián, dudó qué hacer. ¿Debía volver a Madrid? Isabel acababa de regresar de su viaje por Europa y estaba en La Granja. En París recibieron espantados la noticia. Con la antigua soberana don Antonio nunca se había entendido, pero a él —y a la abdicación de la reina— debían el regreso al trono de los Borbones tras años de revolución. Isabel II se apresuró a poner un telegrama a Joaquina de Osma, viuda del ilustre tribuno conservador: «Con toda mi alma, te acompaño en tu justísima pena. Tu amiga que tanto te quiere. Isabel». «Jacinto, cúrsenlo inmediatamente», ordenó al marqués de Grijalba. El gran patriota, la inteligencia soberana cuyo nombre llenaba las páginas más brillantes de la historia contemporánea, había muerto bajo el plomo asesino de un criminal extranjero.

15

¡Viva el rey!

Corren tiempos belicosos. La pérdida de las colonias y el desastre. El asesinato de Sissi. El fin de una era. La Chata en el palacio de Quintana. La boda de la princesa de Asturias: ¿tiene que ser con el hijo de Caserta? Carlos de Borbón-Dos Sicilias en la corte. Nino y Mercedes. Temblores de agonía. Adiós en Épinay: triste despedida al rey don Francisco. La biblioteca, los tapices y muchas condecoraciones. Los solitarios de la reina. Mamá está mayor. Alfonso XIII jura la Constitución.

El Imperio español parecía sentenciado. «Señora, están ofreciendo recompensas para saber quién ha volado el acorazado anclado en la bahía de La Habana», decía Sagasta a la regente mientras despachaba los asuntos de gobierno. La prensa *yanqui* buscaba una guerra con España y había encontrado la oportunidad ese 15 de febrero de 1898. «*Maine explosion caused by bomb or torpedo*», titulaba el sensacionalista diario *The World*. ¡Todo estaba perdido! La entrada de Estados Unidos en el conflicto llevó a la pérdida definitiva de Cuba. El presidente republicano William McKinley se mostraba exultante. Después vino Cavite y Filipinas. ¡Era el inicio del desastre! ¡De la gran depresión! Millares de repatriados y una gran humillación nacional.

La infanta Isabel trataba de consolar a su cuñada. «Crista, no es tu culpa —le decía—. Es esa nueva democracia, que quiere aniquilar la gran herencia española». La regente mantenía su aplomo, la dignidad de los Habsburgo. Sabía que no podía mortificarse, pero ella era la guardiana del legado de su hijo y su responsabilidad pasaba por preservar una encomienda histórica. Paz, desde Baviera, enviaba palabras de consuelo; desde el inicio del conflicto había promovido colectas y festivales recaudatorios con los que aliviar la pena de los infortunados quintos españoles víctimas del vómito negro, el tifus y la fiebre amarilla. La gestión de la sanidad militar, según Luis Fernando, había sido desastrosa y no había consuelo para tantos sacrificados por la enfermedad y la muerte lejos del hogar. Las corridas de toros, los conciertos y las obras de teatro benéficas no parecían haber servido de nada. Las críticas despiadadas arreciaban contra la regente. Solo miseria y mendicidad era lo que esperaba a tantos escuálidos muchachos, harapientos en sus raídas guerreras de rayaditos, al volver a pisar España.

La reina Isabel, desde París, también trataba de aliviar a su nuera: «Seguro que ese joven Silvela consigue algo para arreglar los dineros», escribía en su habitual coloquialismo refiriéndose al nuevo presidente del Consejo de Ministros. Por si fuera poco, ¡el desvergonzado de Antonio de Orleans había fingido enfermedad para evitar ir al frente y se desvinculaba de todas sus obligaciones en el Ejército! ¡Menuda humillación!

A Isabel II le dolía España, pero, sobre todo, estaba conmocionada por el regicidio que había agitado las cortes europeas: Sissi, la emperatriz del Imperio austrohúngaro, la más bella de las soberanas, acababa de ser asesinada en Ginebra. ¡También un anarquista! ¡Y tan cerca del que había sido su hogar en Suiza! Era el mes de septiembre de 1898 y el mundo parecía volverse loco. El cambio de siglo venía de la mano de una sociedad nueva, cambiante y voluble. Todo era diferente: las modas, los coches, la política y la violencia. Atrás quedaba el romanticismo del pasado. El siglo xx se recibía con mazapanes y zambombas, entre fuegos de artificio y necesidad de regeneración; Paz lo hacía en Múnich, con Luis Fernando, sus tres hijos y todos los Baviera; Eulalia, en París con su madre y los chicos, llegados del internado para el descanso navideño, e Isabel en Madrid, junto a Crista, Mercedes, María Teresa y el rey. Todos habían crecido y la corte era muy diferente a aquella que la primogénita de la reina había comandado durante décadas. Necesitaba su sitio: Isabel, la Chata, la infanta venerada por el pueblo, a punto de cumplir cincuenta años, buscaba su lugar.

«Sí. Es de mi agrado», comentaba con voz tolerante Isabel a Lola, la duquesa de Nájera. La infanta acababa de comprar un palacete en la calle Quintana: en piedra y ladrillo, con piso principal, buhardillas y un amplio jardín. El antiguo caserón de los condes de Cerrajería, en pleno barrio de Argüelles, cerca de la residencia de Eulalia y de la anciana infanta Cristina, también de la de los Medina Sidonia y el marqués de Cerralbo. ¡La nueva zona de moda en el ensanche de Madrid! Ese sería su hogar. Su espacio para las tertulias, las veladas musicales, los recitales poéticos y su magnífica colección de fotografía. Un templo de la cultura y la vida social. Cerca del Palacio Real, porque nunca abandonaría a Crista ni a sus sobrinos. Pero ahora en la corte mandaban ellos. Escribió a sus hermanas y a su madre informándoles de la adquisición. A todas les sorprendió. Había llevado la transacción con sigilo, aunque comprendían su decisión.

«Isabel, ¿estás segura?», preguntaba Crista a su cuñada cuando le comentó que abandonaba el regio Alcázar, la casa en la que había nacido. Lo estaba. Sabía que en pocos años Alfonso XIII sería mayor edad, tendría su propia familia y ella no podría ejercer la indiscutible autoridad de siempre. Corrían otros tiempos e Isabel, lúcida y despierta, entendía su posición. Era el tiempo de la nueva generación palatina, de los Borbones imberbes aún abiertos a la vida y al amor. Había llegado el momento del relevo. Además, ¿no andaba la princesa de Asturias en galanteos con su primo Carlos de Borbón-Dos Sicilias, al que en familia se llamaba Nino? ¡Cómo pasaba el tiempo! Mercedes había cumplido veinte años. No era guapa. De recia fisionomía Habsburgo, igual que su hermana. Educada bajo la rígida moral de María Cristina. Pero se mostraba firme y con determinación. Estaba decidida: se casaría con Nino por mucho que las huestes liberales, y el propio Sagasta, quisieran asociar a los Caserta, sus padres, con el renacer de las fuerzas carlistas. Cierto que era hijo de un antiguo general de don Carlos y que ella era, por el momento, la heredera al trono, pero ¿no iba a ser posible un matrimonio por amor?

Madrid ardía en manifestaciones. Los estudiantes estaban en pie de guerra por el matrimonio de Mercedes de Borbón y hasta el gobernador civil hubo de declarar el estado de guerra. Hacía tiempo que los príncipes Borbón-Dos Sicilias, descendientes del último rey de Nápoles, habían sido acogidos en la corte por María Cristina; se les había dado carrera militar y tratamiento de infantes. Pero muchos españoles no olvidaban las guerras del pasado y parecían incapaces de entender esta unión. Esos días, la infanta Isabel y la condesa de Caserta —madre del novio— salieron en coche descubierto por la Casa de Campo tratando de ganar afectos, pero ni la extrema popularidad de la Chata consiguió calmar los ánimos. La boda tendría que ser discreta, sin los fastos que acompañaban un enlace real, sin el esplendor tradicional. Pero «¿no va a venir la abuela?», preguntaba Mercedes a Crista en el comedor en el que se habían reunido para cursar las invitaciones al casamiento. Isabel II disculpó su asistencia. Aunque todavía paseaba por París y, de vez en cuando, pasaba temporadas en la nueva casa de campo que había adquirido en Compiègne, empezaba a tener problemas de movilidad a causa de la obesidad. Prefirió quedarse en el palacio de Castilla. Tampoco lo hizo Paz, que permanecía en Nymphenburg. La infanta Eulalia sí acudiría.

La boda de la princesa de Asturias se celebró a las once de la mañana del 14 de febrero de 1901 en la capilla del Palacio Real, oficiada por el cardenal Sancha. Solo dos semanas atrás había fallecido Victoria de Inglaterra y la corte británica seguía de luto. ¡Qué emocionada estaba María Cristina! Después de tanta agonía, de tanto pelear por su familia y por España. ¡Cómo admiraba la valentía de su hija! ¡El fruto primogénito de ese matrimonio nunca amado por el difunto rey! El protocolo exigía manto, traje alto y mantilla blanca para las damas, aunque sería una celebración prudente. La regente eligió un vestido de color lila y su diadema rusa de diamantes. La infanta Isabel optó por el color verde mar, ricamente bordado en lentejuelas, a juego con su magnífico aderezo de esmeraldas; en el vestir, igual que su madre, seguía manteniendo la opulencia. Encantadora como siempre y con su habitual elegancia, la infanta Eulalia en terciopelo rosa con espléndida diadema de brillantes y perlas, y magnífico collar completando el conjunto. Los años habían pasado, pero ambas infantas mantenían la estampa regia de la fastuosidad. El novio esperaba vestido de uniforme de comandante de estado mayor. Mercedes entró en la capilla con la vista baja; tímida, prudente. Su traje de raso blanco con guirnaldas bordadas en seda y volante de encaje no ocultaba un físico ordinario, aunque de talle esbelto. Al terminar los desposorios se escucharon los vigorosos acordes de la *Marcha nupcial* de Wagner. Ya en su alcoba, Isabel escribía a Paz: «Tienen que hacerse querer», decía a su hermana consciente de la repercusión institucional del enlace, sin saber aún que aquello era el preludio de una felicidad breve segada por la muerte.

Isabel esperaba a Crista en el zaguán que daba acceso a la plaza de la Armería. Iban a asistir al último estreno en el teatro Apolo cuando el duque de Medina Sidonia, nuevo mayordomo mayor de palacio, llegó con un telegrama urgente: era el rey Francisco. Muy grave. Un vulgar enfriamiento había provocado una neumonía. Comprendía que Eulalia estaba más cerca y que pocos kilómetros la separaban de Épinay, pero Isabel, sabedora del favoritismo de su padre, se puso en marcha. Visiblemente alterada, daba órdenes de disponer equipajes y acelerar la marcha: «Preparen esa maleta. Guarden mis vestidos de alpaca, que en estas fechas todavía arrecia el frío en París». Eran, en su carácter, instrucciones que ocultaban una extrema preocupación. Partió inmediatamente. Lola Nájera viajaba con ella. En la estación d'Orsay la esperaba Eulalia: «Está mal, la fiebre no remite. Mamá está con él». Aceleradamente llegaron al espléndido palacio, al norte de la capital, en el que se había instalado el rey consorte a los pocos años del comienzo del exilio: de arquitectura clásica, aún suntuoso a pesar de lo menguado de su patrimonio. Meneses ya no vivía, pero se respiraba todavía el gusto por las artes, la lectura y la decoración que había distinguido a la pareja. Francisco tiritaba, su cuerpo húmedo temblaba entre fina lencería de algodón. «Mamá, tienes que irte a casa, el doctor piensa que debes descansar», le dijeron sus hijas. La salud de la reina empezaba también a ser delicada, andaba lentamente y se apoyaba en un bastón. Paz estaba en camino. Hacía pocas horas que acababa de salir de Múnich acompañada de Luis Fernando.

Ya en el palacio de Castilla, recién llegadas Isabel y su madre en el landó que las acercó hasta la *avenue* du Roi de Rome, sonó el teléfono que acababa de instalarse en las dependencias de la reina: don Francisco había sufrido un síncope. La infanta Isabel regresó a Épinay. Era la agonía lenta y dulce de la muerte. Francisco de Asís de Borbón, rey consorte e infante de España, acababa de fallecer. En la cabecera de su cama, su hija Isabel. Era el 17 de abril de 1902. Tenía setenta y nueve años. Isabel, Paz y Eulalia se abrazaron. Pese a la frialdad y el trato distanciado que habían mantenido con Francisco, recordaban su hablar dulce, su voz pausada, las manos finas y aquellas misivas reprobatorias en las que les exigía comportarse como infantas. Sabían que sobre ellas siempre sobrevolaría la sombra de la bastardía: Ruiz de Arana había muerto, también Puigmoltó, y solo quedaba Miguel Tenorio quien, desde hacía varios años, vivía en Nymphenburg bajo la protección de Paz.

Pero ellas sufrían por su madre. Sabían cómo iba a afectarle esta ausencia. Su relación jamás había resultado armoniosa, llena de disputas por carácter y manutención, pero los años habían hecho de ellos dos personajes afables que se entendían con la ancianidad. Convinieron no avisar a la reina hasta la tarde; la noticia se la comunicaría Isabel en su dormitorio. Debía hacerlo con tacto. Lágrimas brotaron de sus ojos y un cálido llanto tiñó de melancolía su rostro. Se agolpaban los recuerdos. ¡Demasiado dolor! Pidió a sus hijas que la acompañasen. Quería despedir el cuerpo sin vida de Francisco. De Paco. En Épinay, en la habitación mortuoria, entre cirios y crespones negros, Isabel II rezó. Colocado el féretro en el coche fúnebre, las puertas de palacio se cerraron. Por los caminillos del jardín, bajo las ramas primaverales todavía sin hojas, la lúgubre comitiva desfiló en silencio hasta la estación. El cadáver de su majestad sería trasladado al Panteón de Reyes de El Escorial, dándose al acto la solemnidad que correspondía a la alta jerarquía del finado. El embajador de España en Francia, León y Castillo, telegrafió oficialmente al ministro de Estado para comunicar la noticia. Presidiría el duelo en representación de la real familia don Carlos de Borbón-Dos Sicilias, esposo de la princesa de Asturias.

«¿Recordáis esta colección de libros?», inquirió Isabel a sus hermanas. En Épinay, reunidas en torno a los objetos personales que había dejado don Francisco, las infantas trataban de inventariar la menguada herencia del difunto rey. La banda de la orden de Carlos III, sus condecoraciones como Caballero de la Orden del Toisón de Oro y duque de Cádiz, insignias y alfileres. En los últimos años había vivido de una asignación de trescientas mil pesetas que percibía de los presupuestos del Estado, además de los bienes legados por su padre y otros familiares regios. Hacía tiempo que Isabel II no le pasaba la polémica pensión que habían acordado en Pau en los alborotados días de su separación. Entre sus pertenencias, una copiosa biblioteca, una valiosa colección de tapices, muebles y alhajas de caballero. De Épinay solo tenía el usufructo vitalicio, pues la propiedad, ya en los días de la Restauración, había pasado al difunto Alfonso XII y era posesión de sus hijos. En propiedad, apenas dos viejos edificios en Aranjuez que sumaban un valor irrisorio. «Venga, vamos a terminar los lotes, que mamá no debe quedarse sola», apostillaba Paz, apenada por los recuerdos.

En el palacio de Castilla, con la senectud, Isabel II se había habituado a una vida ordenada. Atrás había dejado sus jornadas en el hipódromo de Longchamp y las inauguraciones de gala en Ópera Garnier. Ahora cenaba pronto y jugaba a las cartas. Se encontraba haciendo un solitario en sus dependencias de la sala de estar cuando sintió llegar a sus hijas. «Son sus altezas, señora», anunció la duquesa de Almodóvar del Valle, que ejercía desde hacía tiempo como leal acompañante. Las tres hermanas pasaron a darle un beso. Traían en su gesto la melancolía de una juventud acabada. «La semana próxima me marcharé a Múnich», adelantó Paz. Debía atender en Nymphenburg sus responsabilidades como princesa de Baviera. Isabel también preparaba su regreso.

En unos días tenía que estar en Madrid: todo parecía dispuesto para conmemorar los dieciséis años del rey y Crista requería su apoyo. El infausto suceso de la muerte de don Francisco no podía empañar la pompa y solemnidad de esas celebraciones. Eulalia permanecería unos días con su madre y después también viajaría a España para estar presente en los actos por la mayoría de edad de Alfonso XIII. Aprovecharía para encargar la *toilette* de corte que luciría en tan brillante ocasión: en azul claro con volantes de gasa y tocado de plumas. Lo completaría con la gran corona de brillantes rematada en gruesas perlas que había heredado de los Montpensier.

El 17 de mayo de 1902 el rey juraba la Constitución en el salón de sesiones del Palacio de las Cortes. El joven monarca entraba en el ejercicio de su soberanía. María Cristina entregaba a Alfonso XIII los poderes que en su nombre había ejercido desde su viudez inesperada. Era el adiós a la regencia, el inicio de un tiempo nuevo. ¡Viva España y viva el rey!

16

¡Adiós, mamá!

La visita de Eugenia de Montijo. ¿Un enfriamiento? Parece que es una gripe. Las atenciones de Eulalia. Hay que avisar a las hermanas. Reencuentro en la capital del Sena. La muerte de Isabel II en brazos de Fernando de Baviera. Bandera a media asta con crespón de duelo. Funerales con aire español. Mantilla negra y misal. El adiós a una madre.

«Acudid a París. Mamá enferma». Era el escueto telegrama que la infanta Eulalia había cursado a sus hermanas. Uno a Madrid, a la calle Quintana. Otro a Múnich, Nymphenburg. Hacía meses que la menor de las hijas de Isabel II vivía con ella. Se había instalado en el palacio de Castilla después de los tormentosos días de su separación: Antonio de Orleans estaba despilfarrando gran parte de la cuantiosa dote, y con los chicos, Alfonso y Luis Fernando, en la Universidad de Heidelberg, convenía ajustar los gastos. Juntas daban pequeños paseos por las avenidas más cercanas a la Roi de Rome o salían en los nuevos coches de gasolina que empezaban a circular por las principales calles de París. En los últimos años, la soberana había engordado y resultaba más cómodo para su movilidad. Además, ella siempre había sido una entusiasta de los avances técnicos y aunque encontraba aquello del motor de explosión un poco temerario, en el fondo le gustaba. En la capital del Sena era aún un personaje popular: la soberana de mayor rango y edad de una época agotada.

Francia había consolidado su República, entre sus gentes se respiraban los aires de una *Belle Époque* que llenaba los bulevares de carros y tranvías bajo la sombra, formidable, de la torre Eiffel; el metro, los cabarets, la obras de René Lalique, los centros comerciales como Le Bon Marché, las imponentes Galerías Lafayette y los bailes sicalípticos de Bella Otero. «Pero, hija, ¿tú has visto lo que se dice del espectáculo de esa española en el Folies Bergère? ¡Qué depravación!», comentaba la reina mientras hojeaba *Le Petit Journal*. Era un siglo nuevo, una década moderna en la que quien había escandalizado a una nación entera por su vida licenciosa como soberana ahora veía el mundo desde la atalaya de un tiempo anterior: con más de setenta años, la reina Isabel peinaba sus blancos cabellos con ondas adosadas a su frente, asistía a la santa misa, comulgaba a diario y cenaba pronto, aunque mantenía la costumbre de no dormirse hasta las dos de la mañana. Completamente abandonados los teatros y demás diversiones parisienses, había dejado atrás el hábito de ofrecer fiestas en casa.

Ese invierno Isabel II había cogido la gripe. En el mes de febrero de 1904, el doctor Dieulafoy, el facultativo encargado de cuidar de su salud, la visitaba a diario. Tras unas semanas de catarro y algo de fiebre, la reina se había repuesto. Su naturaleza robusta hacía confiar en que había sido un malestar pasajero, una indisposición estacional nada compleja. Aunque había quedado inapetente. En su salita de estar, en la que ya se había instalado un moderno sistema de calefacción, jugaba con Eulalia a las cartas y leía la correspondencia que recibía casi diariamente desde Baviera. «¡Mira lo que cuenta tu hermana! Que Nando anda flechado de María Teresa, la pollita de Crista. ¡Anda que si tenemos boda...!», le decía a Eulalia con la gracia de su conversación. La antigua soberana no había perdido el humor, aunque ya apenas salía de casa y se encontraba débil. Pese a ello, todos los días pasaba unas horas en su gabinete de trabajo despachando con el conde de Parcent —nuevo jefe de su casa— o con el embajador de España. Una gran fotografía de su hijo, Alfonso XII, presidía todavía su escritorio.

En la tarde del 26 de marzo Isabel II se encontraba destemplada, tenía algún escalofrío y le pidió a León y Castillo que le acercase un mantón. El propio diplomático, según refirió la prensa, se lo echó sobre los hombros. Siguieron con sus tareas hasta que la duquesa de Almodóvar del Valle anunció visita: era Eugenia de Montijo, la antigua emperatriz de Francia, que venía a despedirse. Isabel se agitó: ¡su vieja amiga! ¡Su fiel apoyo en los días del exilio!

Eugenia tenía ya setenta y ocho años, también había envejecido y poco quedaba de su atractivo de antaño. Vivía en Inglaterra, aunque viajaba frecuentemente a España. Isabel se quitó rápidamente el chal, cogió su bastón y salió a recibirla al rellano de la escalera; a su edad, aún era presumida y coqueta. Cerca del recibidor principal de entrada hacía más frío. Isabel e Eugenia se abrazaron. «Pero ¡qué bien te encuentro, Eugenia! ¿Tú por París?», susurró la reina con un hilo de delicada voz. Había llegado con motivo de los funerales de María Rosario Falcó y Osorio, la duquesa de Alba, que inesperadamente acababa de fallecer. Se fundieron en un afectuoso saludo y juntas, cogidas del brazo, caminaron hasta el salón principal. Eugenia vestía rigurosamente de negro. ¡Qué mayores se habían hecho! El pasado y el presente: dos ancianas reinas desterradas. Hablaron de la situación de la corte inglesa, ahora con Eduardo VII en el trono, de lo afligido que seguía el emperador Francisco José y de lo bien que estaba timoneando Alfonso XIII las tensiones con los regionalistas catalanes de Cambó. «Precisamente estos días mi nieto está en Barcelona», dijo la reina con orgullo. También rememoraron glorias de otro tiempo, de ese malogrado amor entre Eugenio Luis y Pilar, de tantas y tantas cosas del pasado. ¡Y hablaron de España! Pasaron juntas una agradable velada que terminó cuando la Montijo comunicó que tenía que marcharse. La despedida fue sentida, con sabor a nostalgia. Sin saber que ya nunca volverían a verse.

«Mamá, ¿te encuentras bien?», preguntó Eulalia al regresar de un baile en la residencia del conde d'Eu. Tenía mal aspecto y casi no había cenado. Le contó la agradable visita que había recibido y le pidió que la acompañase a su cuarto. A la mañana siguiente, volvió la fiebre. Esos días todavía se levantaba y despachaba algún asunto de su casa, pero ya no recibía. Desde ese momento, la menor de sus hijas no se separó de ella, ofreciéndole cariño, dándole calor. Con cuarenta años, Eulalia empezaba a asumir el final de una vida desgastada. ¡Ella, que había sido tan imprudente y descuidada! Los médicos estaban alarmados. El estado de la reina era delicado. Eulalia decidió entonces avisar a sus hermanas.

La infanta Isabel llegó a la estación d'Orsay la tarde del 6 de abril. La esperaban el embajador, personal del cuerpo diplomático y la alta servidumbre de la casa. «Alteza, la salud de su majestad es delicada, aunque todavía hay esperanza», dijo con seriedad León y Castillo. Inmediatamente se dirigieron al palacio de Castilla, donde esperaba Eulalia. Nerviosa, un poco alterada. Las hermanas se abrazaron. «Acaban de dar noticias más optimistas, pero sigue delicada. Dieulafoy recomienda no pasar a verla para evitar un sobresalto», comentó Eulalia. Isabel lo comprendió. Los príncipes de Baviera estaban también en camino. En unas horas su tren llegaría a la estación de Lyon, vía de empalme con los ferrocarriles de Alemania. Paz tampoco pudo verla esa noche. Pero su gesto dulce, su mirada calmada, reconfortó a las hermanas. Las tres reunidas después de treinta años en la que había sido la residencia de su infancia. Recordaron la primera vez que habían pisado el palacio, el antiguo Basilewsky, casi recién llegadas al destierro; las visitas de su hermano Alfonso cuando venía del internado de Viena cargado de chocolates y cajas de ambrosías, y ¡los gritos de su madre! «¡Cómo maldecía al difunto Cánovas cuando le hablaban de la abdicación!», recordaba Paz. Las infantas rezaron juntas y tomaron unos entremeses ligeros en el comedor.

A la mañana siguiente la fiebre había remitido. Isabel y Paz pudieron entrar, al fin, a saludar a su madre. ¡Cuánto se alegró al verlas! ¡Cómo las quería! A Paz le preguntó por Pilar, que, con catorce años, debía de estar hecha una buena moza. Pero, sobre todo, por Nando y su enamoramiento con María Teresa, ¿habría una nueva unión Baviera-Borbón en la familia? Se acordó también de Adalberto, Apata, el más tímido de sus nietos, reflexivo, intelectual y que había comenzado la carrera militar. Y conversó también con Isabel. ¡Su primogénita! ¡Su hija mayor! Sobre todo, quería saber de España, del viaje de Alfonso XIII a las provincias catalanas y a Montserrat. Recordaba, con voz muy pausada, aquella primera vez en la que había usado el título de condesa de Barcelona. ¡Cuántos años desde aquel noviembre de 1846! Mantenía su buena memoria. También quiso saber de sus dos bisnietos, Alfonso y Fernando, los niños que ya habían tenido los príncipes de Asturias. Eulalia entró entonces muy resuelta: «Mira, mamá, todos los telegramas que hemos recibido de España preguntando por ti». Isabel II esbozó una sonrisa. Quería creer que su pueblo nunca había dejado de quererla. Esa mañana, con sus hijas, estuvo animada. Pero por la tarde recayó. Un gran recargo febril.

El 9 de abril la reina permaneció acostada. Presintiendo su próximo final, pidió a las infantas que entraran en su dormitorio. Quería darles un beso y a las tres despidió con un «buenas noches» y «hasta mañana». Paz y Eulalia se retiraron a sus habitaciones, pero la infanta Isabel parecía alarmada. Esa noche no quiso acostarse. Pasó las horas en vela, paseando, parándose ante la galería de retratos y las decenas de fotografías familiares que decoraban los salones de palacio. Pronto amanecería. Eran las siete y media cuando la reina despertó. Pidió que la vistieran y trasladaran a su butaca: un orejero biedermeier de caoba tapizado en terciopelo cobalto. Ya no bajaba al piso principal. Al levantarse, tenía un poco de frío e indicó a la duquesa de Almodóvar del Valle que avisase a su yerno. Isabel, Paz y Eulalia entraron inmediatamente. Con Luis Fernando siempre se había entendido, con él se sosegaba. «Cógeme las manos», dijo a Luis Fernando con voz fatigosa, gesto dulce y una apacible sonrisa. «Siento en el pecho… Voy a desmayarme». Su vida se había agotado. Parecía dormida. Avisaron al nuncio de su santidad, que apenas tuvo tiempo para administrar los últimos sacramentos. Sus hijas permanecían arrodilladas junto al lecho mortuorio, deshechas por el llanto. Isabel, Paz y Eulalia besaban su mano, la acariciaban. Isabel II acababa de exhalar su último suspiro. Falleció el sábado 9 de abril de 1904 a los setenta y tres años. Eran las ocho y cuarenta de la mañana.

Inmediatamente se cursó un telegrama oficial a Madrid y otro al presidente de la República francesa, Émile Loubet. *Le Temps* y *Le Figaro* ya publicaban la noticia. El palacio de Castilla lucía bandera a media asta con crespón de duelo. A las once de la mañana, con el cuerpo de Isabel II sobre el lecho mortuorio cubierto de flores, se rezó una misa con las infantas, Luis Fernando, el capellán y el resto del personal de la embajada. Sus hijas, aunque esperaban el fatal desenlace, estaban desoladas. Se refugiaban en su fe, en los recuerdos, en el consuelo de saber que había vivido como había querido, aunque lejos de la patria. «La de los tristes destinos», como había acuñado Galdós. «Seguro que a mamá le gustaría que se respirase aire español», pensaban. Sería su mejor tributo. El cadáver de la reina fue amortajado con el hábito de San Francisco y cubierto por un manto con las insignias de las órdenes militares de España. El féretro descubierto, de ébano, con el escudo de armas de España, quedó expuesto sobre un gran catafalco en el centro del salón del palacio, transformado en cámara mortuoria. Las hermanas de la Caridad de Neuilly, monjas españolas, lo velaron noche y día. Cirios oscuros, rezos y tres misas, oficiada una de ellas por el nuncio de su santidad. Isabel, Paz y Eulalia, vestidas de negro, con clásica mantilla negra, misal y rosario elevaban sus plegarias al cielo, juntas, mientras el alma de su madre volaba a la eternidad.

Horas después, el salón quedó abierto para todos los individuos de la colonia española, que formaban una enorme cola a las puertas. Fernando de Baviera, en su voz grave y acento alemán, dio orden de dejar entrar a cuantas personas lo deseasen. Un inmenso gentío desfiló por delante del féretro. Las firmas en los álbumes de pésame fueron numerosísimas y sus hijas, Isabel, Paz y Eulalia, leían con añoranza tantos y tantos nombres de aristócratas y gente corriente, de doncellas de servicio, obreros, personas modestas del barrio que amaban a la augusta finada por su inagotable caridad.

Para las infantas fueron jornadas agotadoras: condolencias, saludos y muchos recuerdos. «Eulalia, desde Madrid informan de que su alteza el príncipe de Asturias ya ha salido hacia París», dijo protocolaria Isabel. Sería Carlos de Borbón-Dos Sicilias, Nino, el encargado de custodiar los restos de Isabel II hasta España. Con él, Luis Fernando, el esposo de Paz, presidiría el duelo que iba a acompañar el cuerpo por las calles de París hasta la estación d'Orsay. Antonio de Orleans, el marido díscolo de Eulalia, nunca apareció.

El miércoles 13 de abril se celebró la ceremonia religiosa ante toda la familia real residente en París. Las infantas besaron por última vez el cadáver de Isabel II. La caja mortuoria se cerró y selló. Las tres, de riguroso luto y con mantilla española sobre su cabeza, acompañaron la comitiva hasta la puerta principal. Entre lágrimas, contemplaron cómo el féretro se depositaba sobre un furgón fúnebre tirado por cuatro caballos. Las negras verjas coronadas por artísticas flores de lis se abrieron para dejar paso al cortejo. Ellas, sus hijas, las infantas españolas, permanecieron firmes, emocionadas, mientras vieron marchar el cuerpo sin vida de su madre.

El jueves 14 de abril de 1904 la infanta Isabel emprendió viaje a Madrid. Paz de Borbón, princesa de Baviera, salió esta misma tarde hacia Múnich. Solo Eulalia permaneció durante unos días en el palacio de Castilla. Ahora volarían solas, sin el lazo de unión, el nexo sólido que en sus vidas había significado la reina, Isabel de Borbón.

TERCERA PARTE

VOLANDO SOLAS

(1904-1958)

1
Subasta de joyas

Alhajas y ventas. «¿Por qué no subastamos las joyas de mamá?». La humillante liquidación de la memoria de Isabel II. ¿En manos de un acaudalado burgués? La muerte de la princesa de Asturias. Luto en la corte y nuevo heredero al trono. Se avecinan enlaces regios: la boda de Nando y María Teresa de Borbón. La infanta Paz, madrina de boda. ¡La ilusión de una madre! Las infantas españolas, de nuevo en Madrid.

«Este aparador, a la primera planta. ¡Y tengan cuidado con los espejos!», se escuchaba a la infanta Isabel vociferar en su palacete de la calle Quintana. «El cuadro de *Santa Catalina*, de Zurbarán, que lo suban a mi dormitorio», indicaba al servicial Alonso Coello, jefe de su casa. Eran algunos de los muebles y objetos de decoración que habían pertenecido a su madre. Al comenzar 1905, los rumores en la prensa sobre el destino de la herencia de Isabel II eran continuos. No abundaba su patrimonio: joyas a las que siempre había sido aficionada, enseres de cierto valor y la única propiedad del palacio de Castilla. También un preciado legajo documental que testimoniaba muchos de los episodios históricos que la soberana había protagonizado en su largo exilio y que fue a parar, tras la protocolaria entrega por parte del embajador León y Castillo, a la residencia de la infanta Isabel. Pero ¿qué vamos a hacer con todo esto?, pensaban las infantas una vez terminado el proceso del inventariado.

Las últimas voluntades de la reina llevaban fecha de 1 de junio de 1901 —con firma ante el notario Mr. Berçelon— y dejaba a sus hijas como las principales herederas. Aunque en la dadivosidad extrema que caracterizó a la soberana, no dejó de haber un recuerdo para los fieles servidores que la habían atendido en la vejez —especialmente para la duquesa del Almodóvar del Valle—, además de numerosas limosnas para necesitados, regalos y pensiones a su servidumbre, a parientes en segundo grado necesitados de dinero y hasta a los pobres de Madrid. De su exiguo patrimonio, que se repartiría entre las infantas y los herederos del difunto Alfonso XII, la reina había dejado «mejorada» a la infanta Paz, al considerar que la condición del príncipe Luis Fernando no era equiparable a la fortuna de los Orleans ni tampoco a la abultada asignación que conservaba su primogénita por su vida en la corte. Fue el conde de Parcent —jefe de la casa de su majestad y también recompensado por sus servicios— el encargado de inventariar las pertenencias de valor económico y sentimental de la reina. Los albaceas calculaban que la cuantía del haber hereditario, incluyendo alhajas y objetos de arte, apenas superaba los sesenta millones de reales.

«Yo creo que podríamos vender algunas de las joyas de mamá. Corren nuevos tiempos y nadie se sorprendería si las publicitamos aprovechando el tirón de su propietaria», propuso Eulalia, que se había establecido temporalmente en un hotel de la *rue* Varenne. Aquella ocurrencia de su hermana a la infanta Isabel le pareció una majadería. Paz no decía nada. Jamás habló del legado de su madre. Pero lo cierto es que la prensa entera se hizo eco del asunto: «Pero ¿cómo? ¿Hasta van a subastar sus vestidos?». Aquello era la comidilla de la sociedad de alcurnia ante los muchos rumores lanzados por los periódicos. Repugnaba pensar que los objetos familiares de la egregia dama se profanasen en un hotel de ventas donde iban a parar los restos de las grandezas caídas. La sección «Crónica Femenina», del semanario *Hojas Selectas*, llegó a anunciar la licitación de las joyas que habían pertenecido a Isabel II. Pero no era verdad. Después de ciertas tensiones entre Eulalia e Isabel, con la complacencia de Paz y la posición ecuánime de María Cristina —en nombre de sus hijos y herederos del difunto Alfonso XII—, la familia acordó distribuir en cuatro lotes las joyas de la reina. No era abundante su cantidad, pues muchas se habían ido vendiendo desde 1868 para hacer frente a los gastos del exilio. Formadas las partes, entre ellos compraron y vendieron, sobre todo a Eulalia, que seguía resintiéndose por el despilfarro de Antonio de Orleans. Alfonso XIII pagó a sus tías algunas de las piezas de mayor valor, como el collar de una fila de treinta y siete perlas gruesas, uno de los más valiosos de su colección. También Isabel compró a sus hermanas, su holgura económica se lo permitía. Además, se distribuyeron entre las infantas y los nietos de la difunta reina los objetos que constituían recuerdos íntimos o personales, como los álbumes de fotografía, correspondencia, obras de su biblioteca y su magnífico ajuar doméstico.

Ni muebles ni alhajas serían vendidos, como se encargó de especificar *La Correspondencia de España* ante los chismes que circulaban profusamente sobre la herencia regia. Solo lo que quedó en el interior de la que había sido la morada de la reina se subastó en París en mayo de 1905, aún con cierto revuelo entre algunos periódicos españoles, que lo consideraron una humillante liquidación de la memoria de doña Isabel. Pero la gran venta tuvo lugar un mes después: el 8 de julio se verificó la subasta del palacio de Castilla, adjudicado en una única puja que añadió tan solo cincuenta francos a los 2.800.000 que fue el precio de partida (*ABC*, 8 de julio de 1905). Era falsa la noticia de que el rey Leopoldo de Bélgica se había hecho con la propiedad. La finca fue adjudicada al procurador Giejles, el cual, según procedimientos, revelaría el nombre del verdadero comprador. ¿Un acaudalado burgués? ¿Una noble familia? ¿Una empresa industrial para instalar oficinas? Entonces no se supo, aunque muchos experimentaron cierta tristeza al pensar que el fastuoso palacio donde reposó los últimos años de su vida Isabel II fuese a parar a manos de cualquier advenedizo enriquecido. Pero lo cierto es que, con el dinero de la venta, se liquidaron deudas y se pagaron los derechos de sucesión y los espléndidos donativos de la reina a su servidumbre más antigua.

En esos días luctuosos, y mientras se buscaba una solución cordial al proceso de la testamentaría, una nueva tragedia había vuelto a teñir de luto la vida de la corte: el 17 de octubre de 1904, apenas seis meses después de la muerte de su abuela, dejaba de existir Mercedes de Borbón y Habsburgo, princesa de Asturias. La hija mayor de María Cristina moría a los veinticuatro años tras dar a luz una niña, Isabel Alfonsa —la tercera de sus hijos— en un parto complicado con una peritonitis mal diagnosticada. «¡Justo cuando el porvenir le ofrecía tan solo dichas y bienandanzas!», podía leerse en la prensa. En todas partes la noticia producía general consternación y manifestaciones unánimes de pésame. De manera inesperada, rápida, en plena felicidad, la muerte arrebataba la vida a la princesa. Mercedes se había casado por amor, casi de incógnito, dando muestras de firmeza de carácter. Terminados sus días en la flor de la juventud, llorada por el inmenso cariño del pueblo español. Su hijo mayor, Alfonso de Borbón-Dos Sicilias, Bebito, se convertía por el momento, hasta que naciese el primer hijo varón de Alfonso XIII, en nuevo heredero. España entera participaba del duelo que afligía a la real familia. La estampa de la carroza fúnebre desfilando por la calle Bailén en dirección a la estación del Norte era muestra del dolor de todos los madrileños. Los restos de la infortunada Mercedes descansarían para siempre en el Monasterio de El Escorial.

María Cristina, rota de desconsuelo, no salía de sus habitaciones. ¡Su hija! ¡Su querida Mercedes! Durante seis meses se estableció luto en la corte y se suspendieron todos los festejos públicos de la real familia. Volvieron los crespones negros, el duelo, los velos y la desolación. Nino, viudo, trataba de sobreponerse a la desgracia, ¿quién cuidaría de sus pequeños? La infanta Isabel trataba de infundir ánimo a su cuñada y sus sobrinos. Eulalia, desde París, enviaba animosa correspondencia a la familia anunciando la próxima visita de su hijo Alfonso, que viajaría desde Heidelberg para acompañar a Alfonso XIII, muy afectado por la muerte de su hermana. Los dos primos eran casi de la misma edad y su presencia les reconfortaba. También Paz, vía telegráfica, les comunicaba la inmediata llegada de Nando: dejaría Múnich para acompañar a María Teresa en el duro trance por la pérdida de su hermana mayor. El romance seguía su curso, pero el infortunio de las pérdidas había forzado un retraso en el compromiso matrimonial.

Aquellos fueron tiempos de cambios políticos en España en los que la inexperta voluntad del joven monarca trataba de abrirse paso entre innumerables crisis de gobierno. La muerte de Sagasta en 1903 había dado paso a una nueva generación de políticos que se disputaban el liderazgo del Partido Conservador y el Liberal. Había llegado el turno de los Silvela, Montero Ríos, Moret, Fernández Villaverde y Antonio Maura. En medio de las agitaciones y turbulencias de Europa, el país quería entrar en el juego imperialista en que se repartía el continente africano una vez se había consumado la desastrosa pérdida de ultramar.

Ahora era el norte de Marruecos el territorio disputado entre franceses y españoles en aras de conseguir presencia colonial: los territorios del Rif. ¡Cruel herencia para lo que había sido un imperio!

Las cuotas y las levas volvían a lastrar de miseria la vida del español humilde, al tiempo que el movimiento obrero se organizaba en torno al sindicalismo ácrata. Sin embargo, la Corona parecía empeñada en mantener el oropel de antaño: la pasada austeridad de María Cristina nada tenía que ver con el carácter alborozado de su pequeño Buby, que ahora, en el ejercicio de su soberanía constitucional, interfería en los asuntos de la gobernación. Pasado el duelo y con Alfonso XIII en busca de esposa, regresaron los bailes, el teatro, las veladas musicales del maestro Emilio Serrano y las tertulias. Volvían a salir de caza a la Casa de Campo y El Pardo, y cada domingo disfrutan en el Palacio Real de una comida en familia ajena a los compromisos oficiales. Pero la residencia de la calle Quintana, que dirigía con su característica disciplina protocolaria la infanta Isabel, se iba convirtiendo poco a poco en el centro de la vida social. Será aquí, en su salón de la planta principal, donde Nando de Baviera anuncie a su querida tía Isabel la fecha de su enlace con María Teresa.

El 12 de enero de 1906 Madrid volvía a vestirse de gala para una nueva boda real: la tercera consecutiva entre un miembro de la dinastía bávara de los Wittelsbach y los Borbón. ¡Cuánto le hubiera gustado a Isabel II disfrutar de ese momento, de este matrimonio entre dos de sus nietos! Paz estaba exultante. Había llegado a Madrid para pasar las Navidades acompañada de Luis Fernando, Adalberto y la joven Pilar. Con ellos viajaba también Pepilla, que aplomada por la edad y tras muchos años de servicio había decidido regresar definitivamente a España. En la estación del Norte les esperaba su hermana Isabel con Crista y su primogénito, instalado definitivamente en Madrid desde el término de sus estudios en la academia militar. En las últimas semanas, Nando se ocupaba con tino de la supervisión de las obras en el palacete que estaban terminando de construir en la Cuesta de la Vega y que sería su hogar conyugal. María Teresa había accedido a vivir fuera de los muros del regio alcázar siempre que fuese cerca de María Cristina, todavía afligida por la pérdida de Mercedes. La infanta Paz se abrazó a su hermana y saludó con mucho cariño a su cuñada. ¡El dolor se veía todavía en el rostro de aquella madre doliente! Los príncipes de Baviera se instalaron en el Palacio Real, aunque en adelante lo harían en la residencia de su hijo e incluso en la calle Quintana, con la infanta Isabel.

Paz mantenía los rasgos bondadosos de su rostro, su gesto afable, su mirada dulce. Aún seguía esbelta, pero a los cuarenta y cuatro años iba perdiendo el talle y la lozanía del pasado. Pero su incesante actividad a favor de las Juntas Bienhechoras, su impulso a músicos o pintores y sus traducciones, con comentarios críticos, publicadas a raíz de la conmemoración del tercer centenario de la aparición de *El Quijote*, la mantenían en constante dinamismo. Luis Fernando se conservaba ágil, ejercía la cirugía, tocaba el violín y empezaba a utilizar unas cuidadas gafas de oro tras las que se vislumbraban unos ojos claros y expresivos. Fueron días de festejos en los que los novios, María Teresa y Nando, acudieron a numerosas celebraciones al son de los acordes de la *Marcha de los infantes*.

La boda fue fastuosa. La plaza de Oriente amaneció repleta de madrileños que querían aclamar a los novios. ¡Vítores y salvas anunciaban el regreso de las celebraciones a la corte! Decenas de fotógrafos se daban cita en las cercanías del Palacio

Real y en la galería de acceso a la Capilla Real, tendida con ricos tapices. ¡Eran nuevos tiempos! A las once de la mañana comenzó la ceremonia. El rey Alfonso XIII, vestido de uniforme del cuerpo de Alabarderos, actuaba de padrino y la infanta doña Paz, muy elegante en traje de seda granate con la magnífica diadema de brillantes que le había regalado Luis Fernando con motivo de su matrimonio en 1883, de madrina. «¿Verdad que es bonito? Cuánto me recuerda nuestro enlace», decía con palabras dulces a su esposo mientras se disponían a formar la comitiva que desfilaría hacia la capilla precedida de maceros, gentilhombres y mayordomos de semana. Estaba muy emocionada. «Crista, tienes que tratar de apartar el luto y compartir la alegría de los chicos, aunque te pueda el dolor», eran las palabras de Paz a su cuñada y, en adelante, también consuegra, pero nada podía aliviar su pena.

María Cristina lucía un vestido de seda gris perla con manto de terciopelo. Fernando de Baviera, de bigote fino y talla esbelta, eligió para su boda el uniforme de capitán de Húsares de Pavía, el mismo que había lucido su padre veinte años atrás, con el Toisón de Oro y el collar y la banda de Carlos III. La infanta Isabel y Eulalia, con su hijo Alfonso de Orleans, ocupaban también un lugar principal en la capilla. ¡Era la primera vez que las tres hermanas volvían a reunirse tras el fallecimiento de su madre en París! La novia, de marcados rasgos Habsburgo, seria, poco sofisticada y con el porte distinguido de María Cristina —pura cepa austriaca—, lucía un distinguido vestido nupcial en organdí blanco, con cuerpo ajustado, banda en guirnalda con azahar sobre el pecho y la magnífica corona floral en diamantes regalo de su madre. La unión de los infantes Fernando de Baviera y María Teresa de Borbón estuvo bendecida por el arzobispo de Toledo, cardenal Sancha, revestido con ornamentos riquísimos. La parte musical de la celebración corrió a cargo del maestro Zubiaurre, previa supervisión de la propia Paz. Tras la ceremonia religiosa, los ilustres invitados pasaron al llamado salón de Armaduras, donde se hizo la inscripción del matrimonio ante el ministro de Gracia y Justicia, como notario mayor del reino.

Eran aproximadamente las doce de la mañana cuando los recién casados salieron al balcón situado sobre la puerta del Príncipe para saludar al inmenso gentío que les aclamaba en la plaza de Oriente. El tiempo era hermoso, aunque el cielo estaba un poco cubierto. Inauguraban así el saludo regio tan celebrado en adelante en los acontecimientos similares protagonizados por la real familia. Terminada una revista militar con la que el rey Alfonso XIII quiso homenajear a los recién casados, los Baviera Borbón se hicieron retratar en diferentes grupos por varios fotógrafos, tal y como ha quedado reflejado en los periódicos. El danés Christian Franzen firmó las imágenes oficiales del enlace, mientras que otros, como Campúa, dejaron su testimonio en el semanario gráfico *Nuevo Mundo*. La infanta Eulalia seguía aún hermosa, elegante, sofisticada y fiel al estilo de París que empezaba a verse en el cambio de siglo. ¡Se contaban tantas cosas de ella! Tras el ágape con el que agasajaron a sus invitados, María Teresa y Nando salieron en landó descubierto por las calles de la capital. Madrid entero se echó a la calle para ovacionar a los nuevos esposos. ¡Un matrimonio que solo podría disolver una muerte trágica como la que azotaría pronto a la joven infanta María Teresa!

2

¡Vaya novia bonita!

Victoria Eugenia de Battenberg. Trío de damas: Victoria Eugenia, Cristina e Isabel. Sin tiempo para otra boda real: se casa el rey. La tiara de Ansorena y la flor de lis. La testamentaría de la abuela Cristina y la finca de Saelices (Cuenca). La calle Mayor se tiñe de sangre: el atentado de Mateo Morral. Un ramo de flores envenenado. ¡La infanta Paz ya es abuela!

«¿Habéis conocido ya a Ena?», preguntó la infanta Isabel a sus hermanas. Después de la boda de Nando y María Teresa, Paz y Eulalia decidieron prolongar su estancia en España. Su sobrino Alfonso XIII había encontrado una princesa de su agrado y España se preparaba para otra fastuosa boda real: el rey, con dieciocho años, iba a casarse con Victoria Eugenia de Battenberg, nieta de la difunta Victoria de Inglaterra. Guapa, elegante y con el abolengo necesario para su nuevo rango. Esa tarde, las tres hermanas estaban reunidas en la saleta del palacio de la calle Quintana que la Chata continuaba decorando con mimo: había redistribuido muebles con algunas de las piezas llegadas de París y las valiosas obras de pintura adquiridas merced a sus buenos mecenazgos.

Victoria Eugenia era muy hermosa, de piel y cabello claro, con la distinción propia de una alteza serenísima, aunque no hablaba bien castellano. «En Europa se dicen cosas alarmantes sobre su mal de la sangre», apostilló Eulalia, siempre al tanto de los chismes de las cortes. «Mirad lo que le ha pasado a su prima, la zarina Alejandra, con el pobre Alexei, que nunca termina de reponerse», seguía diciendo mientras agitaba la cucharita de plata de su café. La reacción de Isabel fue tajante: «¡Monsergas! No son más que murmuraciones. Es lo que Alfonso ha elegido y nuestra obligación es aplaudir la decisión del rey». La infanta Paz contemplaba la nueva discusión de sus hermanas con gesto compasivo. ¡Qué poco capaces eran de comprenderse! Ella tampoco sabía alemán cuando se casó con Luis Fernando y, sin embargo, no les había faltado felicidad. «¿Qué os parece si le regalo a la novia la corona de oro con diseños de leones y castillos heredada de mamá?», preguntó a sus hermanas. Paz también deseaba lo mejor a su sobrino, aunque para ella, en su profunda fe religiosa, lo importante era que la joven Victoria Eugenia ya había abjurado del anglicanismo en el que había sido bautizada. Lo hizo en una ceremonia celebrada en San Sebastián, en la capilla del palacio de Miramar y en presencia de María Cristina y el propio rey. El 7 de marzo de 1906 la joven Victoria Eugenia, con traje blanco y collar de perlas, abrazaba el catolicismo. Un requisito político para poder convertirse en reina de España que, desde el club náutico de la capital donostiarra, se festejó con cohetes, música y salvas que anunciaban que la bellísima princesa británica acababa de recibir el bautismo.

La infanta Isabel viajaría al norte para dar la bienvenida a la prometida del rey, su ahijado. Eulalia, siempre viajera, pasaría unas semanas en Biarritz, en la villa Trois Fontaines, y se reuniría después con el resto de la familia. Desde Irún, pasarían todos por Burgos y Valladolid hasta llegar a la capital. «Yo no podré acompañaros —comentó Paz—. Tengo que ir con Luis Fernando a Saelices, en Tarancón, cerca de Cuenca. ¿Recordáis el asunto con la testamentaría de la abuela?». Casi treinta años después de la muerte de María Cristina de Nápoles, Paz y Eulalia recibían en propiedad, y apenas separadas por unos kilómetros, edificaciones y terrenos de labor procedentes de una parte de la herencia, repartida también con los descendientes de los primos Muñoz. El río Cigüela y su puente romano establecía los lindes. Nando los acompañaría a la finca, aunque no María Teresa: acababan de anunciarles que esperaban su primer hijo y la infanta se encontraba con el malestar propio de las primeras semanas. ¡Paz de Borbón iba a convertirse en abuela! De modo que los Baviera estarían para el recibimiento triunfal que los españoles preparaban a Victoria Eugenia en su viaje desde la frontera hasta el palacio de El Pardo, pero sí esperaban poder llegar a tiempo para la boda del rey.

¡El Palacio Real ardía de emoción! Ese jueves 31 de mayo de 1906 amaneció un día espléndido: se casaba el monarca. «El joven Alfonso XIII iba a realizar su ensueño de enamorado», se leía en *La Época*. Era la culminación de una semana repleta de festejos, recepciones, cenas de galas y bailes de embajada, aunque pocos toros. Todo hacía pensar que no eran del agrado de la futura soberana. Esa primavera brillaba el sol y los madrileños acogían con apasionamiento a la hermosa británica que compartiría con Alfonso el trono de los españoles. Apenas unos días antes, acompañada de su madre, la princesa Beatriz, y de sus hermanos, Ena, con vestido estilo imperio en seda azul y sombrero, había visitado por primera vez el que sería su hogar. ¡Las fotografías que se habían distribuido de la novia no daban idea exacta de su belleza! Como comentó la propia Eulalia y la prensa entera se encargó de divulgar, «siendo y no siendo reina, la princesa es una reina de la hermosura».

Ese día llegó en un moderno automóvil de la casa Hispano-Suiza conducido por un *chauffeur* desde la Casa de Campo y entró a palacio por la rampa del Campo del Moro. En el acceso principal, y ya con María Cristina, Ena conoció a su nueva servidumbre y aprovechó para probarse el traje de boda y demás ajuar regalo del rey. Decidió que se instalaría en el ala derecha del palacio, dejando a su suegra la zona izquierda, en la que residía desde su viudedad. También en el Real Alcázar, se le hizo entrega de la fabulosa tiara que la prestigiosa casa Ansorena había preparado como encargo del monarca para su prometida: en brillantes, con la flor de lis símbolo de la dinastía Borbón, estaba llamada a convertirse en la más preciada alhaja del joyero real. La recepción se había producido en el comedor de gala, en presencia de toda la familia real española y de los parientes más próximos de la novia.

«¿Has visto, Isabel, qué distante parece la joven?», comentó Eulalia a su hermana cuando ya se retiraban. Victoria Eugenia era altiva, un poco arrogante como consecuencia de su inseguridad. Con los Borbones españoles nunca llegó a entenderse. Tampoco con su suegra. Crista la recibió con afecto, aunque no congeniaron. En esos momentos, mientras salían en coche descubierto desde la plaza de la Armería por la puerta del Príncipe en dirección a su residencia en la calle Quintana, la infanta Isabel se reafirmó en lo acertada que había resultado su decisión de iniciar una vida independiente. Estaba claro que, en adelante, el papel de las infantas españolas quedaría relegado por la nueva familia de Alfonso. Aunque las relaciones de Isabel con Victoria Eugenia eran afectuosas, parecía evidente que otra mujer mandaría en la corte.

La España liberal había acogido a la princesa con entusiasmo. En esos días gobernaba el presidente Segismundo Moret, y como el clima social parecía agitado, se habían extremado las vigilancias. Desde el Ministerio de Gobernación, que ocupaba el conde de Romanones, afirmaban garantizar la seguridad de las comitivas regias y sus séquitos en el camino que separaba el Real Alcázar de la Iglesia de los Jerónimos, donde tendría lugar la ceremonia religiosa.

A las once de la mañana todo estaba dispuesto. El público aplaudió frenéticamente al paso de la carroza en la que viajaban las infantas Isabel, Paz y Eulalia acompañadas por el príncipe de Gales, futuro Jorge V, en representación de su padre, el rey Eduardo VII, tío carnal de la contrayente. Como siempre, llamó la atención por su elegancia y gusto la *toilette* de la infanta Eulalia, un vestido de raso blanco con grecas de oro bordadas y manto rojo formando flores de realce. Para la fastuosa ocasión volvía a lucir su diadema de brillantes rematada en perlas, que completaba con un soberbio collar. Paz, más prudente, llevaba un traje verde claro y su corona de diamantes regalo de Luis Fernando. La infanta Isabel, en malva con adornos de encaje, había optado por el conjunto de esmeraldas heredado de su madre. Aunque la Chata mantenía su porte regio, en los últimos años había engordado bastante.

Otra carroza se había dispuesto para el príncipe de Baviera, que iba acompañado de su ahijado Luis Fernando, Luisito, con uniforme de capitán de Húsares, y de Alfonso de Orleans, de caballero de Calatrava, ambos hijos de Eulalia. El apuesto Alfonso de Orleans, que ya era teniente de Infantería en la Academia de Toledo, acababa de fijar su mirada sobre una invitada de postín que viajaba en la carroza contigua, la también hermosísima Beatriz de Sajonia-Coburgo, prima de la contrayente. Nando, con la infanta María Teresa —como hermana del novio—, llegaría en último lugar. María Cristina, augusta madre del joven monarca, vivió la ceremonia con la emoción contenida propia de su rango.

Pero en medio de aquel concurso deslumbrador, la figura hierática de Victoria Eugenia brillaba sobre las demás: su vestido de raso, sus admirables encajes y el amplio velo ceñido por la regia diadema. ¡Bellísima! En la mano derecha se había puesto una pulsera de rubíes, regalo de su madre, y sujetaba un devocionario con tapas de tafilete blanco. Era un conjunto fastuoso que resaltaba la singular belleza de la desposada. Victoria Eugenia era ya reina de España.

El trayecto de regreso de la comitiva estaba atestado de madrileños que vitoreaban a los nuevos esposos: Puerta de Alcalá, Cibeles, Puerta del Sol… Todas las calles ocupadas por un gentío inmenso que ovacionaba a los novios. Alfonso XIII era querido por el pueblo y aunque el movimiento ácrata provocaba inquietud, en esos momentos nada hacía suponer aquella fatalidad. ¿En su patria? ¿Ante su pueblo? El cortejo, con sus berlinas de gala, palafreneros, timbales, clarines y maceros, había iniciado la marcha. En uno de los coches, custodiadas por la escolta real, las infantas Paz y Eulalia. A continuación, en coche de París tirado por seis caballos castaños españoles, María Teresa y Fernando de Baviera con su tía, la infanta Isabel. Todavía más atrás, el resto de infantes, príncipes y altezas que conformaban aquel soberbio desfile de majestad. Los carruajes de las infantas ya habían atravesado la verja de acceso a la plaza de la Armería cuando un gran revuelo empezó a notarse entre la concurrencia. ¿Qué ha ocurrido? ¿Un cañonazo? Acababa de sonar un estampido, una detonación enorme seguida de gritos de terror. La carroza que conducía a sus majestades se retrasaba. La confusión era indescriptible. El jefe de carrera, que dirigía la comitiva, salió a galope a ver lo que pasaba. ¡Una bomba! ¡Sobre el carruaje de los recién casados! Se había lanzado desde el piso de una pensión en el número 88 de la calle Mayor, oculta en un ramo de flores. ¡Era un salvaje atentado anarquista! La granada había caído a pocos pasos de la carroza que ocupaban los reyes. Los caballos, encabritados, relinchaban de dolor. Sobre el suelo, cubierto de grandes manchas de sangre, yacían varios muertos y heridos de entre la servidumbre, soldados y caballerizos que custodiaban el coche real.

Eran las dos y veinte de la tarde. El público corría a la desbandada para escapar del horror. El rey, al darse cuenta de la explosión y comprobar que estaba ileso, consciente de la desgracia, pero con gran serenidad, cogió a Victoria Eugenia por la cintura y la trasladó a la carroza de respeto para continuar la marcha. Cristales rotos y faroles destrozados. Ena sollozaba, asustada, temblorosa. Sus cristalinos ojos azules reflejaban el espanto de la escena. No podía entender aquello. Apenas salía del estupor. ¿Era así su nuevo país? Momentos después, el rey y Victoria Eugenia lograban entrar en la plaza de la Armería. De un salto, Alfonso se apeó de su carruaje y, dando la mano a su esposa, con voz entera y serena, manifestó encontrase bien. «No ha sido nada», dijo. Los militares, enarbolando sables y fusiles, aclamaban a los monarcas. Al verlos sanos, con vida, en la plenitud de su juventud, la ovación de cuantos grandes de España se agolpaban en la escalera, junto a la entrada principal de palacio, resultó indescriptible. «Quienes hayan cometido semejante atrocidad no pueden ser españoles», afirmó la infanta Paz. ¡Había que salvar la honra de España empañada por la mano criminal de uno de sus hijos! Mateo Morral se llamaba el horrible asesino.

La central de telégrafos ofrecía una agitación extraordinaria y se expidieron millares de despachos ofreciendo información. A Nymphenburg llegó también puntual información sobre el suceso: Adalberto y Pilar no se habían desplazado a Madrid para el enlace y les tranquilizó saber que su primo, el rey

Alfonso XIII, había salido ileso del ataque. El *ABC* consiguió publicar en su edición del 1 de junio la instantánea de la fatal explosión, el momento mismo de la detonación. Un estudiante aficionado a la fotografía, apostado en una esquina de la calle Mayor, había logrado inmortalizar el momento. En España, la violencia de corte sindical se presentaba cada día con mayor fuerza. Aquel atentado había sido el triste vaticinio de un casamiento roto desde su consumación: la vida de Victoria Eugenia en España estaría, desde entonces, teñida de sangre y dolor.

Ya en la residencia de Quintana, las tres infantas se preguntaban si algún día su sobrino Alfonso conseguiría ser feliz. Isabel recordaba con melancolía el dramático final de su matrimonio con Cayetano; Eulalia, el desastre que una vida de derroche había supuesto para un enlace sin amor con Antonio de Orleans. ¡El muy miserable ahora quería ennoblecer a su amante intentando que el rey le concediese el título de vizcondesa de Térmens! ¡A una criada campesina! Solo Paz podía mirar al pasado evocando momentos dulces de una armoniosa vida en pareja; en poco tiempo conmemoraría sus bodas de plata con Tito. Veinticinco años ya desde que Paz de Borbón se había convertido en princesa de Baviera. El balance de su unión era extraordinario: una familia unida que, a finales de año, se vería engrandecida con el nacimiento del primer nieto. El 12 de diciembre de 1906 nacía en el Palacio Real de Madrid Luis Alfonso de Baviera y Borbón, un niño sano y robusto. ¡La infanta Paz, a los cuarenta y cuatro años, ya era abuela!

3

La herencia de la sangre

Soplos de renovación. Victoria Eugenia en La Granja. ¡La infanta Isabel juega al golf, va al fútbol y viaja en automóvil! Jornadas de caza de liebres. Nueva boda de Nino: Luisa de Orleans. Bodas de plata de Paz y Luis Fernando. Otoño de 1908: los Baviera reciben a Alfonso XIII en Nymphenburg. Múnich se viste de gala. «Tía Paz, ¿qué le pasa a Luisito?». El escándalo de Beatriz de Sajonia-Coburgo: Alfonso de Orleans y Borbón, exonerado de su tratamiento como infante de España. El Rif y el barranco del Lobo. ¡Barcelona en llamas!

«Hoy he jugado al golf. Es cosa nueva que ha puesto de moda Ena y que tiene como loca a toda la colonia veraniega. Estoy con los reyes en La Granja y en unos días iniciaré viaje oficial a Galicia». Así comenzaba la carta que la infanta Isabel enviaba a su hermana Paz, en Múnich, para ponerla al día de los asuntos españoles. ¡En el real sitio se había inaugurado un campo, el primero de España, para la práctica de ese deporte! La llegada de Victoria Eugenia había supuesto muchos cambios en la vida de la familia real. Era una mujer moderna, educada en la corte británica, deportista y amante de la moda, que chocaba con las rígidas costumbres que Crista había impuesto en palacio. «¡Nada de lutos ni camaristas viejas y arrugadas!», había dicho Victoria Eugenia. Ella quería color, alegría y dejar atrás el olor rancio que se respiraba entre el séquito real. Con la Chata se entendía; a la joven le atraía la espontaneidad de la nueva «tía Isabel», su voz grave y su carácter impetuoso, tan diferente a la parquedad de su suegra.

Desde el principio el matrimonio con Alfonso fue complicado. Aunque habían llegado los hijos y España tenía ya príncipe de Asturias, la enfermedad y el temido «mal de la sangre» lastraba la salud de los pequeños. Y también estaban los amoríos del rey. Ena disfrutaba en La Granja, entre sus bosques y jardines, paseaba con Isabel y juntas acudían a alguna jornada de caza de liebres a caballo, «al estilo inglés», en la aristocrática sociedad Venta la Rubia. «¿Sabes que fuma? Es buena muchacha, aunque tiene que mejorar el castellano. ¡Lleva ya un tiempo en España y no puede seguir con tan terrible pronunciación! Maura, con esto de la regeneración de las instituciones, dice que tiene que hacerse querer y que los españoles deben vernos. ¡Como si fuésemos feriantes!», escribía Isabel con pluma rápida a su hermana. Paz se reía. ¡Era incorregible! ¡En su corazón, siempre España! ¡Siempre lealtad al rey!

Alfonso y Ena habían confirmado su presencia en la boda de su querido cuñado: Carlos de Borbón-Dos Sicilias, viudo de su hermana Mercedes, contraía un segundo matrimonio, con su prima y nieta de los Montpensier Luisa de Orleans. Fue una boda discreta, celebrada en el palacio de Wood Norton, Inglaterra, a la que Crista no tuvo fuerzas para acudir, aunque para todos Nino seguiría siendo, siempre, un miembro activo de la familia real. La infanta Isabel también asistiría al enlace; se alojó por unos días en el recién inaugurado hotel Ritz de Londres.

Después, Alfonso XIII anunció su próxima visita a Múnich. Viajaría allí con Victoria Eugenia durante un recorrido diplomático por Europa: convenía reforzar lazos amistosos con las principales potencias en un momento de fuertes rivalidades entre Alemania, Rusia, Francia y el Imperio danubiano. Iba a aprovechar también para pasar una temporada con su familia austriaca.

El propio rey había comunicado su interés en visitar a sus queridos tíos, los príncipes de Baviera, para que Ena pudiese conocer a los primos Adalberto y Pilar, esta a punto de cumplir la mayoría de edad. Además del cariño, Baviera era, después de Prusia, el más extenso de los estados que formaban el Imperio alemán. Llegarían a Nymphenburg en el otoño de 1908, por lo que no estarían a tiempo para las celebraciones de las bodas de plata de Paz y Luis Fernando, que se festejaron con una representación de gala en el teatro de la Ópera y una brillante fiesta en la residencia de los príncipes Hohenlohe, a la que se unieron Nando y María Teresa con su hijo, recién llegados de Madrid. El afamado fotógrafo Christian Franzen se encargaría de retratar a la familia.

Los príncipes de Baviera eran muy queridos en Múnich. ¡Sus sentimientos generosos y artísticos eran conocidos y admirados! Luis Fernando, que ya tenía cincuenta años, ponía su ciencia al servicio de los pobres y desgraciados, y la infanta española llevaba los consuelos de su caridad inagotable a todas partes. Paz de Borbón no quiso regalos por su aniversario: quienes pensasen ofrecerle su adhesión y respeto con algún obsequio debían convertirlo en donativo para levantar un sanatorio destinado a los enfermos pobres de Múnich. En su mentalidad conservadora, prevalecía aquello de que «la caridad del rico debía suplir la miseria del pobre». Difícilmente, pensaban muchos, se podría encontrar una persona más verdaderamente buena y sencilla que la infanta Paz: buena esposa, buena madre y buena con los que la rodeaban. Como nueva prueba de su españolidad, Paz acababa de ofrecer en su palacio de Nymphenburg una admirable fiesta a beneficio de los heridos de Melilla en la guerra del Rif, con el concurso de los artistas del Teatro Real, de la Ópera de Múnich y del teatro alemán, además de la bella bailarina española María Martínez. Los vínculos de la infanta con España fueron siempre constantes. Devota de Teresa de Ávila, su sueño era terminar las obras de la basílica dedicada a la santa en Alba de Tormes.

El recibimiento que Múnich brindó a los reyes de España fue apoteósico. ¡Viajaban en el *Orient Express* procedentes de París! En la estación principal de la capital bávara esperaban la infanta Paz y Luis Fernando con sus hijos Adalberto y Pilar. También estaban Nando y María Teresa, que se alegró de ver a su hermano pisando tierras muniquesas; ya tenían un hijo, el pequeño Luis Alfonso, y esperaban otro para comienzos de año. Con ellos estaba Crista, que había llegado unos días antes procedente de Viena, además del embajador Polo de Bernabé y el príncipe regente Leopoldo de Baviera. En esta etapa del viaje, acompañaba a los reyes la princesa Beatriz de Sajonia-Coburgo, prima carnal de Victoria Eugenia y asidua en la vida de la pareja desde su matrimonio. Ena y ella eran casi de la misma edad, ambas nietas de la reina Victoria de Inglaterra, y con un deslumbrante parecido. ¡Cuánto daría que hablar la bella Bee! Hacía unos días que se había marchado de Nymphenburg Luisito, el hijo segundo de Eulalia y ahijado de Luis Fernando, que empezaba a dar quebraderos de cabeza a la familia jugando con los sentimientos de su madre.

Las puertas de Bahnhofplatz, Karlstor, Königsplatz y Viscardigasse se habían adornado con guirnaldas y luces de colores para recibir al monarca español, sobrino de la querida infanta española y princesa de Baviera. Los aplausos no cesaban y las aclamaciones se repetían sin parar al paso de la comitiva. Banderas colgaban de lo alto de los tejados mientras las mujeres les lanzaban flores: *Hoch! Hoch! Hoch die koenigin!* (viva la reina). Alfonso recordaba el palacio de sus tíos, pero para Victoria

Eugenia, que ya había recuperado la figura después del parto de Jaime, el segundo de sus hijos, tras el primogénito Alfonso, era la primera visita. Le gustaron sus jardines, lo grandioso de la construcción de Nymphenburg y la hospitalidad de todos los Baviera. Adalberto pudo hablar con su primo, el rey, al que apenas veía, de los avances que estaba dando en las filas del Ejército bávaro y también de su afición a la historia y la literatura. «Creo que podré ir a la universidad, aunque no descuidaré mis obligaciones militares», comentaba en correcto castellano mientras se preparaban para la recepción previa a la comida de gala que ofrecía el regente de Baviera en honor del rey.

Mientras sonaba la música de Richard Strauss —gran amigo de Paz y al que habían invitado para amenizar la velada—, Alfonso aprovechó para conversar con su tía sobre los asuntos españoles: «Tía Isabel está estupenda. Ahora le han regalado un coche y sale de paseo con Lola Nájera todas las tardes por el centro de Madrid. Usa gabardina. ¡Los españoles la adoran! Aunque a ella eso de que la llamen Chata no te creas que le hace gracia. Ha ido al *football* en Valencia y no sabes las cosas que le gritan en los toros», comentaba en su llaneza habitual. Paz se reía, no le sorprendía el afecto del pueblo por su hermana mayor, aunque sí parecía preocupada por Eulalia. El asesinato en Lisboa del rey Carlos I de Portugal, al que su hermana pequeña profesaba tanto afecto y del que se decía era su «amador», la había sobrecogido. «Ya sabes, tía, ella va y viene: que si París, una temporada con los Coburgo en Bélgica y otros días en Heidegg. Pero anda preocupaba por los primos. Con Luisito, ya ves, y ahora lo de Alfonso», manifestó el rey a su entrañable tía Paz. Sí, ella estaba al tanto de la situación por la correspondencia que recibía casi semanalmente de sus hermanas. Pero ¿era cierto que la bella Bee había coqueteado con Miguel Romanov, el hermano del zar Nicolás II? ¿Y que ahora andaba en romances con Alfonso de Orleans? Pero ¿por qué no se quería convertir al catolicismo? «Pues para casarse con un infante de España es necesario abrazar la fe católica», espetó a su sobrino. Lo sabía.

La estancia de Alfonso XIII y Victoria Eugenia en Múnich, aunque breve, resultó agradable. Asistieron a una cacería de jabalíes organizada en su honor en el parque de Fürstenried e hicieron una excursión a las pintorescas orillas del lago Tegel. El monárquico *ABC* publicó numerosos reportajes de los Baviera Borbón alabando la hospitalidad de la infanta Paz y la belleza de la reina española. De Múnich viajaron a Budapest, en lo que formaba parte de aquella importante gira diplomática organizada por el Gobierno. Pero apenas regresaron a España, estalló el escándalo.

La infanta Isabel cursó inmediatamente un telegrama a San Sebastián, donde estaban los reyes: ¿cómo era posible? El 16 de julio de 1909, *Gaceta de Madrid* insertaba un decreto firmado por el rey en el que exoneraba a su primo Alfonso de Orleans de su condición de infante de España. El primogénito de Eulalia, Ali, se había casado con Beatriz de Sajonia-Coburgo, protestante, sin autorización. ¡Menuda desvergüenza! No. Aquello no podía ser. Era cierto que la familia real solo admitía casamientos dentro de la fe católica, pero ¿se había llegado a ese extremo?, se preguntó Isabel. Debería haber hecho lo mismo que su prima Ena porque, sin autorización del jefe de la familia real, no podía casarse un infante a menos que renunciase a esta condición y a todos los honores que le acompañaban. ¿Se había negado el rey al matrimonio de sus primos?

La información sobre la boda había llegado por cable: el matrimonio civil se verificó el día 15 en el palacio de Rosenau, en Coburgo (Alemania). Luego se había celebrado una ceremonia religiosa según el rito católico en la iglesia de San Agustín y una bendición evangélica en el castillo de Callemberg. La Santa Sede, según el diario *L'Osservatore Romano*, manifestaba ser «completamente ajena al hecho». Eulalia, que se encontraba en París y se había opuesto al noviazgo desde el principio, no tuvo conocimiento de la boda hasta que se hubo celebrado. Se enteró a través de un telegrama expedido por su propio hijo horas después del enlace.

¡Algo podría hacerse!, pensó Isabel, que adoraba a sus sobrinos, los chicos de Eulalia, y también veneraba al rey. ¡Alfonso de Orleans estaba a la espera de destino para ser trasladado a Melilla y así no se podían dejar las cosas! Isabel sabía que su hermana Eulalia, rota de indignación por el comportamiento de su propio hijo, se había presentado en la embajada de España en París para recoger los informes que allí pudiera haber sobre lo sucedido y expresar los sentimientos que embargaban su ánimo. Le dolía lo ocurrido, pero, sobre todo, quería impedir que su hijo perdiese su puesto en el Ejército de su patria. No sabía entonces el importante papel que Beatriz de Sajonia-Coburgo iba a adquirir en los sentimientos de la familia. Pero, por el momento, no estaba dispuesta a coincidir con la nueva pareja durante su estancia de regreso en la capital de Francia. Así que la impetuosa Eulalia había decidido viajar a su casa de Normandía acompañada por Luisito, su segundo hijo. Ahí supo que la primera visita familiar que Alfonso y Beatriz habían realizado una vez convertidos en esposos había sido a su hermana Paz. En Nymphenburg, los Orleans-Sajonia fueron acogidos con afecto.

Alfonso XIII, mediatizado por el escándalo y presionado por el Gobierno, se vio forzado a firmar su exoneración como infante. Sabía de la lealtad de su primo a la monarquía y, de hecho, él mismo había alentado aquel noviazgo. Pero por el momento nada podía solucionarse: temporalmente, Alfonso de Orleans y Beatriz se tuvieron que instalar en Coburgo. Victoria Eugenia estaba indignada, ¿cómo podía hacerle eso a su prima? Con gran abatimiento, Alfonso XIII anuló la incorporación de su primo al ejército de África. ¡Qué gran error! ¡Con todo lo que quería y servía a España! Cuánto iba a arrepentirse el rey de aquel desplante ahora que el país necesitaba oficiales leales y valientes.

Las cosas en Melilla se habían complicado. La ofensiva rifeña era cada día más virulenta y el desastre del barranco del Lobo ponía en alerta las posiciones españolas. ¡Aquello era un matadero! El Gobierno de Antonio Maura decretó la movilización mientras la Ciudad Condal ardía en barricadas. «Barcelona en estado de guerra», titulaba el diario republicano *El País*. ¡Un convento asaltado y otros tantos en llamas! En ese verano de 1909, fueron muchas las fuentes que emanaron sangre de españoles que morían por la patria.

4

La Chata, a la Argentina

Adiós a Pepe Alcañices. Comida de Año Nuevo: ¡cómo ha crecido la familia! El mareo de la orquesta. Apoteosis en la llegada a Buenos Aires. Saludos desde el balcón de la Casa Rosada. Figueroa Alcorta. En el palacio Bary. Con la tiara Mellerio en el Colón. Magnífica yeguada y asado en cuero. ¡Que exaltación de patriotismo! La emigración se vuelca con su infanta. Como un grumete en el Alfonso XII. *Paz, «¿vamos a ir a eso de la trata de blancas?». ¡Otra vez Eulalia!*

¡Ha muerto el duque de Sesto! Era la noticia con la que abrían los diarios madrileños ese 1 de enero de 1910. Aunque hacía años que la influencia del duque en la corte había desaparecido, era todavía un personaje popular. Con sus gruesas patillas, su levita y bastón de bola, la desaparición de Pepe Alcañices cerraba una época en palacio. No es que Crista se alegrase, pero nunca pudo olvidar el deplorable influjo que supuso en la vida amorosa de su difunto esposo.

Reunidos en el comedor de columnas del Real Alcázar para conmemorar el inicio del año, la reina madre y sus cuñadas contemplaban con orgullo cómo había aumentado su familia. Alfonso XIII ya era padre de tres hijos, Alfonso, Jaime y la pequeña infanta Beatriz; María Teresa y Nando de Baviera acababan de tener al pequeño José Eugenio. También se encontraban en la mesa los niños de la difunta Mercedes, nietos de María Cristina, Bebito e Isabel Alfonsa. Nino no estaba con ellos, el deber le inclinó a permanecer en el palacio madrileño de Villamejor al cuidado de su segunda esposa, la bella Luisa de Orleans, convaleciente tras un parto. La infanta Paz había tenido que retrasar un poco su viaje en Navidad porque Luis Fernando acababa de entrar a formar parte de la Jefatura de la Sanidad Militar de los Reales Ejércitos de Baviera, pero sí llegaron a tiempo para ese almuerzo de Año Nuevo. Últimamente Paz pasaba frecuentes temporadas en España movida por el cariño que profesaba a sus nietos y se instalaba junto a ellos en el palacio de la Cuesta de la Vega, la residencia de su hijo Nando, al inicio de la calle Mayor.

Durante la comida, Luis Fernando y la princesa Pilar contaban entre risas cómo había sido el accidentado viaje que habían realizado en automóvil desde Múnich, atravesando Europa entre carreteras polvorientas, fallos del motor y una climatología pavorosa. ¡Menuda aventura! Paz estaba feliz. ¡Cómo le gustaba verse en España rodeada de los suyos! Le faltaba Adalberto. Y también Eulalia, que, tras el escándalo orquestado con la boda de su hijo y el reconocimiento de nobleza que el rey había concedido a la amante de Antonio de Orleans, había preferido quedarse en París. ¡Pobre hermana pequeña! Primero, la mala vida del libertino de su marido, y ahora, lo de los chicos: con Ali desterrado y Luisito pasando temporadas de asueto en la finca de Castillejos, heredada en Cuenca.

«Canalejas me ha propuesto viajar a la Argentina», comentó en tono solemne la infanta Isabel. El gallego, nuevo jefe de los liberales y dispuesto a regenerar el agotado modelo político de la Restauración, había pensado en la carismática Isabel para representar a España en los actos conmemorativos del primer centenario de la independencia. La Chata era querida, espontánea y no estaba en la primera línea dinástica, lo que era aconsejable de cara a las eventuales protestas que se esperaban de los republicanos sudamericanos. Además, ¿no lo había hecho ya Eulalia en Cuba? Pues ella, Isabel de Borbón, aceptaría el encargo de viajar a las Américas como embajadora de la familia real. «A las duras y a las maduras», como le gustaba decir. Para ella era un honor, ¡un orgullo servir a la Corona!

El ajetreo de baúles y maletas en su residencia de la calle Quintana era tremendo. Pese a los años, Isabel seguía siendo presumida: «Mete el vestido azul, el abrigo de brocados y mis estolas de zorro, que en esas tierras hay temperaturas bajas. ¡Y no te olvides de los sombreros y las botas!». «Pero señora...», intentaba replicar María, su fiel doncella. «Hazme caso, que sé de lo que me hablo», contestaba con su autoritarismo habitual. El 1 de mayo de 1910 salió de la estación de Mediodía con dirección a Cádiz. Ahí embarcaría en el impresionante crucero *Alfonso XII*, de la Compañía Trasatlántica, propiedad de sus amigos los Comillas. Junto a ella viajaba la incondicional marquesa de Nájera y su secretario particular, Alonso Coello. También autoridades públicas, militares, diplomáticos y los directores de los más importantes diarios españoles. La despedida en el muelle fue apoteósica, grandiosa. Justo en el momento de levar anclas, Isabel cursó un escueto despacho a su sobrino: «Al zarpar para Buenos Aires, saludo a mi rey y a mi patria. Isabel». Quedaban por delante quince días de navegación.

¡Menos mal que ella no se mareaba! Recordaba las frecuentes travesías de su infancia, aunque ahora era distinto: todo un palacio flotante tripulado por Manuel Deschamps, un héroe de la guerra de Cuba. «Alteza, puede estar tranquila, hemos instalado un servicio de telegrafía sin hilos expresamente para el viaje», le decía el capitán. El barco era todo lujo: orquesta, vajilla de plata, porcelana y dependencias particulares compuestas por dormitorio, salón, despacho, vestidor y cuarto de baño. «Querida Paz. Aquí el mar arrecia. Tenías que ver las caras blancas del pasaje. Los calamitosos músicos apenas eran capaces de articular dos notas. Qué desafine. ¡Si lo hubieses escuchado!», escribía a su hermana. Durante la travesía se enteró del fallecimiento en Londres de Eduardo VII y de la proclamación de Jorge V como nuevo monarca. Recordaba bien cómo había tratado con él en la corte de Windsor y pensaba en lo apenada que debía de sentirse Victoria Eugenia en aquellos momentos.

La expedición hizo parada en Cabo Verde para carbonear, se «bautizó» a la infanta en champán al cruzar la línea del ecuador y el 18 de mayo, con la solemnidad protocolaria que correspondía a la egregia pasajera, el crucero entró en el puerto de Buenos Aires: salvas de artillería y embarcaciones engalanadas de las que partían clamores, vítores y aplausos. «Centenares de compatriotas alborozados esperaban en el muelle para recibir a Isabel de Borbón», titulaba *El Imparcial*.

Cuando Isabel puso pie en tierra, las músicas entonaron la *Marcha Real*. El presidente, José Figueroa Alcorta, hizo una reverencia y besó la mano de la infanta, que estaba imponente con un traje en tafetán verde y extraordinario tocado de plumas. Ocupó un landó descubierto y, entre un entusiasmo extraordinario, la comitiva avanzó hacia la Casa Rosada. ¡Una ovación ininterrumpida, un clamoreo gozoso que no cesó un segundo! Isabel hizo entrega de las credenciales de su extraordinaria misión al presidente y en vista de la insistencia de las aclamaciones de todo aquel gentío, se asomó al balcón central saludando y agitando su pañuelo. ¡Vivas a España y a la Argentina! «Ha sido extraordinario. ¿Viste cuántas banderas españolas? Estos emigrados jamás olvidan la patria», comentaba a Lola Nájera mientras se acicalaban en el palacio de Bary, en la zona más noble de la ciudad —junto al parque de Palermo—, en el que se alojaban.

El resto de la comitiva lo hacía en el hotel Majestic, alquilado íntegramente por el Gobierno para la ocasión. Tomaron un té y esa noche las dos amigas pudieron descansar del ajetreo. La recepción organizada con motivo de su llegada se había aplazado por el repentino fallecimiento del presidente del Senado argentino. Pero tenían ante sí un programa repleto de bailes, inauguraciones de monumentos, exposiciones de ganaderías y hasta un concurso hípico.

El banquete oficial de gala se verificó un día después. ¡Brindis por España, por Alfonso XIII y por la infanta! «La presencia de su alteza constituye para la nación bonaerense el mayor motivo de regocijo», manifestó Figueroa Alcorta. La posterior revista naval se convirtió en un espectáculo soberbio. Las embarcaciones de las diferentes escuadras, iluminadas con luz eléctrica, enarbolaron la bandera de España. Qué emoción sintió Isabel. Siguieron banquetes, bailes de honor y una función en el teatro Avenida organizada por la colonia española. «No te imaginas lo que es esto —escribe a su hermana Paz—. Buenos Aires es una capital encantadora. Con grandes avenidas, muchos espectáculos y una cocina fascinante. ¡Cuánto hubiera disfrutado aquí mamá!».

La gran María Guerrero, la eminente actriz española, se encontraba de gira en Argentina, aunque no pudieron verse. Asistieron a una función de gala en el teatro Colón, brillantísima, con todo el «bello sexo» de la sociedad bonaerense ataviado con magníficas *toilettes*. ¡Qué lujo! Aquello sobrepujaba a los primeros escenarios de Europa. El edificio presidía la plaza Lavalle, junto a las mejores mansiones de la ciudad. Columnas de mármol rojo de Verona y una extraordinaria cúpula de cristal. Para la ocasión, Isabel se había puesto la «diadema de la Chata», la fabulosa tiara Mellerio de las conchas, en brillantes y perlas marinas, que sus padres le habían regalado por su boda con Cayetano en 1868. ¡Ella era toda una infanta española!

Por las calles, Isabel no recibía más que tributos de simpatía y muestras de afecto que ella respondía con efusivos saludos y su espontánea exageración. Al llegar al palacio Bary, el 22 de mayo, le entregaron un telegrama. Eran malas noticias: «Alumbramiento malogrado». Victoria Eugenia acababa de parir en el Palacio Real de Madrid un niño muerto. ¡Pobre Ena!, pensó. ¡Pobre Alfonso! Pero cuando ya de mañana amanecía en el jardín de la residencia, aún visiblemente afectada por la noticia, escuchó alboroto. Se asomó al balcón y pudo presenciar un multitudinario desfile de españoles, sin distinción de clases ni de ideas, que acudían a rendir homenaje a la más alta representación que España tenía en Argentina. Orfeones, círculos regionales, sociedades con estandartes y banderas. ¡Hasta los catalanes agitaban sus barretinas ante su paso! Vivas, aplausos sin interrupción en tanto que las músicas entonaban la *Marcha Real* española y el himno argentino (*ABC*, 24 de mayo de 1910). Un acto grandioso sobre toda ponderación. ¡Fueron momentos de extraordinaria emoción que arrancaron lágrimas a la infanta! Desde algunos días atrás, el *Diario Español*, de lectura obligada para los emigrantes, venía haciendo un llamamiento a los españoles para homenajear así a su querida infanta. ¡Cerca de cincuenta mil personas y miles de curiosos!, según las crónicas. Fue una estancia triunfal solo ensombrecida por el peligro, no incierto, de un posible sabotaje. ¡La virulencia anarquista era cada día más amenazante!

La infanta Isabel y su comitiva pudieron disfrutar de la vastedad del campo argentino en la visita a una de las mejores haciendas del país, la estancia San Juan. «Menuda yeguada, Paz, caballos criollos argentinos de pura raza. Comimos, entre las ovejas y vacas, con los pastores criollos. Un gran asado en cuero, que aquí es considerado el plato nacional», escribía a su hermana. ¡Cómo disfrutó! Ella, que siempre había mostrado afición campera. Isabel también participó en la gran fiesta nacional argentina, presidió una ceremonia religiosa en la catedral de Buenos Aires en la que el obispo le dedicó afectuosas palabras como «madre de todos los que aclaman y veneran», e hizo una excursión a Luján para colocar, a los pies de la popular imagen de la Virgen, una bandera de España. «¡Viva la infanta!», gritaban. «¡A mí no! —respondía—. Al rey. Gritad: ¡viva el rey!». El 30 de mayo, Isabel inauguró los pabellones españoles de la Exposición Internacional y rindió un emocionado homenaje al busto de Alfonso XIII. Un día antes de su despedida, la infanta invitó a representantes de toda la sociedad a un ágape a bordo del buque *Alfonso XII*, de nuevo listo para zarpar. Repartió retratos suyos firmados, limosnas por doquier y una pulsera de oro con la corona real en rubíes a cada una de las damas que le habían servido. ¡Cuánto se parecía a su madre!

El 2 de junio partieron rumbo a España; dejaban atrás Puerto Madero y la Argentina. La monarquía había salido reforzada en su prestigio y se robustecían los lazos de España con la floreciente nación sudamericana. ¡La resurrección de la hispanidad en el corazón de América! En el crucero de regreso —otras dos semanas de navegación— Isabel actuó como una auténtica grumete. ¡Menuda fortaleza! Jugaba a las cartas, se ponía una gorra de marinero para sujetarse el pelo y desayunaba en cubierta huevos fritos y té. «¡No me saques de esta guisa!», le decía a Alfonso, el popular fotógrafo del *ABC*, que tantos testimonios ha dejado de aquel viaje histórico. Isabel sabía del éxito de su misión y deseaba conocer las impresiones en España. Estaba exultante. El telegrama de bienvenida lo recibió al poco de pisar Santa Cruz de Tenerife. 18 de junio. «Recibe nuestra felicitación cariñosa por lo bien que has cumplido la representación que te confié. Te abraza tu sobrino. Alfonso». El día 24 llega a Madrid. En la estación le espera la familia real y el presidente, José Canalejas. En las palabras de este, de nuevo, el agradecimiento por el importante servicio que había ofrecido a España y al rey. «Bueno —dijo ella—, ¿y qué hay por aquí?».

Ya en su palacete de Quintana, Isabel se recrea leyendo lo publicado en la prensa durante su ausencia: «Apoteósico recibimiento», titulaba *La Época*. «Bienvenida triunfal a la infanta», decía *La Correspondencia de España*. Hasta el satírico *El Motín* se descubría ante el éxito del viaje diplomático de la Chata.

Su hermana, la infanta Paz, acudió a visitarla. Todavía seguía en Madrid, en el palacete de Nando. «¡Los nietos tiran mucho!», se afanaba en decir. Luis Fernando había ido a hacer una revisión médica al mayor del rey, Alfonsito, el príncipe de Asturias, y no le había encontrado bien. «Tito dice que es heredado, un problema de la sangre que viene de los ingleses, algo que ya se murmuraba desde el noviazgo. ¡Y ya ves! La pobre Ena está disgustadísima y Alfonso no lo asume». Luego continuó: «Nosotros nos quedaremos hasta la inauguración del liceo alemán en Madrid, y si lo ves conveniente, te acompañaremos al hotel Ritz, a la recepción de los invitados que han confirmado asistencia al congreso contra la trata de blancas previsto para octubre». Luis Fernando pensaba que se trataba de una extraordinaria iniciativa social y le gustaba poder participar. Para la infanta Isabel, acostumbrada a asuntos de beneficencia, la idea le resultaba demasiado pionera, pero no estaba dispuesta a quedarse al margen de los nuevos tiempos. Aceptó encantada la organización de este nuevo encargo del gabinete liberal. «También queremos ir a Cuenca a ver cómo van las obras en Saelices y después —dijo

Paz— nos marcharemos a Múnich. Quiero estar para la apertura del nuevo orfanato que acabo de poner en marcha con la Asociación de Mujeres Católicas. Está muy cerca de casa, en Romanstrasse». Había otro asunto que quería comentarle, aunque no sabía cómo afrontarlo. Sospechaba que su hermana mayor se iba a enfurecer. Con voz suave y tono prudente, se atrevió: «Isabel, ¿tú has oído algo de un libro que dicen está escribiendo Eulalia?». Los vivarachos ojos de la Chata se iluminaron como fuego. ¡No podía ser! Pero ¿qué iba a contar esa descerebrada?

5

¿Una infanta republicana y feminista?

Alfonso de Orleans en el ejército de África. Estalla la tormenta. La actitud de la prensa francesa. Los comentarios del diario Le Temps. *¿Va a perder su lista civil? ¿Las 150.000 pesetas? Eulalia, fuera de la corte. Viajes por Europa. En su residencia del* boulevard *Lannes. Con artistas e intelectuales. La pena de Isabel: muerte de la duquesa de Nájera. ¡Adiós a Lolita Balanzat! Nuevo duelo en palacio: ¡el fallecimiento de María Teresa de Borbón y Habsburgo! Nando, viudo. ¿Quién se lo dice a los nietos?*

Isabel se presentó de inmediato en el despacho de su sobrino, el rey. «Algún día el pueblo sacudirá las coronas y, liberándose, nos libertará a nosotras», leía Alfonso XIII a su tía con gesto indignado y tono serio. «No. ¡No quiero saber más! Pero ¿es que esta hermana mía se ha vuelto loca?», reaccionaba la Chata. En diciembre de 1911 la infanta Eulalia decidía publicar en Francia un libro en el que mostraba sus opiniones sobre diferentes aspectos de la sociedad, la política y la mujer. *Au fil de la vie,* se titulaba; escrito en perfecto francés y firmado como «condesa de Ávila». Se había impreso en una pequeña editorial de París que apenas tiró mil ejemplares, dudando del interés que aquellas impresiones pudieran suscitar. Se equivocaban. ¡El éxito de la obra resultó fulminante! Isabel estaba fuera de sí. Pero ¿cómo podía su hermana escupir tanta indecencia sobre España y la familia? ¡Y justo en el momento en que las cosas con su hijo Alfonso y Beatriz parecían haberse arreglado! Ali se había incorporado al ejército de África. «¡Jamás debiste conceder a esa sirvienta el título de vizcondesa de Térmens!», se afanaba en repetir a su sobrino mientras agitaba su abanico, acalorada. Crista, siempre prudente y silenciosa, contemplaba la escena con sorpresa. Tampoco ella comprendía cómo se había llegado a ese extremo. «¿Reflexiones influenciadas por los filósofos Kant y Krause?». Definitivamente, Eulalia se había vuelto loca.

Las relaciones Francia-España se habían complicado a causa del pleito marroquí y algunos diarios franceses quisieron aprovechar la oportunidad para avivar el conflicto. ¡Nada había de ello! Eulalia, indignada por el reconocimiento del título de nobleza que el rey había dado a la amante de Antonio de Orleans, había decidido publicar la obra: un tratado de moral con reflexiones sobre educación, prejuicios sociales, la felicidad y el honor. Y también sobre el feminismo, el divorcio, la igualdad de clases y el socialismo. ¡Todo un escándalo! Alfonso XIII, al tanto de las intenciones de su tía, vía telegráfica había solicitado leer los manuscritos antes de su difusión: «Palacio de Madrid. 2 de diciembre. Te ordeno que lo suspendas hasta que yo conozca el libro y recibas mi autorización para publicarlo». Pero la infanta, impetuosa y altanera, había desoído el mandato del rey.

«¡Que España es una corte tradicionalista en exceso! Pero ¿cómo se le ocurre?». Isabel estaba fuera de sí. «¡Un libro favorable al divorcio! ¡Que sea "ley de justicia" y no un acuerdo encubridor del libertinaje!». Aquello era demasiado para la mentalidad conservadora de la infanta Isabel y la rigidez moral de María Cristina. El francés *Le Temps* aprovechaba el desencuentro entre Alfonso XIII y su tía Eulalia para promover el descrédito de España mencionando procedimientos inquisitoriales en la Corona española. La infanta Eulalia no tenía razón en su violenta réplica al jefe de la familia real. Estaba enojada y siempre se había mostrado rebelde contra la rigidez protocolaria de la corte, pero esta reacción no parecía de recibo. La repercusión fue tal que hasta Canalejas hubo de convocar al Consejo de Ministros. Ni la tenaz intervención del embajador de España en París, Pérez Caballero, pudo aplacar ya el alboroto. La fiebre informativa crecía sin freno. ¡Había estallado la tormenta!

Eulalia trató de disculpar su inoportunidad publicando una carta en *El Imparcial*, el diario liberal fundado por Eduardo Gasset y Artime, que conseguía uno de los mayores éxitos periodísticos de su historia. El corazón de la infanta, tan español, sufría por la poca confianza que en ella habían demostrado atacando su obra antes de conocerla, decía. Qué profunda y firme debía de ser su amistad con la reina madre, su cariño para el rey y su amor por la patria cuando, a pesar de todo, agobiada, apremiada, perseguida, «¡falseadas mis palabras y mis actos, no ha habido en mí un ataque directo ni a la monarquía ni al Gobierno ni al país!», escribía Eulalia. Ella no hablaba más que con su alma y su corazón. En sus juicios no había color político y se mostraba dispuesta a bajar la cabeza ante el rey. ¿Qué sucedía en España contra ella? ¿Por qué se decía que había escrito una obra atacando a la monarquía y al Gobierno? Eulalia quería que España conociese lo que estaba sufriendo: «Quisiera que supiera el rey que mi afecto de tía suya pesa sobre todo; que sepa la reina Cristina que mi cariño no ha variado». Terminaba la misiva con un patriótico: «Ante todo y por encima de todo, soy española» (*El Imparcial*, 7 de diciembre de 1911). ¿Buscaba Eulalia el perdón?, o ¿temía perder su lista civil, las 150.000 pesetas anuales que recibía de los presupuestos generales por su dignidad de infanta?

La determinación de Alfonso XIII fue clara: se prohibía la distribución del libro en el país y durante un tiempo se mantendría a Eulalia excluida de la corte. Aunque no se le revocaba la condición de infanta, la posición de Eulalia quedaba, de momento, alejada de la vida de España. Para ella, según confesará tiempo después en sus *Memorias*, su libro no era más que observaciones sin pretensiones literarias, interesantes para la mujer, que había ido escribiendo a retazos, a través de muchos años, recogiendo ideas dispersas que consideraba de lectura amable. ¿Era un libro inmoral? ¿Feminista? ¿Atentatorio a la religión? Ella nunca lo entendió así. Creía hacer algo útil y beneficioso, críticas «inofensivas» que, sin embargo, iban a valerle para la historia el apelativo de «la infanta republicana».

Isabel encajó esta nueva necedad de Eulalia con pesadumbre. Su hermana podía sentirse deshonrada por el comportamiento de Antonio de Orleans; era cierto que había comprado a su amante una residencia en la lujosísima *rue* Spontini y que llevaba más de una década paseándola airosamente por los elegantes barrios de la capital como si fuese una gran señora; entendía que le indignase que Luisito viviese ahora con su padre y la Infantona, pero ¿era de recibo esta pataleta? Paz, desde Múnich, también se mostraba disgustada, aunque en esos días de confusión mantuvo con Eulalia cariñosa correspondencia y no descartaba que la visitase próximamente en Baviera. ¡Nymphenburg siempre estaría abierto para su familia! Por el momento sabía que su hermana tenía intenciones de viajar a Suiza, pasar el verano en Normandía y regresar a París para instalarse definitivamente en el apartamento 33 que había terminado de acondicionar en el *boulevard* Lannes, cerca del Bois de Boulogne, que poseía desde la muerte de su madre.

La casa de Eulalia en París iba a transformarse en uno de los lugares de encuentro más frecuentados por la buena sociedad: académicos, realistas, nobles orleanistas, pintores, músicos y diplomáticos pasaban por sus salones para hablar de política, arte, de los problemas que atravesaban los viejos imperios y las tensiones en Europa. «¿Sabes que Eulalia ha recibido a la hora del té al dramaturgo Edmond Rostand, autor de *Cyrano de Bergerac*?», comentaba Paz a su hermana Isabel en su habitual correspondencia. Eulalia también se convirtió en asidua del salón de la duquesa de Rohan, en la *rue* Varenne, donde se reunían todas las semanas los escritores más distinguidos de Francia y en la que conocerá a Paul Bourget, el novelista de moda de la aristocracia francesa, y a Marcel Prévost, autor de la polémica *Vírgenes a medias*.

Era el París de los grandes sombreros de plumas, de las sombrillas al aire, las avenidas llenas de alegría y los bulliciosos cafés de Montmartre. Antes de que el mundo ardiese en las trincheras, Eulalia de Borbón viajó a Alemania, Inglaterra y Holanda, recorrió sus caminos de juventud por primera vez dueña de sí misma, «sin el pesado deber de convertir en actitud diplomática y oficial mis andares por cortes amigas», según expuso en sus *Memorias*. Durante este tiempo Eulalia fue abuela y actuó como madrina en el bautizo de su primer nieto: Álvaro de Orleans y Sajonia-Coburgo, el primogénito del matrimonio entre Alfonso y Bee, quien aprendió a ganarse el afecto de su suegra y de toda la familia Borbón. ¡Por fin su hijo había sido rehabilitado y aunque ella no podía viajar a Madrid, los jóvenes Orleans ya vivían en España! Un año después nacería el segundo niño de la pareja, Alfonso, y en 1913 el tercero, Ataúlfo, quien con los años tendrá un papel principal en la vida de su abuela. Eulalia de Borbón y Borbón había cumplido cincuenta años.

Pero, en Madrid, la infanta Isabel seguía abatida. Al disgusto por lo ocurrido con Eulalia se unía ahora una desaparición muy dolorosa: fallecía Dolores Balanzat y Bretagne, marquesa de Nájera. ¡Su leal servidora! Lolita no era solo la dama particular de la infanta Isabel, era su confidente, su compañera desde aquella primera infancia en 1854, cuando había entrado al servicio de la casa. «Ni te imaginas lo afligida que me siento», comentaba a Paz. Siempre juntas. ¡Solo separadas durante los años de su matrimonio con Cayetano! El entierro de la marquesa constituyó en Madrid una auténtica manifestación de duelo. Isabel, dominando la inmensa pena que embargaba su ánimo, se ocupó de todos los detalles de los funerales y cuando fue amortajado el cadáver con el hábito del Carmen, ella misma colocó entre sus manos un rosario. ¿Qué iba a hacer ahora? ¿Quién la acompañaría en sus paseos por Recoletos, a La Granja o a las jornadas campestres? Durante varias semanas la Chata solo vistió de negro y en el palacete de Quintana se decretó luto oficial. Por un tiempo se dijo adiós allí a los conciertos, las veladas musicales con el maestro Fernández Arbós y a las tertulias. Isabel se sentía sola. En todas las épocas de su vida, en todos los episodios de la corte española, el ilustre nombre de Lolita, ella también robusta, siempre sonriente como su amiga, aparecía unido al de la carismática infanta. Era una pérdida insustituible. Pronto entraron a su servicio las hermanas Juana y Margot Beltrán de Lis, dos cuarentonas solteras que en adelante pasarán a ocupar un papel principal en la vida de la Chata. Pero cuando la herida por el adiós a Lolita aún no se había cerrado, otra muerte inesperada, por joven más dolorosa, volvía a desgarrar el corazón de los Borbones.

Paz e Isabel acababan de llegar al palacete de la Cuesta de la Vega, residencia de Nando. Venían de la sesión continua de cinematógrafo que se ofrecía en el Trianon Palace de la calle Alcalá y llegaban cargadas con unos balones de *football* y un caballito de cuero que habían adquirido en Novelties, el mejor establecimiento de juguetes de la plaza del Rey, frente al Circo Price. La infanta Paz había decidido prolongar su estancia veraniega en

España para animar un poco a su hermana Isabel, visitar sus terrenos en Saelices, inspeccionar las obras de la basílica de la que era benefactora en Alba de Tormes y pasar unos días con los nietos. Luis Fernando tenía pendientes unas cirugías de matriz en el Hospital de San Juan de Dios y otras en el Instituto Rubio. Además, querían echar un vistazo a los chicos de los reyes. Los príncipes de Baviera ya eran abuelos de cuatro niños; la más pequeña, nacida hacía apenas cinco días en Madrid. «Cuando vuelva a Múnich tengo que hablar con el cónsul para que me eche una mano en la iniciativa educativa que he puesto en marcha. Se llama Pedagogium y quiero que muchos niños españoles humildes puedan beneficiarte de las modernas pedagogías germanas», le contaba ilusionada a su hermana. «Son tiempos difíciles, pero ¡hay tanta necesidad!» pensaba. Habían atravesado el portal principal de la residencia cuando la camarista de la infanta María Teresa las abordó con precipitación. «¿Es que no han encontrado todavía ama de cría? En casa de los Fernán Núñez tenían buenas referencias de una nodriza pasiega recién llegada», comentó Isabel con su particular ironía. «No, alteza. Es doña María Teresa, no se encuentra bien. Don Fernando está con ella», balbuceaba aceleradamente la camarista. Paz e Isabel subieron de inmediato a la alcoba. «¡Avisen a mi esposo!», ordenó Paz.

María Teresa agonizaba en su cuarto y pocas horas después fallecía a consecuencia de una embolia. Era el 23 de septiembre de 1912 y estaba a punto de cumplir treinta años. La llegada de María Cristina al lecho de muerte fue trágica, sobrecogedora. Acababa de perder a otra hija. ¡La pequeña de sus niñas! Con el gesto desencajado, abrazó a su yerno. Nando tampoco podía soportar el dolor. Pobre Crista. ¡Primero Mercedes y ahora María Teresa! «¡Hay que decírselo a los niños!», sollozaba Nando. No tenía fuerza, ni siquiera aplomo para volver a pronunciar su nombre. «Yo me ocupo», dijo Paz. Sería ella, la abuela, quien comunicase la dolorosa muerte a los tres infantitos. Luis Alfonso, José Eugenio y María de las Mercedes de Baviera y Borbón —la cuarta nieta, María del Pilar, era un bebé de días— jugaban en el jardín cuando se enteraron por su abuela, con voz dulce y trato cariñoso, de que se habían quedado sin madre.

La prematura e inesperada muerte de María Teresa volvía a teñir de negro el sentir de todos los españoles. Conocida la noticia, numeroso público comenzó a congregarse en los alrededores de la Cuesta de la Vega. La condesa de San Rafael, íntima amiga de la infanta, no podía contener el llanto, al tiempo que monseñor Vico llegaba a la mansión mortuoria. El abrazo de Bee con Victoria Eugenia resultó muy sentido. Los pródigos infantes Orleans Sajonia-Coburgo llevaban apenas unas semanas instalados en su residencia de la calle Quintana, cercana a la de la tía Isabel. La infanta Eulalia envió, nada más conocer la triste noticia, un telegrama de pésame y una corona de flores.

Las honras fúnebres fueron especialmente tristes. María Teresa era culta, buena y también popular. Muchas proletarias del incipiente movimiento obrero se echaron a la calle en homenaje a su infanta: la malograda María Teresa presidía el llamado Bazar Obrero de Madrid, institución benéfica destinada a mejorar las condiciones de vida de las trabajadoras. En todos los balcones de la capital se veían colgaduras con los colores nacionales veladas por negros crespones. Dos compañías del batallón de Cazadores de las Navas formaban con la bandera enlutada en los andenes de la estación, dispuesta para el traslado del cuerpo sin vida de la infanta al real sitio de El Escorial. Sonaron salvas y la *Marcha Real*. El féretro, conducido por palafreneros de la real casa, fue colocado en una carroza tirada por ocho caballos tordos. Su esposo, Fernando de Baviera, presidía el duelo acompañado por su majestad el rey, hermano de la finada. Los restos mortales de su alteza real, la serenísima señora infanta de España María Teresa de Borbón y Austria quedarían depositados en el monasterio para su descanso eterno. Su sepultura definitiva ocuparía un lugar entre la infanta Pilar y Cayetano de Borbón, conde de Girgenti y esposo de la infanta Isabel.

Fernando de Baviera, Nando, contraerá dos años después un segundo matrimonio, con María Luisa de Silva y Fernández de Henestrosa, duquesa de Talavera de la Reina. La boda tuvo que celebrarse, íntimamente, en Fuenterrabía, en el palacio de los marqueses de Villasinda. «No te disgustes, Crista, ya sé que es catorce años mayor que él y que todo ha sido muy reciente, pero seguro que ella es buena con los chicos —escribía Paz a su consuegra y cuñada—. A nosotros sí nos gustaría acudir, pero todo se está complicando mucho en Baviera con esto de la militarización. ¿Has visto cómo se han puesto las cosas en los Balcanes? En Bosnia cada día hay altercados y el asunto tiene difícil solución para nuestra querida Austria», comentaba Paz a María Cristina. Europa se preparaba para la guerra.

6

¡Ha estallado la guerra!

Pedagogía alemana con corazón español: Spanisch Pädagogium. *Eulalia en París. El* boulevard *Lannes. Paz, en Múnich. ¡Militarización! Una princesa enfermera. Luis Fernando de Baviera, en la sanidad militar. Adalberto se va al frente.* ¿Neutralidades que matan? *Pólvora en el Palacio Real. La Oficina Procautivos o Palacio de la Misericordia. Aires de revolución: adiós a los Romanov. La abdicación del káiser. ¿Nos va a ocurrir lo mismo a los Borbones? La República de Baviera.*

«Esta tarde voy a visitar a los niños que han llegado de España. A Lipowskystrasse, 24. La bandera española ya ondea en el jardín. Mañana comienzan sus lecciones con el padre Hartman y el sacerdote Gonzalo Sanz, y quiero telegrafiar a Crista para agradecer sus esfuerzos: ella se va a encargar de costear sus viajes». Reunidos en el salón del palacio de Nymphenburg, Paz y Luis Fernando ultimaban sus quehaceres antes de comenzar el día. El príncipe había sido convocado a una reunión en el estado mayor debido a los rumores de movilización que comenzaban a escucharse en Alemania. Su hijo Adalberto se encontraba con ellos esa mañana. Como oficial del Ejército bávaro estaba decidido a servir a su patria en caso de que las cosas se complicasen con el Imperio ruso a costa de los serbios. Por el momento parecían solo episodios de rivalidades en el polvorín en que se habían convertido los Balcanes, pero había que estar prevenido.

Luis Fernando y Adalberto escuchaban a Paz con fascinación. Llevaba muchos meses trabajando en su gran iniciativa del

Pedagogium —*Spanisch Pädagogium*, como se denominaba en lengua alemana—, un centro de enseñanza católico con el que pretendía formar en Múnich a jóvenes españoles con las modernas pedagogías alemanas. El 27 de agosto de 1913 se había inaugurado con veintiocho niños, todos humildes y a los que la propia Paz, con la colaboración de la beneficencia, financiaba estancia y manutención. «Cuando vuelvan a España podrán implantar lo aprendido en estas tierras. Formar una escuela de maestros españoles conforme al modelo alemán. ¡¿Hay mejor manera de estrechar relaciones entre ambas naciones?!», decía con esperanza. Aun desde su mentalidad profundamente conservadora, Paz de Borbón tenía claro que el germen de la regeneración de un país había que buscarlo en la educación. «No solo hay que dar al pobre una limosna de pan, sino ponerlo en condiciones para saberlo ganar», repetía a Adalberto y Pilar. «Unir mis dos países con un lazo de paz que signifique amistad y sea más fuerte que todos los lazos políticos», ese era su sueño. Porque desde que había salido de España en 1883 convertida en princesa de Baviera, la infanta Paz había querido ser útil a su país. El modelo de aprendizaje que había visto en tierras bávaras despertaba el amor al trabajo, entonces ¿qué mejor manera de fusionar los intereses de España y Alemania que a través de la educación? En tiempos belicosos como los que sobrevenían había que confiar en la fe y el pacifismo.

«¡Ha estallado la guerra!«, titulaba *El Imparcial*. El asesinato en Sarajevo del archiduque Francisco Fernando, heredero del Imperio austrohúngaro, había desencadenado una espiral de desencuentros que precipitaron la catástrofe: Austria exigía responsabilidades a Serbia, Rusia se erigía como protectora de una gran nación eslava al tiempo que respondía a la militarización alemana declarando la guerra. Pero ¿iba a permitir aquello el primo Guillermo? Los inexpugnables ejércitos teutones avanzaban sobre Bélgica burlando su neutralidad y el Reino Unido llamaba a salvar el orgullo nacional. Francia estaba amenazada y no se descartaba la ocupación de París. ¡Europa entera iba a arder en las trincheras!

La infanta Isabel entró precipitadamente en el despacho de su sobrino el rey. «¿Qué está ocurriendo? ¿Sabes algo de las tías?», preguntaba con voz jadeante a Alfonso XIII. La situación era en esos momentos extrema. Eulalia acababa de regresar de un viaje a Bélgica y ya se encontraba en París; había rehusado el ofrecimiento de su sobrino para abandonar Francia y refugiarse en España. Entregó sus joyas al embajador Quiñones de León para que las enviase a Madrid y manifestó que permanecería en su residencia del *boulevard* Lannes, aun cuando la caída de la capital parecía inminente. Carros de municiones, trenes militares, el Marne, el Somme... Las circunstancias parecían críticas. El presidente Raymond Poincaré animaba a la resistencia. Los taxis de París se preparaban para llevar soldados al frente. El avance alemán era muy veloz en respuesta a las consignas del plan Schlieffen, pero en la ciudad «ricos y pobres, nobles y plebeyos, monárquicos y socialistas borraron de pronto las líneas divisorias, se abrazaron y pensaron que solo eran franceses», en palabras de Eulalia en sus *Memorias*. Marchas militares, himnos marciales, jóvenes cantando. Todavía pensaban que la guerra sería breve.

«¿Y de Paz? ¿Has sabido algo de ella?», preguntaba Isabel al rey. La posición de Baviera era comprometida: como estado integrado en Alemania, con ejército propio, hacía llamamientos a la movilización de todos sus oficiales para servir a los intereses de los imperios centrales. Luis Fernando era general de la Real Caballería bávara y miembro de la sanidad militar, por lo que fue designado inspector general médico de los Reales Ejércitos de Baviera. A sus cincuenta y seis años, permanecería en Múnich. El príncipe Adalberto se incorporaría como oficial a las filas del Ejército de Baviera y tendría que marchar al frente. «Por el momento, tía Isabel, poco más sabemos», contestó el rey con un cigarrillo entre sus labios. Estaba preocupado.

Los servicios diplomáticos parecían desbordados y los embajadores trataban de manejar toda la información disponible para determinar posiciones. Pero ¿qué iba a hacer España? Ena requería una inmediata intervención de España a favor de la Triple Entente. Con su marcado acento británico, veladamente presionaba al rey para que inclinase al Gobierno conservador de Eduardo Dato hacia Reino Unido. ¡Su querido hermano Mauricio de Battenberg acababa de morir en batalla a los veintitrés años! Pero Victoria Eugenia no entendía que en el corazón de Alfonso XIII bullía la sangre austriaca heredada de los Habsburgo. María Cristina, solícita, callada, rezaba por los intereses de su imperio y la supervivencia de la identidad de su pueblo. Su hermano Federico acababa de ser nombrado por el anciano emperador Francisco José comandante supremo del Ejército austrohúngaro. Carlos Esteban —¡aquel primer enamorado de Eulalia!— estaba al frente de la Marina de guerra austriaca en el Adriático, y el menor de sus hermanos, Eugenio, quien tantas veces la había acompañado en los momentos de dolor, ocupaba posiciones en el frente oriental. La postura de Crista era muy clara. ¡En palacio también había estallado la guerra!

«¿Has leído el artículo de Romanones?», comentó la infanta Isabel a María Cristina mientras paseaban por los jardines del Palacio Real. Era el 14 de agosto de 1914. ¡Estaba indignada! Álvaro de Figueroa y Torres, conde de Romanones y nuevo líder de los liberales tras el brutal asesinato de Canalejas, había aprovechado su *Diario Universal* para publicar «Neutralidades que matan», un alegato por la intervención de España en la guerra a favor del Reino Unido. ¡No podía ser! El ánimo de la opinión pública estaba muy dividido y la beligerancia se respiraba en todas las tertulias y cafés. «¡No te preocupes, Crista! Estoy segura de que Dato mantiene la neutralidad. No creo que Alfonso quiera nueva pólvora en casa —sentenció Isabel en su espontánea llaneza—. Además, algo se le ocurrirá para que España pueda ayudar a paliar la tragedia de esta guerra dramática», manifestaba la Chata con confianza. «¡Justo ahora que le habían concedido a Paz la Gran Cruz de Alfonso XII por su trabajo a favor de las artes y las ciencias! Es la primera mujer que la recibe y no podrá venir a recogerla. Pero verás cómo, de alguna manera, tu hijo y Paz son capaces de hacer algo por Europa». Era la única esperanza de la infanta por su país y su familia. ¿Qué iba a ser de su querida archiduquesa Rainiero? ¡Sola en Viena, viuda y tan mayor! ¿Y de los Borbón exiliados en Trieste? ¿Y de tantos parientes que tenían en las amenazadas cortes europeas? El mundo entero se desmoronaba y España debía ocupar su lugar.

«Coloquen esa mesa en el despacho de la cuarta planta». El rey no paraba de dar instrucciones a su secretario, Emilio María de Torres, para que instalasen cuartillas, tampones con el sello real y sillas de trabajo en unas salas habilitadas en el Palacio Real. España mantendría su neutralidad, pero él estaba dispuesto a liderar la Oficina Procautivos de ayuda a combatientes y damnificados de la guerra: soldados, mutilados, desaparecidos de todas las nacionalidades encontrarían en España un país amigo. «Tía Isabel —dijo—, mira, veinte administrativos trabajarán aquí respondiendo correspondencia, buscando enfermos en hospitales, localizando desaparecidos. Todos hablan idiomas. Hay que traducir, responder, ponerse en contacto con las familias. La idea me ha venido tras recibir el escrito de una lavandera francesa que nos pedía encontrar a su marido, que marchó al frente en Charleroi». ¡Y ya lo habían localizado en Alemania! El rey estaba exultante.

Por la noche llegaban los servicios de Correos para recoger las sacas y distribuir las cartas por una Europa que se desangraba en los campos de batalla. Apenas se establecían comunicaciones entre los bandos y el abatimiento de muchas familias era espantoso. Una niña escribía al rey solicitando ayuda para que su mamá no llorase; se buscaban a heridos amnésicos en hospitales cercanos a Verdún o soldados desaparecidos en Yprés. Canje de prisioneros, repatriación de heridos... ¿No era fantástico? Hasta el diario *Le Temps* recogía esta brillante iniciativa del monarca español. La infanta Eulalia, que permanecía en París, había hecho saber por mediación diplomática lo satisfecha que se sentía de su sobrino. «Palacio de la Misericordia», llamaban en París al Palacio Real. «Utilizamos nuestros buenos contactos, las relaciones familiares, la diplomacia, las amistades en las cortes. Ahora estamos haciendo gestiones para liberar al bailarín ruso Vaslav Nijinsky, que está arrestado en Hungría, ¿lo recuerdas? Tía Paz ya está al tanto y se ha puesto a nuestra disposición. ¡Qué buena es! Con las penurias que están pasando, según cuenta Nando», decía con orgullo el rey a Isabel.

Hacía poco que en Cuesta de la Vega habían recibido carta de Baviera. La correspondencia ahora era muy escasa y mediatizada por la censura. Los telegramas se habían limitado a asuntos de interés nacional y las comunicaciones eran lentas. Nando llevaba semanas sin saber nada de sus padres, por lo que cuando el ayuda de cámara apareció con el sobre, amarillo, desgastado, todos se alteraron: la situación de Alemania era pésima y Múnich no era una excepción. La infanta Paz trabajaba como enfermera voluntaria en un hospital militar de Múnich y su hija, Pilar, asistía en el quirófano. Luis Fernando seguía al frente de la inspección médica, curaba heridos, hacía cirugías y administraba medicinas que muchas veces pagaba de su propio bolsillo. ¡La vida en Múnich era tan diferente a la que ellos habían conocido! La carta contaba que seguían en Nymphenburg, aunque empezaba a escasear el calor, no se suministraban telas, disminuía el ganado y las enormes despensas de palacio empezaban a vaciarse. Faltaba manteca, no había leche y apenas llegaba carne. Contaba también que la labor en el Pedagogium era cada día más complicada. Un líder socialdemócrata llamado Kurt Eisner, judío, había visitado la escuela y se había mostrado entusiasmado, aunque los efectos devastadores de la guerra hacían difícil su continuidad. Pero ellos seguían bien. Apenados por el reciente fallecimiento de Miguel Tenorio —el antiguo «favorito» de Isabel II que llevaba años acogido por Paz en Nymphenburg— y con la preocupación propia por Adalberto, del que no recibían correspondencia. ¡Con cuánto orgullo hablaba del servicio de su hijo en los Reales Ejércitos de Baviera! En el frente turco las bajas eran numerosísimas, había amputaciones, disentería, hambre y enfermedad. Las operaciones militares contra los rusos no parecían ir mucho mejor y la amenaza de una revolución se cernía sobre ese imperio. El mariscal Hindenburg, el general Ludendorff y decenas de miles de jóvenes con sus cascos *pickelhaube* marchando a las trincheras. ¡La guerra se había convertido en una tremenda carnicería!

«¡Ha abdicado el zar! ¡Ha abdicado el zar! ¡La revolución en Rusia!». Las voces de los vendedores de prensa resonaban en las principales calles de Madrid. La infanta Isabel paseaba con Margot Beltrán de Lis por el paseo del Prado. Acababa de regresar de uno de sus viajes institucionales por Galicia y Asturias.

«Dame un ejemplar, muchacho», dijo la Chata al escuchar el griterío; le había dejado al chico los cinco céntimos que costaba el número suelto del periódico. El 16 de marzo de 1917, el católico *El Debate* abría su edición con esa fatal noticia: la guarnición de San Petersburgo se había sublevado y la familia imperial estaba retenida. Isabel se apresuró a palacio. ¡Las informaciones que llegaban vía telegráfica eran escalofriantes! Lenin, Trotsky... ¡Los bolcheviques! Pero ¿quiénes son estos revolucionarios? Por doquier nervios y preocupación. Si los rusos salían de la guerra, Alemania podría centrase en el frente occidental y tener alguna posibilidad de victoria, pensaba María Cristina. «Pero, majestad —se escuchaba decir con tono firme al nuevo presidente, liberal, Manuel García Prieto—, ahora lo primordial es frenar el eco de esa revolución en España».

Con una parte del ejército peninsular en pie de guerra por la situación en Marruecos, los regionalistas catalanes alineados con los republicanos y anticlericales de Lerroux y las huelgas generales por doquier, la amenaza de un estallido subversivo era incuestionable. Ahora se hablaba de igualdad de clases, de dictadura del proletariado y de laicismo. Las exportaciones masivas habían provocado una alarmante subida de precios mientras los salarios, muy bajos, apenas permitían la subsistencia de los más humildes. En Barcelona, las masas obreras habían saboteado la central eléctrica La Canadiense y no funcionaba el servicio de tranvías. El parón era total. La infanta Isabel, aunque ajena a las cuestiones de gobierno, no podía creer lo que escuchaba: ¿se estaba desmoronando también la monarquía en España? Porque las informaciones que recibían de la familia imperial rusa eran muy confusas. ¿Qué iba a pasar con la vida de los Romanov en manos de aquellos bárbaros asesinos de los soviets? ¿Les podía ocurrir a ellos lo mismo, a los Borbones españoles?

¡No podía ser! El káiser Guillermo II había abdicado. En noviembre de 1918, cuando todavía no había terminado la guerra, Alemania quedaba en manos de comités militares. ¡Revolucionarios! «Son socialistas que se han hecho con el poder», gritaba Alfonso XIII. ¡Un motín de marineros en Kiel! ¡Una revuelta espartaquista! ¡Rosa Luxemburgo! ¡Karl Liebknecht! Era el fin del Imperio alemán: se había proclamado la República de Weimar. Pero ¿qué iba a pasar con Paz y Luis Fernando? Los nervios de la infanta Isabel en su residencia de la calle Quintana eran extremos. Quería información de su hermana y de la situación en Múnich, pero no llegaban cartas y tampoco se recibían telegramas. Por los diarios sabía que en Baviera también se había proclamado la república y que Kurt Eisner —el mismo que había visitado el Pedagogium de Paz— acababa de ser nombrado presidente. Los Wittelsbach, la dinastía de Luis Fernando, quedaban fuera de los circuitos políticos. Paz y su marido eran queridos y respetados por el pueblo: generosos, caritativos, entregados a la beneficencia y a los desfavorecidos. ¡Cuántos víveres habrían compartido para paliar la carestía! Pero ¿qué iba a ocurrir con ellos? ¿Tendrían que dejar Nymphenburg?

Ese amanecer, mientras desayunaba el chocolate que cada mañana le servía en su salón de almuerzos María Cuevas, su fiel doncella, la infanta Isabel profirió un grito de sorpresa. El *ABC* del miércoles 20 de noviembre de 1918 traía noticias de Múnich: «A pesar del cambio de régimen en Alemania, la infanta doña Paz y su esposo permanecen sin sufrir la menor molestia en su palacio. Conocida es la gran popularidad que disfruta en Baviera la infanta española, que consagraba su vida a la caridad y a la cultura». Isabel tenía ya la seguridad de que, en esas horas difíciles, todo el sentimiento de su hermana Paz estaría volcado en el regreso de su hijo Apata. A comienzos de 1919, Adalberto de Baviera volvía del frente. ¡Tenía treinta y dos años y había sobrevivido a la tragedia! Con Luis Fernando, Pilar y Adalberto en casa, Paz solo pensaba en que se pudiesen reanudar las comunicaciones con España para tener noticia de Nando y sus nietos. ¡Habían pasado más de cuatro años sin poder abrazarse!

7

Famélicos y sin alimentos

Eulalia en Múnich, ropas raídas y pelo grisáceo. Con baúles cargados de viandas. La República Socialista de los Consejos. Freikorps *y patrullas. Reina el caos. Los Wittelsbach, fuera de los círculos de poder. ¿Cómo está mi familia? ¿Y Nando y los chicos? Las novelescas aventuras de Antonio de Orleans y Borbón. Alfonso XIII en galanteos. La boda de Adalberto con la condesa Augusta Seefried.*

En qué estado deplorable se encontraban. El aspecto de la infanta Paz era lamentable: ropas casi raídas, gesto demacrado y pelo grisáceo. Llevaba un anodino vestido de paño gris, sin festones ni entredós. El cuero de su calzado estaba desgastado, con las puntadas de las suelas descosidas. ¡Parecía una aldeana! Su gesto seguía siendo dulce, afable, pero en su mirada, en sus pequeños ojos claros, se intuía la huella del hambre y la necesidad. ¡Cuánto agradecieron su llegada! Nada más decretarse el armisticio y la rendición de Alemania, Eulalia decidió viajar a Múnich para visitar a su hermana. Entre soldados desmilitarizados y campos arrasados, cruzó la frontera de Suiza para llegar a Baviera. Los pequeños pueblos azotados por la miseria, los campos abandonados, los niños escuálidos, las lágrimas... Mucho dolor en los caminos y carreteras. ¡La imagen que ofrecían los viejos imperios era desoladora!

Paz y Luis Fernando la abrazaron con fuerza, con cariño de hermanos. Eulalia llegaba cargada de baúles, con jamón, cereales, arroz, conservas, harina y todo tipo de viandas. También ropa, enaguas, calzado, jabón y un frasco de agua de colonia Roger & Gallet. No es que la situación en París fuese de opulencia, pero al menos ella había tenido para comer. ¡Cómo estaba Luis Fernando! Aquel hombre atlético, corpulento, de aspecto distinguido, se había transformado en un cuerpo senil sin fortaleza. Hasta había perdido su característico aspecto de sabio. El andar era lento y no había rastro de su elegante vestimenta. ¡Nada de refinadas levitas, trajes de merino caros, uniformes de gala, sombreros y chisteras! Todo se había esfumado, aunque los príncipes de Baviera no habían perdido la dignidad de su presencia y hospitalidad. «¿Quieres un poco de achicoria?», era casi lo único que podían ofrecerle. Tampoco tenían tabaco. Todavía mantenían a parte del personal que servía en palacio; la baronesa Reichlin-Meldegg aún les asistía como fiel compañera de Paz y los demás miembros de la familia, que vivían en otros pabellones de Nymphenburg, seguían ahí. El antiguo regente y monarca de Baviera, Luis III, había huido a Liechtenstein y ellos no tenían seguridad de lo que podría ocurrirles. ¿Se mantendrían las propiedades de la Corona?

La situación en Múnich estaba revuelta. La ciudad era un caos. Los nuevos gobernantes les habían garantizado que temporalmente podrían seguir residiendo en palacio, aunque sin la asignación oficial que recibían como príncipes de Baviera desconocían cómo iban a subsistir. Paz conservaba su retribución como infanta española y Luis Fernando mantenía su pequeño piso-clínica en Odeonsplatz, pero nadie podía pagar por sus servicios, la economía estaba maltrecha. El 7 de abril de 1919, tras el asesinato de Eisner, se había proclamado en Baviera la República Socialista de los Consejos y por doquier se hablaba de revolución. «¡A veces me da miedo hasta acercarme a la catedral de Frauenkirche! Han puesto barricadas en los accesos», comentaba Paz. En la popular cervecería Hofbräuhaus ondeaban banderas rojas y Marienplatz estaba atestada de patrullas. «Ahora los revolucionarios dicen que quieren la independencia de Alemania, los *freikorps* anticomunistas andan a tiros contra los obreros, la universidades siguen cerradas y en los megáfonos de las calles no se escuchan más que consignas de venganza», decía Luis Fernando en su áspero acento alemán.

«Pero dime, Eulalia, ¿qué sabes de los míos? ¿Has podido tener noticias de España? ¿Sabes si se sigue publicando *La Basílica Teresiana*, de la que soy directora honoraria? ¿Y cómo están tus chicos?», preguntaba Paz mientras se arropaban, muy juntas, ante la desconchada chimenea de mármol rosa del salón: en Nymphenburg hacía frío. Durante la guerra, Eulalia había mantenido contactos con la familia a través de la embajada y vía la frontera de San Sebastián. Le contó la muerte repentina de su nietecita María del Pilar a causa de una meningitis cuando no había cumplido aún los seis años. ¡Pobre Nando! ¡Cómo debió de sentir la muerte de su niña! Pero el resto de la familia se encontraba bien. Crista poco a poco había ido reconociendo a María Luisa como segunda esposa de Nando; admitía que con los niños era atenta y aunque nada le hacía olvidar el recuerdo de la malograda María Teresa, terminó por aceptarla. «De los reyes, poco puedo contarte. Yo sigo sin entrar en España, aunque los rumores dicen que Alfonso anda en amores con la Ruiz Moragas, una artista del teatro, y que la pobre Ena está al cuidado de sus niños enfermos. Se han librado de la guerra, pero el desprestigio de los gobiernos es enorme. Lo del Rif, los atentados...», contaba Eulalia con estudiada gestualidad. ¡Seguía muy elegante! Paz quiso saber de Isabel. «¡Está tan activa como siempre, al servicio del rey, al servicio de España! Y el pueblo la adora». Con ella había empezado a cartearse y de vez en cuando le escribía reprobándole cosas de familia. Paz se interesó también por los Orleans, ¿cómo iban las cosas con Antonio? ¿Seguía Alfonso en Marruecos?

La vida de Antonio de Orleans era el escándalo de toda la corte. Cansado del derroche en vicios y perdición que hacía de su cuantiosa fortuna en París, su hijo Alfonso, valiente oficial de aviación en el Ejército español, había tratado de incapacitarlo llevándoselo a Sanlúcar de Barrameda, donde todavía les quedaban propiedades heredadas de los Montpensier. ¡La Infantona aún se paseaba entre los pueblerinos con las mejores joyas y sombrillas! Antonio no hacía más que vender y vender: de las posesiones que en Italia había recibido de los Galliera, una acaudalada familia aristocrática, apenas conservaba nada. El semanario gráfico *Nuevo Mundo* dedicaba una sección a esta opereta regia: «El secuestro del infante o la jaula de oro». Antonio se había fugado a Roma para hacerse cargo de los bienes que conservaba. Hablaban de quince millones de liras en litigio de los que Alfonso quería desposeerle para que no los dilapidase también. Todo era una sinvergüencería. Un folletín con apellidos principescos. ¡Las novelescas aventuras de Antonio de Orleans y Borbón! *El Sol*, el nuevo diario de éxito que acababa de salir en Madrid, publicaba informaciones asombrosas sobre chantajes por un collar de ciento cuarenta y ocho perlas que había pertenecido a Luisa Fernanda —y antes a Carlos V—, y que ahora estaba en manos de una conocida marquesa. En portada, a tres columnas, daba cuenta de la huida del infante desde Cádiz hasta Portugal, en yate, con catorce criados, *chauffeur* y su abogado, ¡el republicano Álvaro de Albornoz! ¡Y luego tenía que aguantar Eulalia de Borbón que la llamaran la infanta revolucionaria!

La pobre Paz miraba a su hermana con ojos de incredulidad. ¡Cuánto tenía que haber sufrido Eulalia con ese matrimonio infeliz! ¡Qué miserable comportamiento el de ese marido deshonesto! «Ni te imaginas, pero todavía hay mucho más», continuaba acelerada contándole a Paz. Después de cuatro años de aislamiento y penurias, la infanta escuchaba con asombro —y con cierta trivialidad— todas aquellas informaciones sobre la familia. «¿Te acuerdas de Bee y el alboroto que se creó por el matrimonio con Alfonso?». Sí, respondió con intriga ante lo que podía contar Eulalia a continuación. «Mi hijo se incorporó a filas como oficial del Ejército en Melilla y fue rehabilitado como infante. ¡Como le correspondía! Como sabes, Ali se ha formado en la aviación militar. Su mujer y los niños, mis nietos, viven en la calle Quintana, en la casa que yo tengo cerca de la de Isabel, y ¿sabes qué dicen ahora? ¡Que el rey galantea con mi nuera! Sí, lo que oyes. Ella no atiende sus favores, pero... Crista quiere que se vayan de España porque mejor no tirar de la cuerda». Paz escuchaba anonadada. ¡Con la necesidad que había en el mundo y los Borbones con esas historietas! ¡Cómo debía estar la pobre Isabel ante aquello! ¡Tan protocolaria, tan cuidada de las formas! En su gesto se esbozó una mueca sutil, de cierta sonrisa.

«¡Venga, venga! —entró Luis Fernando—. Dejaos de tantos chismes y vamos a la mesa». Habían preparado carne con manteca, una exquisitez en tiempos de carestía. Pilar se sentó con ellos en el comedor. Estaba muy delgada y llegaba de trabajar en un dispensario de la Cruz Roja. ¡Había aún muchos heridos que atender! «Bueno —dijo Eulalia—, me quedaré con vosotros tres semanas y luego regresaré a París. No se cómo encontraré a Luisito cuando llegue. ¿Cuáles son vuestras intenciones cuando acabe todo esto?». ¡Tenían tantas ganas de pisar España! Pero los desplazamientos eran complicados y, por el momento, tendrían que posponer el viaje. Todavía debía arreglarse la situación en Baviera, poner en orden sus finanzas y, después, organizar los preparativos de cara a la buena noticia que les había comunicado su hijo Adalberto: estaba enamorado y tenía intención de casarse con la condesa Augusta Seefried. Fue una gran alegría después de tantos meses de privaciones.

Conocían a la joven desde niña. ¡También era una Wittelsbach! ¡Nada menos que una bisnieta de Sissi! Su madre, la baronesa Isabel María —hija de Gisela, la segunda niña del emperador Francisco José y Sissi—, había caído en desgracia por un matrimonio desigual con el aristócrata Otón de Seefried auf Buttenheim, que además era protestante. Aquello resultaba inadmisible en la católica Baviera y la repudiada pareja tuvo que dejar Múnich para establecerse en el castillo que el novio tenía en Gresten, Austria. Con los años, los Habsburgo habían ido admitiéndolos en la familia y hasta habían reconocido a sus descendientes con el tratamiento de condes y condesas. Augusta contaba entonces veinte años y había heredado la legendaria belleza de Isabel de Baviera. Tenía un porte espigado, la tez muy clara y, en su caso, el cabello muy oscuro.

Pero ¿qué iba a ponerse Paz para la boda? Apenas le quedaba vestuario, pero se negaba a presentarse como una vulgar campesina aun cuando las cosas no estuviesen para dispendios. La moda se había acortado, los vestidos eran más rectos y no se atrevía a sacar a relucir lo que le quedaba de las joyas que había recibido de su madre. ¿Quizá un traje en shantung color champán que tenía de la última recepción en el palacio de Königsbau y que le había confeccionado Poiret? Con unos arreglos podía sentarle bien.

La ceremonia religiosa de la boda de Adalberto iba a celebrarse en Salzburgo, donde vivía Augusta. ¡La ciudad de Mozart!, pensó Paz. Estaba prevista para la primavera de 1919 y aunque discreta, se preveía como la primera gran cita de sociedad tras la Gran Guerra. La infanta se preguntaba cómo iba a llegar hasta allí. Luis Fernando no podría acompañarla: le habían requerido para unas inspecciones sanitarias y resultaba imposible ausentarse ante las nuevas autoridades ahora que Baviera quedaba integrada en la República de Weimar. ¡Había que conseguir pasaportes y permisos! Aunque la violencia iba amainando, sería preferible omitir que quien viajaba era un princesa de Baviera. Paz de Borbón utilizaría una identidad inventada: se desplazaría como María Badenburg. Tomaría el tren hasta Berchtesgaden y, desde ahí, ya acompañada por Adalberto, irían por carretera hasta Salzburgo, casi en la frontera con Baviera, aunque ya en Austria.

En el trayecto, mientras contemplaban los restos del viejo Imperio desmembrado de los Habsburgo, Adalberto le confesó que dejaría temporalmente el Ejército. Había visto mucha muerte, demasiado dolor. Estaba decidido a cumplir su vocación universitaria y seguir la carrera diplomática. Paz lo miraba con admiración. En 1921 Adalberto de Borbón y Baviera se doctoró en Historia en la Universidad de Múnich. El nuevo matrimonio tuvo pronto dos hijos, dos nuevos nietos de Paz, Constantino y Alexander. En 1952 Adalberto von Bayern será designado embajador de la República Federal de Alemania en España.

¡España! Cuánta añoranza por su tierra. Por los periódicos supo del triste fallecimiento de Eugenia de Montijo en el madrileño palacio de Liria y el posterior traslado de sus restos a París en julio de 1920. ¡Qué recuerdos del pasado! El popular diario *Münchener Zeitung* iba poco a poco añadiendo informaciones con noticias ajenas a los acuerdos de paz, las reparaciones y el Tratado de Versalles. En la tercera columna de la segunda página, la infanta Paz había encontrado un pequeño suelto sobre España: «Fabra. Campaña de Melilla. Continúa la ofensiva en el

Rif». ¡Paz no quería leer más! ¡Marruecos iba a convertirse en la tumba de la monarquía!

Conforme habían pasado los meses, se aligeraron los servicios de censura y se fueron agilizando las comunicaciones. Los periódicos iban aumentando el número de páginas y empezaban a publicar crónicas recibidas por agencias. Con el tiempo se fue restableciendo el servicio postal y volvieron a recibirse telegramas en palacio: «Sabemos seguís bien. España os espera con cariño. Vuestro sobrino, Alfonso. Rey». «¡Pilar! —gritaba Paz—. ¡Mira! ¡Mira lo que acaba de llegar desde Madrid!». Nerviosa le enseñó el telegrama. «Vamos a esperar que regrese papá de la clínica, pero tenemos que empezar a preparar los equipajes». ¡Qué ganas de viajar a la patria, de ver a Nando y a los pequeños! Estaba decidida: en el otoño de 1921 los Baviera estarían en España.

8
En el palacio de Miramar

¡Estamos en España! El reencuentro de Eulalia con su sobrino el rey. Nuevas modas, talles bajos y strass. El desastre de Annual y el monte Gurugú. ¿Cuándo vamos a Madrid? Nando y el palacio de la Cuesta de la Vega. ¡Qué crecidos están los nietos! Villa Paz y la casa de campo. La infanta Isabel en Quintana. Achaques de reúma. ¿Vamos a los toros? En automóvil por la Gran Vía. ¡Los horribles rumores sobre Luisito! La caída de las monarquías liberales. ¿Es esto fascismo? Crisis política: el golpe de Primo de Rivera.

¡Acababan de cruzar la frontera de España! En tren desde Francia. Los Baviera habían recogido a Eulalia en París: por fin se había reconciliado con el rey y decidía regresar a la patria. En la estación de San Sebastián les esperaba la reina María Cristina de Habsburgo. ¿Cuántos años habían pasado? ¿Siete desde que la infanta Paz la abrazó por última vez? Por ella también había pasado el tiempo. Seguía estilizada y mantenía el porte distinguido de los Habsburgo, pero la encontraron cansada, aunque sabían que la estancia en Miramar la reconfortaba. En el vestir no había cambiado mucho. Mantenía sus negros ropajes ajenos a las modas y los nuevos usos que comenzaban a verse en los paseos de los balnearios de postín: talles bajos, ropa holgada, bordados de strass y faldas al bies. A Crista esas cosas nunca le habían importado. La infanta Paz se había puesto el mejor vestido de viaje que tenía. Había aprovechado su corta estancia en París para renovar vestuario; *rue*

Saint-Honoré, Royale y Rivoli. ¡Quería olvidar las privaciones de la guerra!

La princesa Augusta viajaba con ellos, acompañada de Adalberto y el pequeño Constantino. Por primera vez visitaba España. ¡Le habían contado tantas cosas! Augusta era elegante, presumida y su presencia distinguida denotaba su alta alcurnia. Pilar nunca se había preocupado por cuestiones del vestir y en apariencia no podía intuirse la sangre que corría por sus venas. Cuando bajaron del confortable vagón de primera clase en el que habían entrado en España, sonó la *Marcha de los infantes*. El revisor, con su gorra roja y uniforme azul marino, se inclinó ante ellos. Paz se emocionó.

Las cosas en España estaban revueltas. La campaña de Melilla era un foco de crispaciones sociales. Después del desastre de Annual, todos los ojos estaban puestos en el rey: la opinión pública exigía responsabilidades y los periódicos de corte obrero y sindical proferían todo tipo de críticas contra los gobernantes. *El Socialista* pedía la dimisión de todo el Gobierno. ¡Aquello había sido un desastre militar sin precedentes! Ahora parecía que las tropas habían tomado posiciones en el monte Gurugú. Se acababa de ganar el camino a la localidad de Beni Said, pero las reyertas contra el líder marroquí Abd el-Krim y los rifeños estaban desangrando España. ¡Y el asesinato de Dato! ¡Otra vez los anarquistas! María Cristina contaba a sus cuñadas todo aquello con gesto de preocupación; sabía lo delicada que era la postura de su hijo, el rey, y de lo poco que dejaba aconsejarse. «A veces los políticos no parecen ver que la monarquía debe moderar y no inmiscuirse en refriegas militares», decía con su equilibrada visión de estado. No había perdido su tono grave, el marcado germanismo que mantenía en el habla pese a los más de cuarenta años que llevaba en España.

Paz, Eulalia y Crista paseaban por la Concha, con vistas a la bahía donostiarra. Empezaba a refrescar un poco y amenazaba lluvia. En la playa apenas quedaban casetas de baño y solo un grupo de jóvenes, con divertida ropa de baño en rayas marineras, paseaba por la orilla. ¡El mundo había cambiado tanto! «Y dime, Eulalia, ¿cómo fue el reencuentro con el rey?», preguntó María Cristina. Habían coincidido casualmente en Deauville, en la costa normanda, donde la infanta tenía fijado su veraneo habitual. Alfonso XIII viajaba de incógnito, como duque de Toledo, título que solía utilizar en sus escapadas joviales por Europa. «Y así, sin más, estando rodeados de la nutrida colonia española, vino hacia mí, con las manos extendidas, y me preguntó cuándo volvía a España», comentó Eulalia con expresivo gesto de satisfacción. ¡Casi once años habían pasado desde aquella desagradable polvareda levantada por su malinterpretado libro! Por fin, las cosas se habían resuelto y volvía a sentirse en familia. Temía, en parte, la reacción de su hermana Isabel, tan respetuosa con las formas, pero quedaban ya pocos días de espera. «Crista, el jueves salimos hacia Madrid», dijo Paz. Era el 8 de octubre de 1921. ¡Tenía tantas ganas de ver a sus nietos!

La familia real esperaba en la estación del Norte. Llegaban en el rápido de Irún a las nueve cuarenta de la noche. El rey vestía uniforme da campaña de capitán general y con él se encontraba Victoria Eugenia, la infanta Isabel y Nando junto a su esposa, la duquesa de Talavera. También Maura y Cambó en representación del Gobierno. ¡Paz abrazó a Isabel! Tras ella descendieron del tren el príncipe Luis Fernando, que primero saludó afectuosa y protocolariamente a Alfonso, para de inmediato acercarse con rapidez a su hijo Nando. ¡Cómo habían cambiado todos! Los encontraron bien: fuertes, saludables y con una enorme sonrisa. Adalberto tenía muchas cosas que contar a su hermano y quería que conociesen, un poco más, a su esposa. «¿Recuerdas a Augusta? Cuando éramos niños jugábamos en los alrededores del palacio de Magdalenenklause, hasta que se tuvieron que marchar a Austria». Sí, claro que la recordaba. ¡Estaba muy bonita! «Ella es María Luisa, mi esposa. Cuántas ganas de recibiros en casa», confesó Nando ilusionado. Caminaron en grupo hasta la salida de Príncipe Pío hacia el paseo de la Florida. Ahí se separaron: los Baviera se alojarían en el palacete de la Cuesta de la Vega y la infanta Eulalia, con su hermana Isabel, en la calle Quintana. Unos Hispano-Suiza de la real casa esperaban a la puerta. Tenían por delante un apabullante repertorio de festejos, visitas y recepciones. La primera, la elegantísima boda de Piedad Yturbe, marquesa de Belvis de las Navas, que se casaba con Maximiliam de Hohenlohe en el convento de la Encarnación, con la posterior celebración en el palacio de los duques de Parcent, propiedad de sus padres. Los reyes se despidieron con afecto de sus tías en la estación; al día siguiente tenían que inaugurar una de las salas del nuevo Hospital de la Cruz Roja de San José y Santa Adela. «Luis Fernando, me encantaría que lo conocieses. Uno de estos días nos acercamos y ves en lo que anda trabajando Ena». Desde el automóvil, agitaba su mano en ademán de cortesía.

La infanta Paz encontró a sus nietos muy mayores. Luis Alfonso tenía quince años y se preparaba para ingresar en la escuela militar; José Eugenio, con trece, aún se educaba con preceptores en palacio y era un buen compañero del príncipe de Asturias y del infante don Jaime —¡pobrecito Jaime! ¡Sin habla ni capacidad para escuchar!—, y la pequeña María de las Mercedes, con diez, tan niña cuando se había quedado sin madre. Pero los infantitos estaban bien. Mantenían un nutrido servicio entre camareras y mayordomos, y María Luisa era generosa con los niños; no había podido tener hijos y velaba por los de su marido como propios. ¡Nando había tenido mucha suerte! El otro nieto de Paz, Constantino, el niño de Adalberto, apenas acababa de cumplir un año y Augusta se encontraba de nuevo en estado.

En las dependencias que les habían acondicionado en la primera planta del palacete de Cuesta de la Vega, la infanta Paz comentaba con Luis Fernando lo feliz que se sentía, lo orgullosa que estaba de la familia que habían formado, ¡los Baviera-Borbón! El matrimonio se estaba preparando para acudir al Real para la inauguración de la temporada de ópera. ¡Nada menos que Wagner! «Parece que lo hacen en nuestro honor», decía en tono jocoso Luis Fernando. «¿Crees que le habrá gustado a la niña de los Parcent la colección de abanicos antiguos en marfil que le enviamos para el ajuar? ¡Qué canastilla tan suntuosa tendrá! —comentaba la infanta—. La verdad es que ha sido una boda espléndida. ¡Qué exquisito menú! El traje bordado en plata era precioso. Estoy segura de que Eulalia no ha perdido detalle», comentaba divertida. Luis Fernando se retocaba sus poblados bigotes y su caudalosa perilla. «No me cuentes esas cosas, que yo lo que estoy deseando es ir a Luján a ver cómo está nuestra casita de campo. ¿Crees que los guardeses nos la han cuidado bien en estos años? Seguro que los chicos se apuntan también». A Luis Fernando le encantaba la finca en la provincia de Cuenca que habían heredado de María Cristina de Nápoles. La habían bautizado como Villa Paz. Los príncipes de Baviera estaban eufóricos. A Paz le habían encargado colaborar con unos artículos en *La Ilustración Española y Americana* y debía enviar sus «Impresiones» a *ABC*. «¡Recuerda que yo tengo que ir a Ávila y que nos han invitado a Comillas! No sé si tendremos tiempo para todo». A mediados de diciembre, los Baviera regresaron a Múnich.

En el palacete de Quintana la vida continuaba como siempre. La infanta Isabel acogió a Eulalia con afecto, aunque seguía dando órdenes y disponiendo a su antojo. María Cuevas la atendía con mimo y Francisco Coello, hijo de Alonso, su antiguo asistente, estaba ahora al frente de su secretaría particular. Isabel todavía mantenía las veladas literarias y reunía en su salón a las figuras más destacadas del mundo artístico y cultural: Jacinto Benavente, María Guerrero, Concha Espina, el marqués de Vega de Anzo, Ramiro de Maeztu y hasta Gregorio Marañón, en los días que no renegaba de la monarquía. Emilio Serrano, su antiguo profesor de música y amigo, la visitaba con frecuencia. Isabel tenía una importante colección fotográfica y otra de monedas que enseñaba a su hermana con interés, además de la extraordinaria biblioteca, que atesoraba algunos de los antiguos ejemplares del rey Francisco.

La infanta Isabel había heredado la complexión gruesa de su madre y, ya con setenta años, empezaba a resentirse de dolores reumáticos. «Verá cómo con estas medicinas que nos han mandado desde Berlín pronto mejora», le decía siempre el doctor Varela, nuevo médico de la casa real. Isabel había perdido la agilidad de tiempos pasados, no salía de caza ni a montar a caballo por los montes de El Pardo. «No sé qué voy a hacer con la última escopeta para tiro que me enviaron los de Víctor Sarasqueta. Se la daré al rey», comentaba con resignación. Pero aún visitaba La Granja en primavera y jamás renunciaba a la verbena de San Isidro y a los toros. ¡Cómo le gustaba Juan Belmonte! Pronto iba a celebrarse una corrida patriótica y le preguntó a Eulalia si quería acompañarla a ver a «un matador joven, un tal Dominguín». Eulalia no era muy aficionada a la fiesta, pero aceptó porque quería limar asperezas con su hermana. Tan distintas, siempre enfrentadas.

«¿Y cómo van las cosas con Luis?», preguntó Isabel en tono serio. Quería mucho a su sobrino, pero lo que se contaba sobre él en Madrid era estremecedor. «Dicen que es un habitual del Moulin Rouge, que se pasa el día en Montparnasse, que consume narcóticos y que... Bueno, sus amistades...». No se atrevía ni a decirlo. ¿Qué había de verdad en todo aquello? Era inmundo, repugnante. Eulalia estaba avergonzada. ¡Cuánto sufrimiento con aquel chiquillo desde que había entrado en la pubertad! Poco podía hacerse. Como su padre, Antonio de Orleans, dilapidaba caudales en las peores compañías. En la familia estaban muy preocupados. «¡La imagen de la Corona!», repetía Isabel. Pero a Eulalia le dolía su hijo.

«Anda, vamos a vestirnos que hoy tenemos cita en palacio. Ena cumple años y organizan una recepción. Ponte ese vestido tan bonito que has traído en colores dorados con cinturón bajo y cabujones con hilos de oro. El de la silueta alargada. *Les Élégances Parisiennes* viene lleno de esos patrones tan modernos. Son de una tal Chanel, ¿no?». Eulalia se quedó sorprendida de que su hermana la conociese, pero es que la infanta Isabel nunca quiso quedarse al margen de los tiempos. Llegaron a palacio en automóvil acompañadas por las Beltrán de Lis, habituales palaciegas desde que estaban al servicio de la Chata. El *chauffeur* les había dado un pequeño rodeo para que Eulalia pudiese conocer la Gran Vía, la nueva avenida que atravesaba el centro de Madrid y que se había convertido en la arteria comercial de la ciudad, con lujosos comercios y cinematógrafos.

Entraron al Palacio Real por la puerta principal de la plaza de la Armería. En el salón de Tapices iba a celebrarse una misa de ofrenda y, después, un besamanos de gala. La reina Victoria Eugenia cumplía treinta y seis años. Alfonso XIII, para enmendar sus desplantes, la agasajaba con fabulosos chatones, pero el matrimonio estaba roto. Los reyes aparecieron en el salón del Trono acompañados de sus hijos y las infantas Beatriz y Cristina, que se habían convertido en dos jóvenes muy distinguidas. Entre los cortesanos que circulaban por la sala todavía podía verse a la duquesa de San Carlos, ¡tan ceremoniosa y tan mayor! Siguiendo la tradición inglesa, ese día la reina era obsequiada con preciosas cestas de flores. Entre ellas, le ofrecieron una enorme de crisantemos y dalias con un tarjetón del recién creado Tercio de Extranjeros. ¡La heroica Legión española que acababa de fundar Millán-Astray! En la dedicatoria, estampada en una cinta con los colores nacionales, podía leerse: «A la reina de España. Madre de los heridos».

La vida política era cada día más complicada y la situación del ejército en Marruecos, muy crítica. Los gobiernos apenas duraban unos meses y la regeneración del sistema de la Restauración se veía ya inviable. Maura, Romanones... Todos los intentos de concentración nacional habían fracasado y la violencia azotaba por doquier. En Barcelona, los enfrentamientos con los sindicatos libres eran continuos mientras que los anarquistas de la CNT mantenían la ciudad en permanente clima de guerra civil contra la patronal. Desde palacio también veían con intranquilidad el fracaso de las monarquías liberales en Europa. Primero Portugal y luego Italia, con el ascenso de Mussolini al poder tras el éxito de la marcha sobre Roma. El rey Víctor Manuel mantenía un sistema de connivencia con las pretensiones autoritarias. ¿Era eso fascismo?

En el verano de 1923, la familia real se marchó a San Sebastián. Amanecía soleado cuando empezaron a recibirse las primeras informaciones. En el palacio de Miramar, la línea telefónica establecida en conexión directa con el Ministerio de Gobernación no paraba de sonar. ¿Qué ha ocurrido? ¿Qué está pasando? Cuando la duquesa del Infantado, dama de la reina Victoria Eugenia, entró con la prensa lo comprendieron de inmediato: el 14 de septiembre de 1923 el *Heraldo de Madrid* abría su edición con un gran titular: «Cae el Gobierno Alhucemas y triunfa definitivamente la sublevación militar». El rey viajaba a Madrid y encargaba al general Miguel Primo de Rivera formar Gobierno. Había comenzado la dictadura.

9

De compras en Loewe

El viaje en barco de los Baviera. De Compostela a Comillas. ¡Al fin llegamos a Luján! Con la familia en Madrid y al Liceo de Barcelona. ¿Que esto lo apoyan los socialistas? Preparando las Navidades. El papel institucional de la infanta Isabel: teatro de la Princesa y Academia de Jurisprudencia. Mary Pickford en el hipódromo. Los escándalos de Luis Fernando de Orleans. La decisión de Alfonso XIII.

¡Un directorio militar! «Paz, no tengo claro que Alfonso haya acertado confirmando a Miguel Primo de Rivera en el Gobierno», comentaba Luis Fernando. A finales de septiembre de 1923, los príncipes de Baviera acababan de regresar a España. Volvían con Pilar, Adalberto y Augusta y sus dos pequeños, Constantino y Alejandro, que apenas tenía unos meses. En esta ocasión habían salido de Múnich en tren, en un austero vagón dirección Hamburgo. En el puerto embarcaron en el *Cap Polonio*, un buque de pasajeros en el que atravesaron el mar del Norte y el canal de la Mancha. Estaban ya rumbo a España cuando el capitán les informó del radiograma que acababan de recibir con las noticias políticas. Era cierto que el caciquismo, la anarquía y, sobre todo, el problema de Marruecos hacían inviable la pervivencia del agotado modelo de la Restauración, pero quizá aquella solución «patriótica», ese llamamiento a los buenos españoles y a la masculinidad, no fuese la acertada. «Europa parece dividida entre fascismos y comunismos. ¿Qué va a ser del orden tradicional? Con los problemas de los salarios, la inflación y tanta pobreza por las calles. ¿Por qué no podrán vivir en paz todos los hijos de Dios? Mirad cómo están las cosas en Alemania», razonaba Paz. Tras cuatro días de navegación, el vapor ancló en La Coruña y, desde ahí, la infanta Paz y su familia se trasladaron a Santiago de Compostela. Era año santo. Ante la sublime plaza del Obradoiro y en la tumba del Apóstol, la infanta suspiró por España. «¡Mi tierra bendita!».

Desde Galicia los Baviera marcharon a Santander invitados por los marqueses de Comillas: iniciarían la temporada otoñal en la villa cántabra. ¡Cómo recordaba la infanta Paz su primera estancia de 1881, cuando, siendo unas jovencitas, ella y Eulalia se habían quedado en la casa de Ocejo al cuidado de la pequeña Mercedes! En la costa, frente al Cantábrico, visitaron las prehistóricas cuevas de Altamira y Santillana del Mar, con el claustro románico de su colegiata, las viejas y monumentales portaladas y las antiguas casonas ennoblecidas por heráldicos blasones labrados en la piedra. A mediados de octubre, en automóvil, tras un viaje entre el polvo de los áridos caminos españoles, la infanta y su familia llegaron a Cuenca, a Villa Paz, su finca de Luján, una sobria construcción agrícola con casas de labranza en el coto de Castillejo. Ahí, los Baviera pasaban semanas de reposo ajenos a los compromisos palatinos y tratando de dejar atrás las preocupaciones de su vida en Múnich.

«¿Has leído la prensa? Hasta *El Siglo Futuro* menciona el intento de golpe de Estado de los nacionalsocialistas del NSDAP iniciado en la cervecería Bürguerbräukeller», dijo Luis Fernando a su hijo Adalberto. Un tal Adolf Hitler, con el apoyo de fuerzas paramilitares y el respaldo del mariscal Ludendorff, se había sublevado contra el Gobierno de la República de Weimar. Paz les escuchaba mientras escribía las últimas «Impresiones» que tenía que mandar al *ABC*, y la princesa Pilar pintaba en el jardín. «Acordaos que mañana tenemos que ir a la ciudad a la colocación de la primera piedra del monumento de los soldados conquenses muertos en África. Nos acompañará el obispo Laplana y seguro que en la plaza se congrega mucha gente. Y luego hay una misa de campaña en la que entrego la bandera al somatén de Cuenca», comentaba la infanta desde su sentida espiritualidad. Mientras, los nietos corrían y jugaban entre el espliego silvestre y los girasoles. Bajo encinas, con la algarabía de los pájaros, vestían sencillos, con sobrios trajes de campo. Y Luis Fernando revisaba la labranza. En la tranquilidad de Luján, los Baviera conseguían olvidarse de la enmarañada política.

A comienzos de diciembre, los príncipes querían estar en Madrid. Tenían muchas ganas de pasar unos días en la Cuesta de la Vega con Nando y los chicos, y visitar a Isabel. El rey les había invitado a ver con él, desde el balcón de palacio, el desfile del heroico batallón del Infante que volvía de África. Además, debían acudir a la boda en San Jerónimo el Real de la hija de los marqueses de Riscal, tan amigos desde la infancia. Eulalia había confirmado también su asistencia. Llegaría desde París tras un viaje a Hungría en el que, se decía, se había entrevistado con los nuevos líderes políticos. Después, los Baviera se desplazarían a Barcelona: irían al estreno de la ópera *El príncipe Ígor* en el Liceo. Aunque en Cataluña el orden público seguía revuelto, las medidas que se adoptaron contra los anarquistas parecían haber calmado la violencia extrema que se respiraba contra la patronal.

En Madrid, María Cristina no había visto con buenos ojos el respaldo de su hijo a la dictadura. Primo de Rivera había prometido la regeneración del país invocando un fuerte nacionalismo español y una solución digna al problema de Marruecos. Hasta los socialistas y los intelectuales —salvo Miguel de Unamuno— estaban conformes con el Directorio, pero ¿no sería aquello un peligro para la monarquía? Crista comentaba con su cuñada Isabel las inquietudes del momento político mientras tomaban el té en el palacete de Quintana. «Ya ves lo que escribía Paz en su última carta sobre la visita que había hecho a la reina Margarita en Roma con motivo de su viaje al Congreso Eucarístico», decía. La presencia de la reina madre era muy habitual en casa de la Chata. Solo se llevaban seis años y eran los miembros de mayor edad de la familia. Juntas conversaban y hablaban de los pequeños de la casa. Para esas Navidades, María Cristina esperaba con ilusión la llegada de sus nietos desde Sevilla. «Los chicos de Nino han crecido mucho: Alfonso, Bebito, ya se ha graduado en la Academia de Caballería de Valladolid e Isabel Alfonsa acaba de cumplir veinte años, aunque por el momento está sin pretendiente», le decía a Isabel con orgullo de abuela. Ahora tenían, además, otros hermanos: los niños de Nino con la guapísima Luisa de Orleans, con quienes seguían manteniendo una magnífica relación de afecto y cercanía.

La infanta Isabel y María Cristina se reunían en la sala de música, jugaban a las cartas, leían, hojeaban los semanarios, comentaban algún artículo de *Revista de Occidente* y juntas acudían a inauguraciones y homenajes. ¡Eran buenas compañeras! Pese a los achaques de reúma, el paso de los años y su cada día más voluminosa corpulencia, Isabel mantenía una intensa agenda pública. No le gustaba opinar en exceso sobre los asuntos políticos, pero sabía que, ante el pueblo, era el miembro más popular de la familia: en esos momentos de zozobra institucional convenía intensificar la actividad al servicio de la monarquía. «Crista, antes de Nochebuena tenemos que ir al homenaje que se celebra en el teatro de la Princesa a la actriz Vera Vergani y más tarde a la entrega de los premios de tiro de pichón que llevan mi nombre», le decía a su cuñada. «La semana próxima inauguro el nuevo tramo de metro, de la estación de Puerta del Sol a Las Ventas, y después voy con Ena a la Academia de Jurisprudencia, al solemne acto de imposición de la Cruz de Alfonso XII a Blanca de los Ríos», comentaba. Sabía que con su presencia reforzaba la imagen distante de Victoria Eugenia. La reina, imponente siempre en magníficas *toilettes*, llamaba la atención de los cronistas de sociedad y sus fotografías, con pieles y sombreros, inundaban las páginas de *Mundo Gráfico* y *La Esfera*. ¡Trajes de seda china en georgette con plisados en la falda y bandas de plumas! Su vestuario resultaba fabuloso. Pero en el rostro de Ena había mucha amargura y su altivez británica no terminaba de acoplarse al carácter popular de los españoles.

La infanta Isabel había decidido acompañar a Ena en una jornada de compras. Aunque ya mayor, a la Chata le encantaba pasear por las tiendas de la capital. Quería visitar el nuevo establecimiento de marroquinería que había abierto sus puertas en la calle Barquillo, Loewe, donde las regias damas adquirieron unos bolsos de piel batik y unas carteras de mano. Isabel se despidió de la reina con un beso cariñoso y se subió al coche en el que le esperaba su *chauffeur*. «Lléveme a la Castellana. Hoy tenemos tarde de carreras», dijo. La presencia de la popularísima actriz de cine mudo Mary Pickford en el hipódromo había despertado máxima expectación.

Isabel esa noche se acostó tarde y pidió a sus camaristas que no la molestasen. Amanecía en la calle Quintana cuando las hermanas Beltrán de Lis, desoyendo las indicaciones de la infanta, entraron en el dormitorio de Isabel con la prensa del día. «¿Ha pasado algo con mi hermana Paz?», preguntó asustada por lo temprano de la hora. Sabía lo complicada que estaba la situación en Alemania y le preocupaban las incidencias que los

Baviera pudieran tener en el trayecto hacia España. Desde su primer regreso tras la Gran Guerra, en 1921, sus visitas eran muy frecuentes y al menos una vez al año Paz y Luis Fernando trataban de visitar el país. Pero no. Otro era el asunto que ese día ocupaba las páginas de los diarios. «Casamiento de un hijo de la infanta Eulalia», se leía en *El Sol*. ¿Cómo? ¿Luisito con Mabelle Gilman Corey? ¿Con esa artista de opereta? ¿La divorciada del magnate norteamericano del acero? «¡Que me pongan inmediatamente una conferencia con St. Moritz! Tengo que hablar con Eulalia —ordenó arrebatada al leal Francisco Coello—. Y si no está ahí, que traten de localizarla en la villa que acaba de habilitar en San Sebastián, cerca del monte Igueldo, Eulalia Enea la llaman. Esta hermana mía, siempre de andanzas por el mundo». Su tono era autoritario.

La información era falsa, pero los continuos escándalos con el menor de los hijos de Eulalia de Borbón no hacían más que empañar la imagen institucional que trataba de ofrecerse de la Corona. Se hablaba de bacanales, estupefacientes, amistades comprometidas: la vida en París del pequeño de los Orleans-Borbón se había convertido en un festival de desenfreno. En marzo, la infanta Eulalia había anunciado que acudiría a Sevilla a la primera comunión de sus nietos, Álvaro, Alfonso y Ataúlfo. Ali y Beatriz de Sajonia, Bee, habían fijado temporalmente su residencia en Andalucía, ya rehabilitado el infante en sus funciones en el Ejército y conquistando honores como pionero en la aviación militar. ¡Con él sí que había tenido suerte Eulalia! ¡Leal, patriota! La infanta Isabel estaba dispuesta a aprovechar la visita de su hermana para hablar claramente con ella: o se ponía fin a tanta depravación en Luis o habría que tomar medidas. Pero ¿qué más podía hacer Eulalia? En octubre de 1924, el ministro del Interior de la República francesa firmaba la expulsión del país de Luis Fernando de Orleans y Borbón: corrupciones y escándalos de diversa índole forzaron a esta medida. Inmediatamente, el rey Alfonso XIII, en atención a su conducta, por decreto, privaba a su primo Luis Fernando María Zacarías de Orleans y Borbón de las preeminencias, honores y demás distinciones correspondientes a la jerarquía de infante de España. También de la Gran Cruz de Carlos III y de la dignidad de primer caballero maestrante de la Real de Granada. Fechado y publicado en la *Gaceta de Madrid* el 9 de octubre de 1924. En adelante, la vida de este príncipe continuará con frenética velocidad hacia el desastre.

El clima de provisionalidad que se respiraba en España auguraba tiempos de cambio. Con la suspensión de la Constitución, el ostracismo de los partidos políticos y el establecimiento de la censura, las medidas del Directorio se encaminaron al restablecimiento del orden público y la búsqueda de una solución en el Rif. Como militar, Miguel Primo de Rivera no parecía tener una respuesta definitiva al conflicto, pero el ejército de África estaba preparado: en septiembre de 1925, con el desembarco de soldados españoles en la bahía de Alhucemas, empezaba el fin de la pesadilla en Marruecos. Una operación anfibia liderada por el Tercio de Extranjeros en la que tomaba protagonismo el nombre de un joven Francisco Franco. «¿Quién es ese coronel gallego?», preguntó la infanta Isabel a su sobrino el rey en la comida dominical que mantenían cada semana en el Palacio Real. «Muy valeroso. Con arrojo y coraje entre sus hombres. Y fiel, tía, fiel a la Corona. Fui su padrino de boda en Oviedo, aunque en mi nombre actuó el gobernador militar de Asturias. Tiene un hermano, aviador, que anda en politiqueos republicanos», decía con su particular ironía. Ligero, bromista, endiabladamente español. «Seguro que el primo Alfonso nos trae buenas referencias. Ha intervenido como capitán en las operaciones al mando de una escuadrilla», aseguró. La infanta Isabel miraba a su sobrino con el encandilamiento y adulación habitual. Lo que el rey pensaba seguía siendo para la infanta Isabel motivo de halago.

Tras el éxito en Alhucemas, la dictadura se afianzaba. Con la formación del Directorio civil, España entraba en un tiempo de desarrollo económico y modernización. Llegaba la energía hidráulica, la electricidad, la radio, el boxeo y el charlestón. Pero el campo seguía atrasado. «Terminamos este Jerez y damos un paseo con Cristina y Beatriz. Vamos, Isabel, hoy está el día soleado y seguro que tu ahijado Jaime también se anima», concluyó Crista. María Cristina, con su ajustado sentido de Estado, seguía sin tener claro que la dictadura fuese la solución para los problemas endémicos que arrastraba España.

10
La modernización de España

¿Electrodomésticos? El viaje del Plus Ultra: *de España a la Argentina en hidroavión. Isabel, alcaldesa honoraria de Segovia. Los grandes almacenes. Ciudad universitaria y la Residencia de Estudiantes. ¿Nuevas vanguardias? Otra mudanza de Eulalia. En Villa Saint Michel. Isabel y la Gran Cruz de la Orden de Beneficencia. A Cannes, a las bodas de diamante de los condes de Caserta. ¡Vieja y con bastón!*

Armario frigorífico, enceradoras… «Pero, Paz, ¿crees que con eso que llaman «electrodomésticos» realmente se facilitará el trabajo al servicio? En mi casa he avisado a Margot para que dé orden de que todo siga como siempre. Si quieren las camareras, que prueben en la cochera y en cocina con lo de la limpieza, a ver cómo se arreglan», apostillaba Isabel mientras hojeaba la publicidad que insertaba el semanario *Mundo Gráfico* de un aspirador de la marca ElectroLux. La infanta Isabel había acudido a Cuesta de la Vega a ver a su hermana, recién llegada desde Múnich en su visita anual. Los Baviera viajaron en el expreso de Irún a Madrid a comienzos del mes de octubre con intención de desplazarse pronto a Cuenca, a su finca en el campo. La Chata seguía con una energía envidiable: hacía pocos días que había vuelto de Roma del Congreso Eucarístico Internacional convocado por Pío XI y ya se preparaba para los festivales a beneficio de la protección al trabajo de la mujer. Iría también a Segovia, donde acababa de ser nombrada alcaldesa honoraria.

«Con solemnidad me impondrán la clásica montera segoviana, pero no creas que me da pereza, me encanta, y aprovecho para quedarme unos días en La Granja e ir al tiro, que aún tenemos buen tiempo», decía con vitalidad. La última vez que había acudido al real sitio la habían aclamado con verdadero fervor mientras paseaba por los alrededores de palacio en la compañía del jefe de Gobierno, general Primo de Rivera.

«Mira la fotografía que publican —exclamó con cierta sorpresa Isabel—, me la hizo Antonio Calvache hace unos días y ya está en las páginas de todas las revistas». Paz escuchaba a su hermana con el pequeño Constantino sobre las rodillas mientras su nieta Mercedes, ya con quince años, las acompañaba en el salón. «¡Qué mayores están tus nietos, Paz! Los dos de Adalberto se parecen mucho a los Wittelsbach y tienen poco de Borbón», comentaba con franqueza. La infanta Isabel disfrutaba mucho en la compañía de sus sobrinos nietos.

«Antes de salir de Múnich recibimos carta de Eulalia. Andaba con mucho trajín con eso de su nueva mudanza. Va a dejar su casa del *boulevard* Lannes para establecerse en Villa Saint Michel, en el antiguo convento de la Asunción, que ahora regenta una hermana, religiosa, del conde del Grove», decía Paz. Hasta 1906 había funcionado como institución religiosa, pero, desde esa fecha, una parte se convirtió en pensión de damas, que era donde había decidido residir. No sabían si lo hacía por nuevos problemas económicos con el calamitoso Antonio de Orleans o porque, con el pasar de los años, buscaba la tranquilidad de un retiro más silencioso. Isabel había establecido con ella comunicación telefónica y Eulalia le había confirmado que, tras pasar unas semanas en San Sebastián, en su casa del monte Igueldo, tenía pensado ir a Andalucía con Ali y Beatriz, y después a Castillejos, su finca en Cuenca lindante con Villa Paz.

A las dos hermanas les encantaba ponerse al tanto de los asuntos familiares y de la vida en la corte. Madrid, en esos años, había cambiado mucho; con automóviles, estaciones de metro que sustituían al servicio de tranvías, luces y nuevos cinematógrafos. En la Gran Vía se habían abierto los grandes almacenes Madrid-París, los primeros en España organizados por departamentos. Y las primeras emisoras de radio, las EAJ (emisoras españolas privadas), experimentaban con los diarios hablados. El 17 de junio de 1925, Alfonso XIII había inaugurado los estudios de Unión Radio, embrión de la cadena SER. «En Alemania las cosas también se van normalizando. Con Gustav Stresemann como canciller ha bajado la inflación y cada vez llegan más productos y alimentos», decía Paz. Pero en Múnich algunos empezaban a percibir el crecimiento del nacionalsocialismo como una amenaza.

¡Lo han conseguido! Un radiotelegrama confirmaba en el despacho del rey que el *Plus Ultra* había amerizado con éxito en Buenos Aires. Era el 10 de febrero de 1926. Desde España hasta la Argentina en hidroavión. El comandante Ramón Franco y sus compañeros, Ruiz de Alda, Durán y Rada, eran los nuevos héroes nacionales. «Menudo recibimiento que les han hecho en las Américas. Casi como el mío cuando llegué en mayo de 1910», recordaba la infanta Isabel con orgullo. Una apoteosis para la patria y sus pilotos. Hasta Carlos Gardel les dedicó un tango. La familia se reunió en el cinematógrafo instalado en la primera planta del Palacio Real para ver con los chicos un pase de la llegada. «¡Menudos valientes esos del avión!», decía el infante Gonzalo, el menor de los nietos de Crista. Hasta el Gobierno, reunido en consejo en Presidencia, había acordado conceder indultos con motivo del feliz éxito del raid.

A la nueva generación de palacio —los hijos de los reyes y sus primos, los Baviera Borbón— le encantaban los reportajes en los que el cronista Chaves Nogales contaba sus aventuras aéreas por Europa en *Heraldo de Madrid.* ¡Y las novelas de *El caballero audaz*! «¿Sabéis que ya anuncian el estreno de *El prisionero de Zenda*, con Alice Terry, Lewis Stone y Ramón Novarro?», dijo el infante Juan. Las infantas Beatriz, Cristina e Isabel Alfonsa comentaban las fotografías de moda que se publicaban en la revista *Elegancias* y los suntuosos vestidos con espaldas descubiertas de las estrellas cinematográficas. Hablaban entre ellas de los colorantes L'Oréal, de las sales Clarcks para adelgazar y del tónico reconstituyente en jarabe de Hipofosfitos Salud para los desarreglos femeninos.

Pese a la debilidad de la Unión Patriótica —el partido único del Directorio civil—, España se abría a la dinamización y a los nuevos tiempos. Las medidas económicas que había puesto en marcha el ministro de Economía, el monárquico José Calvo Sotelo, potenciaron la vida industrial, y los avances en la aeronáutica colocaban a España en los titulares de la prensa mundial. ¡Portada en la revista *Time*! El país entraba en una espiral de construcción de obras públicas, carreteras y comunicaciones ferroviarias sin precedentes. Por las calles se veían coches Torpedo de la casa Fiat o el modelo Ford dos puertas, carrozado totalmente en acero. Algunas ciudades de España comenzaban su modernización.

Tras la sesión en el cinematógrafo con la hazaña del *Plus Ultra*, los adultos se reunieron en el comedor de palacio. Con ellos, el duque de Miranda, jefe de la real casa. ¡A Isabel y Paz esos encuentros familiares les recordaban los almuerzos de juventud con su difunto hermano Alfonso XII! La mesa estaba adornada con un precioso macizo de narcisos amarillos. Los manteles de hilo, la vajilla y la cristalería Baccarat, grabada en el óvalo central con el monograma coronado de Alfonso XIII, destacaban entre los candelabros de plata. No era una cena de gala, pero los monarcas querían demostrar el cariño que sentían por sus tíos, los príncipes de Baviera. Con ellos también sentados, Nando, María Teresa, Crista y los jóvenes Luis Alfonso y José Eugenio, nietos de Paz, ambos de permiso en sus obligaciones militares.

El rey hablaba con Luis Fernando de la situación política y los esfuerzos que se estaban haciendo en la sanidad para sacar de la insalubridad a muchas zonas del país. «No puedes imaginarte lo que vi en las Hurdes. ¡Esos niños! ¡Esa gente! Y ahí mismo, en Cáceres», decía el rey con gesto de rubor mientras apagaba un cigarrillo. El doctor Gregorio Marañón había advertido al monarca de las dramáticas condiciones de vida en la región y el rey quiso comprobar qué había de verdad en aquello. ¡El horror! Pero la dictadura estaba dinamizando la sanidad, poniendo en marcha dispensarios médicos y centros educativos. «Antes de que os marchéis, quiero enseñaros lo avanzadas que van las obras en los antiguos terrenos de Moncloa, donde se está construyendo una ciudad universitaria», comentaba Alfonso XIII con orgullo. Tendría campos de deportes, paraninfo y albergaría las facultades de Medicina, Farmacia y Filosofía y Letras, siguiendo el modelo de los campus anglosajones.

La educación, la cultura y los movimientos de vanguardia empezaban a tomar cuerpo en la España de los años veinte. Los jóvenes de la Residencia de Estudiantes, en la calle Pinar, experimentaban con el cine, la poesía y el arte, y organizaban conferencias impartidas por el mismísimo Albert Einstein o Marie Curie. ¡Intelectuales, científicos, dramaturgos! «¿Sabes que también hay Residencia de Señoritas?», le decía Alfonso XIII a su tía Paz. La dirigía la prestigiosa pedagoga María de Maeztu; en sus aulas y laboratorios estaba formándose una nueva generación de mujeres dispuestas a su incorporación, con paso lento pero decidido, a la vida política. «¿Y reciben inspiración católica?», preguntó la infanta desde su ingenuidad bondadosa. Ella había oído hablar de María de Echarri y de otras sindicalistas que desde Acción Católica trataban de favorecer la condición de la mujer en España. Pero a las infantas Paz e Isabel las ideas que se defendían desde el Lyceum Club o las pioneras ligas femeninas establecidas fuera del ámbito religioso les parecían liberales en exceso. «¡Mejor que tía Eulalia no se entere y aplauda una de esas conferencias que se imparten a favor del voto de la mujer!», comentó con sorna el rey recordando escándalos pasados. Crista miró a su hijo con gesto de reprobación. Pero ¡cómo se le ocurría!

No se retiraron tarde. Isabel quería acudir al día siguiente a una de las veladas que se celebraban cada lunes en los salones del hotel Ritz, y los Baviera partirían a Villa Paz antes de volver a Alemania. Luis Fernando no quería desatender por más tiempo el piso-clínica que mantenía en Odeonsplatz, aunque las consultas eran cada día menos frecuentes y, a punto de cumplir setenta años, practicaba menos cirugías. Adalberto, tras doctorarse en la universidad, continuaba publicando estudios históricos en torno a figuras de las casas reales y empezaba a trabajar en un volumen sobre los Austria en España que pensaba publicar con su colaborador, el político Gabriel Maura. Pero el año próximo, «cuando volvamos —confesaba la infanta Paz en su habitual cordialidad—, nos quedaremos más tiempo. Vamos a intentar adelantar el viaje a Semana Santa para poder ir a Sevilla y quedarnos en casa del marqués de San Juan Piedras Albas». Prometieron, además, visitar a la familia real en Santander y conocer el palacio de La Magdalena. En octubre de 1927, sus altezas reales los príncipes de Baviera iban a recibir del III marqués de

Comillas, conde de Güell —nieto de Antonio López y con el que siempre habían mantenido una amistad cercana— una casa solariega en la cercana villa de Santilla del Mar: la Torre de Don Borja. Paz y Luis Fernando podrían así disfrutar de días de descanso en la costa española y combinarlos con la estancia en Villa Paz.

Pasaban los meses y la infanta Isabel continuaba con su apretada agenda de compromisos oficiales. Cada mañana, mientras María le preparaba los panecillos variados que le acercaban de la pastelería Viena Capellanes para desayunar, hojeaba el diario *La Nación*, que se había convertido en el órgano oficioso de la dictadura. Ya tenía que usar gafas porque la letra pequeña la leía con dificultad. ¡Con lo que ella había presumido de vista! La monarquía sabía que la Chata era uno de los valores más preciados de la Corona cuando los apoyos a Primo de Rivera empezaban a flaquear. Las críticas de los ateneístas, de *El Sol* y de sectores del Ejército disconformes con los intentos institucionalizadores y, sobre todo, con el fracaso de la Asamblea Consultiva demostraban que en el campo político algo empezaba a fallar.

Pero Isabel no paraba. Con Crista acudió al acto religioso que se celebró en el Cerro de los Ángeles, en lo que constituyó un tributo de gracia al Sagrado Corazón de Jesús y donde recibieron cariñosas ovaciones. Con ellas, sus fieles damas, la duquesa de Fernán Núñez y las señoritas Beltrán de Lis, siempre al calor de cualquier requerimiento de la infanta. Con máximo orgullo, Isabel recibió, el 17 de mayo de 1928, la Gran Cruz de la Orden Civil de Beneficencia, máximo galardón que distinguía en España a personalidades destacadas por su acción humanitaria. «No imaginas qué satisfacción saber que el Gobierno refrenda la concesión de este inmerecido reconocimiento», escribía a su hermana Paz. Su constante labor caritativa y beneficiosa en pro de los desvalidos la había convertido en la más digna merecedora de este honor. La labor que desempeñaba como presidenta de la Junta de Damas del Patronato de los Establecimientos de Beneficencia era incansable.

Al llegar al palacio de la calle Quintana, la infanta Isabel pidió a Coello, su secretario, que le pusiese una conferencia con París. Quería hablar con Eulalia para saber si acudiría a Cannes a las celebraciones por las bodas de diamante de los condes de Caserta. Isabel iría en representación de la familia real española por los estrechos vínculos afectivos que la unían con la familia del difunto Cayetano. ¡Había pasado tanto tiempo de aquello! ¿Cuánto? ¿Cincuenta años? La infanta se sabía mayor, pero su deber a la Corona y al rey se mantenía inalterable. Alfonso le había pedido que, de camino a Francia, hiciese una parada en Barcelona. ¡Quizá aquello calmase los ánimos de los regionalistas descontentos con el nacionalismo español que imperaba en la política! ¿Qué era eso de prohibir *Els Segadors* en los actos públicos?, pensaban muchos. La llegada de la Chata a Barcelona fue triunfal: visitó la catedral, el Tibidabo, el patio de los Naranjos de la diputación y almorzó con el alcalde. La infanta fue muy agasajada por las autoridades y por la alta sociedad catalana, que rivalizó para demostrarle su simpatía. Isabel se apoyaba en una sombrilla para poder caminar. Aún se adornaba con muchas joyas, sus ropas eran holgadas y en nada recordaban la silueta juvenil de otros tiempos. Pero la infanta seguía al servicio de la monarquía y de España.

11

Adiós a María Cristina de Habsburgo-Lorena

Luto y crespones negros. Tristeza en palacio. Última boda real: el enlace de Isabel Alfonsa con un conde polaco. España, hacia el precipicio. ¿Nos visitáis en Villa Paz? Con la reina de Rumanía. Los Castillejos. Ortega y su Delenda est Monarchia. *¿Se ha casado Luisito con la viuda de Broglie? La muerte de Antonio de Orleans. ¡Pongan la calefacción aunque a Isabel no le guste! La despedida de dos hermanas. La última visita de Paz a España.*

Madrid amaneció silencioso, triste. Era el 6 de febrero de 1929. ¡María Cristina de Habsburgo-Lorena acababa de fallecer! En el mástil del Palacio Real ondeaba la bandera a media asta. Esa noche, como de costumbre, la infanta Isabel había cenado en el palacio de Quintana con Juana y Margot Beltrán de Lis. Estaba a punto de acostarse cuando un empleado de la real casa entró apresuradamente: «Avisen a su alteza. Es la reina madre». Isabel escuchaba algarabía en la planta inferior. ¿Ocurre algo? ¿Quién llega a estas horas? Inmediatamente se dio cuenta de que algo grave sucedía. «Rápido, María, mi gabardina, y preparen inmediatamente el automóvil», ordenó. En apenas una hora estaba ante el cuerpo sin vida de su cuñada. Yacía en su alcoba, fría, con los ojos cerrados y el mismo gesto de austeridad que la había distinguido desde su llegada a España. Alfonso XIII estaba desolado. Con los ojos vidriosos, era incapaz de dejar de sollozar. ¡Su madre! ¡Su respaldo!

Pero «¿cómo ha ocurrido? —preguntó la infanta—. Ayer mismo me dijo que iba a ir al teatro de la Zarzuela a una representación benéfica a favor de la Cruz Roja. ¡Estaba bien! ¡Nada tenía!», exclamó alterada por la fatal noticia. Victoria Eugenia, que se encontraba en la antecámara con vestimenta informal, le explicó que había cenado con los nietos y después habían bajado a una sesión de cinematógrafo. ¡Hasta estuvo charlando con su nieta Isabel Alfonsa sobre los preparativos de su próxima boda! La duquesa de Fernán Nuñez, camarera mayor de la reina, tampoco se explicaba lo ocurrido. Nada había hecho sospechar esa tragedia, nada había indicado aquel fatal desenlace. ¡Pobre Crista! Siempre recta, incontestablemente leal. Nunca había perdido su grave acento germano, el tono inflexible de los Austria, ni su oportuno sentido del deber, aquella exquisita clarividencia. Tan católica, tan prudente. «Doña virtudes», la llamaba el pueblo, que la había recibido con recelo. Esposa triste, madre ejemplar. ¡Cuánto sufrió por Alfonso! ¡Cuánto con la muerte de sus hijas! ¡Cuánto dolor en España!

«Hay que avisar a mis hermanas —indicó Isabel al duque de Miranda—. La infanta Eulalia se encuentra pasando una temporada con los príncipes de Baviera, en Múnich. Ahí podrán localizarla», dijo con precipitación. «Ya se ha hecho, señora», respondió el jefe de la real casa. El rey había indicado que el primer telegrama informando de la fatal noticia fuese para sus tías. Sabía lo que la querían; conocía el afecto y el sentimiento generoso que siempre le habían ofrecido. Y entendía, sobre todo, el reconocimiento que su madre tenía a sus cuñadas.

La infanta Eulalia se dispuso inmediatamente para emprender la marcha: tomaría el tren hacia París con intención de llegar a los funerales. Paz no podría acudir. ¡El viaje resultaba precipitado! La muerte de María Cristina suponía para ella el final de una madurez vivida a caballo entre España y el ocaso de los imperios. El archiduque Eugenio, hermano de la fallecida, estaba también en camino.

España entera testimoniaba su sentimiento. Gente de todas las clases lloraba a María Cristina. El pueblo desfilaba por la capilla ardiente para homenajear por última vez a su reina madre. Monteros de Espinosa y alabarderos velaban el féretro forrado en brocado de oro. Vestida de negro y tocada con velo, la infanta Isabel, junto al cardenal primado, oraba en la capilla palatina; arrodillada, rezaba por el ser que acababa de perder. ¡Qué inmensa tristeza en el regio Alcázar! Una corona de violetas con un lazo con los colores nacionales y otro azul y blanco fue depositada a los pies del cadáver: era de Paz y Luis Fernando. «En testimonio de cariño, admiración y respeto», se leía. Desde el Palacio de Oriente, el ataúd con los restos mortales de María Cristina salió por la plaza de la Armería. Fue el último adiós de la infanta Isabel a María Cristina de Habsburgo: su cuñada, su compañera, la amiga. Junto a ella, sus sobrinos Nando de Baviera y Alfonso de Orleans con sus esposas, y todos los sobrinos nietos que vivían en España. Faltaban solo Adalberto y Pilar, en Múnich, y Luis, expulsado de la corte. Por especial designación de Alfonso XIII, presidió el duelo el duque de Sotomayor, mayordomo mayor de la reina, y conforme a protocolo, no figuró en el cortejo fúnebre ninguna de las personales reales. Un piquete de Caballería, clarines y timbales, palafreneros y ocho caballos enlutados abrían la comitiva que conduciría el cuerpo sin vida de María Cristina de Habsburgo, por la calle Bailén y paseo de San Vicente, hasta la estación del Norte para trasladarlo al Panteón de Reyes del Monasterio de El Escorial.

La infanta Isabel entendió pronto cómo iba a afectar esta pérdida a su sobrino. Alfonso era expansivo, abierto y sociable, pero para él su madre era también su fortaleza; Crista había sido capaz de gobernar sin debilidades, pero ¿y el rey? En su dormitorio de la calle Quintana, bajo el cuadro de santa Catalina que presidía su cama, agotada por el peso del dolor y la intensidad de la jornada, pensaba en el rey, en España. Era ya mayor. No le faltaba ánimo, pero su cuerpo muchas veces flaqueaba. Miraba al pasado, recordaba aquel primer encuentro con Crista en 1879. ¡Ella era entonces princesa de Asturias! El nacimiento de sus sobrinas, la muerte de su hermano el rey y los complejos momentos de la regencia. Durante dieciséis años Crista había llevado el peso del poder. ¿Cuánto había pasado desde entonces? Se acordaba también de su madre, Isabel II, en París... Pero era tarde, debía descansar. Esperaba aún a Eulalia, no había llegado: un telegrama confirmaba inclemencias meteorológicas que retrasaban su entrada en España. La nieve bloqueaba las vías del expreso Viena-París en el Tirol. La infanta Isabel tenía que conciliar el sueño. En pocos días se celebrarían los funerales oficiales en la capilla de palacio, a los que asistiría la familia real, todas las clases de etiqueta y los representantes extranjeros llegados a España. También debería acudir a las misas en San Francisco el Grande organizadas por el Gobierno. El país estaba de luto, pero ella seguiría al servicio de la monarquía. ¡Al servicio de España!

Los periódicos internacionales recogían la muerte de María Cristina. *The Times, Berliner Tageblatt, Le Figaro, Il Popolo d'Italia*... le dedicaban extensos artículos y en las cortes de Europa entera se decretó luto. ¡Era prima y pariente de todas las familias reinantes! Pero la vida en España seguía su curso. El Directorio civil empezaba a hacer frente a la fuerte oposición catalana y a las voces disconformes del cuerpo de Artillería. En palacio, pese al dolor, tenían que celebrar la boda de Isabel Alfonsa, nieta de María Cristina. La hija de la llorada Mercedes y Carlos de Borbón-Dos Sicilias, Nino, iba a contraer matrimonio con el conde Jan Kanty Zamoyski, de distinguida familia polaca. Todos estaban convencidos de que la última voluntad de María Cristina hubiera sido que el enlace de su nieta se pudiese celebrar con el oropel acostumbrado en palacio. Aunque faltase la alegría. La joven había nacido en 1904 y su madre, princesa de Asturias, moría pocas horas después del alumbramiento. ¡Cuánto la quería Crista!

La boda tuvo lugar el 9 de marzo de 1929 con solemnidad, aunque se suprimieron muchos de los detalles que hubieran abrillantado el acto. Por un solo día, se rompería el riguroso luto que se guardaba en la familia. Guardias de Alabarderos de gala escoltaron por la galería a la infanta hasta la Capilla Real mientras sonaba la *Marcha nupcial* de Mendelssohn. Alfonso XIII, todavía muy afligido, actuó como padrino vistiendo uniforme de marino con la banda correspondiente a una alta condecoración polaca. Isabel Alfonsa lucía un precioso traje de seda blanco con manto de encaje. En manifestación de la pena por el reciente fallecimiento de su abuela, no llevaba ninguna alhaja, solo una sencilla guirnalda de flores. Entre los contados invitados, la infanta Isabel, con mantilla negra, su diadema de las conchas y el uniforme utilizado para las capillas públicas, y la infanta Eulalia, con toca grande en la frente y largos collares de perlas, tan del gusto de entonces. ¡Ninguna de las reales personas retratadas ese día por el fotógrafo Campúa podía imaginarse que aquella sería la última de las bodas celebradas en el Palacio Real antes del exilio!

Paz y Luis Fernando llegaron a España a finales de marzo de 1929. La anticipada planificación del viaje y sus compromisos en Múnich les habían impedido hacerlo antes. Nada más entrar en Madrid, los príncipes de Baviera visitaron a su sobrino el rey. ¡Querían mostrar sus condolencias! Paz le encontró muy abatido. Su madre, la situación política… «¿Por qué no os animáis a hacer una excursión a Villa Paz?», manifestó en su sincera generosidad. Allí, lejos de los problemas de la política, de la pérdida de confianza en el régimen de Primo de Rivera, el rey podría disfrutar de la tranquilidad del campo. La infanta Eulalia estaría esos días también en su finca de Los Castillejos, muy cercana. Y Alfonso de Orleans y Beatriz ya les habían confirmado que pasarían unos días con ellos de vuelta de Sanlúcar. Además, Bee esperaba la visita de su hermana la reina Alejandra de Rumanía con su hija la princesa Ileana. ¡Alfonso XIII aceptó con satisfacción! Aquello podría relajarle. El 29 de marzo de 1929 los reyes, acompañados de su primo Alfonso, su esposa y la familia real rumana, marcharon a tierras de La Mancha. La comitiva automovilística fue recibida en el límite de la provincia por el gobernador civil y otras autoridades. Reyes y princesas almorzaron en Villa Paz, pasearon a caballo por la finca, acompañaron a Eulalia a Saelices y, de nuevo en coche, se acercaron hasta el monasterio de Uclés. Pronto comenzaba la Semana Santa y debían regresar a Madrid. ¡Seguro que tía Isabel ya estaba preparada para comenzar los oficios!, pensaron los dos primos.

La infanta Isabel ya no abandonó el negro en su vestimenta. Llevaba siempre una inconfundible cartera de mano y vistosos sombreros. De luto acudió a exposiciones, amadrinó la bandera en el centenario del Cuerpo de Carabineros, celebrado en El Escorial, acompañó a Victoria Eugenia en la bendición de un preventorio antituberculoso y estuvo en la Exposición Iberoamericana que se celebró en Sevilla, en el que fue su último viaje a Andalucía. ¡Sabía que su figura era primordial para el respaldo de la monarquía en ese momento hostil! En la exposición visitó todos los pabellones, siempre acompañada por su sobrino Carlos, Nino, y la esposa de este, Luisa de Orleans. Quiso regresar antes a Madrid para despedirse de Paz: los Baviera querían visitar la Exposición Universal de Barcelona que con tanto éxito de prensa y público se estaba celebrando. Desde Cataluña saldrían hacia Alemania a través de la frontera con Francia. Esta vez, su visita había resultado más breve, apenas un mes. Al poco de llegar a Nymphenburg, Paz escribió a su hermana Isabel: «¿Están bien las cosas en España?». En Alemania la inflación aumentaba por segundos y el dinero perdía su valor.

La vida política se hacía cada día más complicada. En enero de 1930 el rey retiraba su apoyo a Miguel Primo de Rivera. ¿Qué iba a pasar entonces? ¿El regreso al modelo de la Restauración? ¿Se había terminado el «fascismo»? María Cristina no se había equivocado: el respaldo que su hijo había dado a la dictadura se convertiría en el verdugo de la monarquía. Ortega y Gasset, la personalidad más reputada del pensamiento de la época, publicaba en *El Sol* un demoledor artículo que con el título «Delenda est Monarchia» cargaba contra la institución. El republicanismo tomaba forma, Azaña se lanzaba a la arena política y en San Sebastián, el antiguo feudo de la difunta reina madre, socialistas, republicanos y nacionalistas pactaban una alianza en pro del cambio de régimen. En palacio, incapaces de pronosticar el desastre, seguían confiados. Isabel había acudido con el rey a la inauguración del edificio del Palacio de la Prensa en la Gran vía y el entusiasmo del pueblo a su llegada había sido ensordecedor.

«¿Qué sabes de Eulalia? —preguntaba Paz por correspondencia a Isabel—. ¿Ha estado estos meses en Madrid? En Múnich dicen que Luisito se ha casado en Londres con una viuda mucho mayor que él. Una tal señora Broglie». Eulalia seguía en París. En su última conversación telefónica le había contado que recibió en Villa Saint Michel, donde residía, a Miguel Primo de Rivera, ya muy enfermo, con continuos ataques de diabetes. Tomaron el té y hablaron de España. ¡Del asunto de Luis, Isabel prefería no saber nada!

«Sublevación en Jaca», podía leerse en el diario *Ahora*. Isabel se había acercado a pasar la tarde a casa de su sobrino Alfonso de Orleans, el hijo mayor de Eulalia, instalado definitivamente en Madrid, cerca de Quintana. Tenía poco ánimo. Acababa de recibir la visita del doctor Varela. Pero quería ver a sus sobrinos nietos Álvaro, Alfonso y Ataúlfo, recién llegados de Zúrich, donde estudiaban, para pasar las vacaciones en España. ¡Seguro que merendaban esas porras de San Ginés que tanto les gustaban! Isabel caminaba ya con dificultad y utilizaba una coqueta silla de ruedas para desplazarse en casa. «¿Qué cuentan en el periódico, Bee?». La princesa no quería preocupar a su anciana tía, pero algunos elementos militares se habían alzado en el aeródromo de Cuatro Vientos, habían sobrevolado el Palacio de Oriente y lanzado octavillas contra la Corona. Entre los insurgentes, el popularísimo Ramón Franco. Había pasado ya una semana de aquello, pero la inestabilidad del Gobierno era total. Estaban charlando de los chicos cuando, por sorpresa, apareció el rey. No era habitual su presencia, atareado como estaba en los asuntos de gobierno. Saludó con un beso a su tía y preguntó por Alfonso. «¿Qué ha ocurrido?», preguntó Beatriz. Se había recibido un telegrama de París, firmado por Quiñones de León, el embajador: Antonio de Orleans y Borbón acababa de fallecer. Apenas especificaba más. Alfonso XIII, en persona, quiso comunicar a su primo el fallecimiento de su padre.

El marido de la infanta Eulalia, más envejecido que viejo y apartado de la corte, moría en su apartamento de la *avenue* Neuilly el 24 de diciembre de 1930. Tenía sesenta y cuatro años y padecía una afección cardiaca complicada con un ataque de uremia. Su cuerpo se trasladó en París a la iglesia española de la *rue* de la Pompe. Alfonso de Orleans, su hijo, partió inmediatamente hacia allí. No hay información de que Eulalia asistiese a los funerales. Apenas un escueto suelto en el *ABC* anunciaba que la infanta acudiría a Baviera para pasar el luto con su hermana Paz. Los restos del infante fueron trasladados a España para recibir sepultura en el panteón del real sitio de San Lorenzo.

Desde aquella infausta boda en 1886, la vida del hijo de los duques de Montpensier había transcurrido entre casinos, amoríos innobles y escándalos sociales. Isabel se arrepintió de haber alentado ese matrimonio desgraciado. El mundo de la infanta, todos los que la habían acompañado desde su nacimiento, desaparecía: Cayetano, sus hermanos Pilar y Alfonso, Luisa Fernanda, la reina Isabel, Crista. En el ocaso de su vida ella seguía firme al servicio de la Corona y el rey. En febrero de 1931 se convocaban elecciones municipales. ¡Un cambio de ayuntamientos!, pensó. Pero la monarquía se desvanecía y con ella, la vida de la infanta.

En marzo de ese año, Paz de Borbón llegó a Madrid preocupada por el delicado estado de salud de su hermana mayor. Su marido no la acompañaba. La infanta se alojó en casa de su hijo Nando, en Cuesta de la Vega. «¿Qué, cuándo vienes a verme?», le había dicho por teléfono Isabel nada más enterarse de que su hermana ya estaba en España. «Margot, por mucho que se empeñe, deben tener buena temperatura en casa porque si no, mira lo que ocurre», comentaba la princesa de Baviera a la menor de las Beltrán de Lis. ¡En invierno tenían que poner la calefacción! Pero a la infanta Isabel no le gustaba. La Chata, pese a la edad y los achaques, seguía siendo muy cabezona. En febrero se había resfriado y su estado de salud no mejoraba. El doctor Valera, médico de la casa real, la visitaba a diario, pero la arterosclerosis que padecía y los dolores reumáticos eran cada día peores. Sostenía la cabeza con dificultad y, en ocasiones, se le caía sobre el lado izquierdo. Ni siquiera con las medicinas que conseguían traerle desde Alemania eran capaces de aplacar su malestar. «Mi esposo piensa que esto puede irle bien», comentaba Paz al facultativo.

Desde su llegada a Madrid el 11 de marzo, Paz, acompañada de su hija Pilar, visitaba cada día a Isabel. La Chata seguía con buena memoria y quería mantenerse al tanto de los asuntos familiares y políticos de la familia: Adalberto estaba bien, seguía viviendo en Múnich con Augusta y los niños, pero en Alemania la situación económica era desesperada. ¡El dinero había perdido su valor! Ellos seguían en Nymphenburg, aunque desde la proclamación de la República de Weimar otras familias, ajenas a los Wittelsbach, también se habían instalado en él. Al perder la asignación del Estado que recibían como príncipes de Baviera su vida económica era más limitada. Además, Tito, con la edad, pasaba menos consulta. El anciano canciller Hindenburg no conseguía mantener gobiernos estables y las fuerzas nacionalsocialistas, ahora bajo la denominación de Partido Nazi, crecían a cada momento, especialmente en Baviera. «La popularidad de ese Hitler es cada vez mayor», decía Paz con preocupación. A ella, pacifista, le aterraba el expansionismo alemán del que hacía gala en sus mítines multitudinarios.

Las dos hermanas, Paz e Isabel, charlaban de la vida y de los recuerdos. Isabel apenas podía ya escribir: Paz le redactaba cartas para los Caserta, los Borbón-Dos Sicilias y también para Eulalia. «¿Sabes que acaba de estar en Roma con el papa?». Sí. La infanta Eulalia había acudido a Italia a solucionar problemas con la testamentaría referidos a las escasas propiedades que le quedaban del ducado de Galliera. Pío XI la recibió en su biblioteca privada del Vaticano y después ella había visitado al cardenal Pacelli, secretario de Estado. «La prensa dice que Eulalia va a ingresar en un convento, ¿en "la orden del sagrado corazón de París"?», comentaba Paz con humor. ¡Qué idea tan descabellada!

Esa Semana Santa los círculos afines al republicanismo parecían agitados, pero la vida en la corte se mantenía con normalidad. El rey acababa de regresar de un viaje a Londres y París, y en el Palacio de Oriente se preparaban para la solemne capilla pública del Domingo de Ramos. La infanta Paz asistiría con Pilar acompañando al resto de la familia real. Isabel ya no podía acudir a las ceremonias palatinas: llevaba un par de semanas sin salir de casa y tenía que desplazarse en silla de ruedas. ¡Le había prestado a Paz un collar de perlas y su diadema de brillantes! Pilar estuvo con sus primas, Beatriz y Cristina, y también con Mercedes, hija de Nando. Las cuatro, con trajes de tisú de plata. «No sabes lo que te hubiese gustado», le contaba a su hermana de regreso. La comitiva regia había desfilado en la galería a los acordes de la marcha del *Sueño de una noche de verano*, de Mendelssohn. Isabel, en la desgracia de su enfermedad, todavía disfrutaba con la música. Le hubiese encantado acompañar a su hermana en la tradicional procesión de Jueves Santo que recorría siete iglesias de Madrid. ¡Siempre tan devotas! ¡Tan religiosas como Isabel II! Pero ya no podía. Sin embargo, por su ánimo y profunda catolicidad, no dejó de escuchar por la radio los tradicionales sermones de Viernes Santo.

Era el 8 de abril de 1931 cuando Isabel y Paz se despidieron. En Quintana. Un cariñoso abrazo, los ojos llenos de lágrimas. Isabel vestía de gris. Paz, un sobrio traje en tonos tostados. En el coche que la conducía hacia la estación del Norte para tomar el expreso a Múnich, la infanta Paz giró la cabeza y agitó la mano para decir el último adiós a su hermana. No sabía entonces que ya nunca volverían a verse. ¡Tampoco que esa sería su última visita a España!

12

14 de abril de 1931

Una corte en desgracia. La II República. La anciana tía Isabel: que no se quede sola. «¡No voy a vivir en una república!». Moribunda y postrada. El maletín con las joyas de la Chata. En ambulancia a El Escorial. Bee y Alfonso de Orleans. Las atenciones de Eulalia. En Villa Saint Michel. En París, la infanta Isabel exhala su último aliento: ¡el rey! Un entierro solitario. El cementerio Père Lachaise: en el panteón familiar de Quiñones de León. Un féretro con bandera negra y estrellas de plata.

«¡Vota la república!», se escuchaba en las radios, en los mítines, en los corrillos de la gente. La campaña electoral organizada por las candidaturas republicano-socialistas para las elecciones municipales del domingo 12 de abril fue frenética. Los monárquicos estaban, por el contrario, muy confiados. La salud de la infanta Isabel era delicada y llevaba varios días en los que no salía de la habitación. Había perdido peso. El rey la visitaba con frecuencia. También Fernando de Baviera y Alfonso de Orleans: los sobrinos estaban muy pendientes de la anciana tía Isabel y convinieron mantenerla ajena a los aires levantiscos que se respiraban en el país. «Bee, que Margot y Juana no le suban la prensa. Cuando vayas a verla, entretenla con cosas de familia, de Eulalia, y hasta de Luisito si quieres, pero mejor que no esté al tanto de la política, no vaya a preocuparse», recomendó Alfonso XIII a Beatriz de Sajonia-Coburgo, siempre atenta a los requerimientos de la infanta.

Pero en esos días, pese al clima electoral, ningún miembro de la familia real se podía imaginar aquello: ¿cómo un cambio de ayuntamientos iba a provocar la caída de la monarquía? ¿Mayoría republicana en las capitales de provincia? La situación era crítica para la Corona y para el rey. Todo se precipitaba: el Comité Revolucionario, autoproclamado Gobierno Provisional de la República, exigía el cambio de régimen. Alcalá Zamora, reunido con el conde de Romanones en la casa-clínica del doctor Marañón, se comprometía a garantizar la seguridad de la familia real, pero el monarca debía salir de España antes de las nueve de la noche. En el Palacio Real los nervios eran extremos. Riadas de madrileños avanzaban febriles hacia la Puerta del Sol. Las avenidas más céntricas estaban abarrotabas. La emoción era extraordinaria entre los españoles. Gritos, vítores. ¡Vivas a la República! «¡Que se vaya!», se escuchaba a algún exaltado. El Gobierno del almirante Aznar, reunido en el que sería el último Consejo de Ministros de la monarquía, recomendó a Alfonso XIII que abandonase el país. En ese momento, en el Ministerio de Gobernación se izaba la bandera roja, amarilla y morada. Era martes 14 de abril de 1931 y acababa de proclamarse la II República española.

En el Palacio de Oriente los preparativos eran frenéticos. Alfonso de Orleans se presentó de inmediato. Había telegrafiado a su madre, la infanta Eulalia, para comunicarle lo ocurrido. Estaba decidido: él acompañaría a su primo el rey camino del exilio y su esposa, Beatriz, se quedaría por unos días al cuidado de la tía Isabel. Sus hijos, Alfonso, Álvaro y Ataúlfo, viajarían con la reina y sus primos, los infantes. «En contacto con Quiñones de León. Organiza en la embajada. Partimos en unas horas», decía el cable. Poco equipaje, apenas unas maletas. La comitiva formada por cuatro coches esperaba a Alfonso XIII en la llamada «puerta incógnita», que daba acceso a los jardines del Campo del Moro. El rey se despidió de Victoria Eugenia y de sus hijos. Ellos saldrían un día después desde El Escorial. Alfonso bajó las escaleras y se cuadró ante el retrato de su madre, la reina María Cristina. Vestía traje oscuro y fumaba sin parar. En el puerto de Cartagena embarcarían rumbo a Marsella. Había comenzado el camino del exilio.

«Con desbordante júbilo popular ha sido proclamada la República en España». Era el titular del *Heraldo de Madrid* ese 15 de abril. Victoria Eugenia ya había guardado sus joyas y las escasas pertenencias personales que la acompañarían en el viaje: los estuches para la tiara de Ansorena, el collar de chatones, la corona de Chaumet... Había pasado la noche alterada, con sus dos hijas; no entendía lo ocurrido. ¡Salir de España, con el príncipe de Asturias en ese mal estado de salud! En el tren en el que atravesaron España con dirección a Hendaya, aún comprobaron el ánimo indulgente de muchos españoles. ¿Qué habían hecho mal? En el Palacio Real ondeaba ya la bandera republicana.

Beatriz de Sajonia-Coburgo acababa de llegar a la calle Quintana. Había acompañado a sus hijos y la reina hasta El Escorial y cerrado su palacete —el de los infantes de Orleans—, situado en la misma calle Quintana. «Su alteza está en la cama. Ayer se mostró sorprendida por la ausencia de visitas de la familia en estos días y hoy ya no se ha podido levantar», le anunció en el recibidor Juana Beltrán de Lis. Por el momento nada sabía, pero era difícil ocultárselo por más tiempo. ¡La monarquía había caído! ¡El rey estaba en el exilio! Bee se lo dijo con delicadeza, con el distinguido acento británico que todavía mantenía. Isabel lo encajó con entereza, en su cuarto, postrada bajo el retrato de santa Catalina, de Zurbarán, heredado de su madre. «Pero, tía Isabel, todos están bien y ya han llegado a París. Eulalia se ha encargado de recibirlos y los está atendiendo. Y el recibimiento de los franceses y de las autoridades ha sido extraordinario», dijo. Sus ojos estaban vidriosos. ¡Su sobrino! ¡La monarquía! ¡España! «Aquí estás segura. Sabes que los madrileños te adoran y el nuevo Gobierno ha garantizado tu seguridad. La Chata está por encima de la Corona», manifestó tratando de reconfortarla. «Monsergas —exhaló con la voz apagada que todavía le quedaba—. Yo me voy también. Jamás me quedaré en una España republicana. Avisa a Coello y las Beltrán de Lis para que preparen mis cosas». «Pero tía...», trató de continuar Beatriz. Sabía que viajar en su estado era una temeridad. Pero no había más que hablar. «¡Y si todavía nos dejan cursar telegramas, que avisen a mi hermana Paz en Múnich!», dijo. La infanta Isabel de Borbón, nacida princesa de Asturias, infanta y hermana de Alfonso XII, se marchaba de España.

El servicio de la casa se puso en marcha. El ajetreo en el palacete de Quintana era desaforado. Isabel había dado orden de salir cuanto antes. María, su doncella, separó las alhajas históricas de la infanta —las suyas y las heredadas de su madre— y las guardó en un maletín. Las otras, las que solo tenían valor material, quedarían depositadas en el Banco de España. Había que organizar un transporte para la marcha en tren, conseguir una ambulancia que trasladase a la postrada infanta hasta la estación de El Escorial y determinar quién la recibiría en la frontera. No podría salir desde la estación del Norte, ya que a la hora prevista de partida llegaba Pablo Rada, el mecánico y héroe republicano del *Plus Ultra*. Francisco Coello, secretario particular de Isabel, no paraba: habló con la Compañía Ferroviaria del Norte, con la Cruz Roja y se puso en contacto con Alfonso de Orleans en París. Saldrían el domingo 19 de abril al caer la noche. Durante esos días de frenesí político en España, mientras en las calles del país entero se sustituían las placas de las «avenidas del Rey» por las «calles de la República», en Quintana ningún grupo de hostiles se acercó a amonestarla. Nadie la increpó. El respeto a la figura de la Chata estaba por encima de los exaltados.

Todo estaba listo. Solo quedaban unas horas para partir. «María, anda, empuja la silla y llévame a la sala de música», dijo con tristeza y voz apagada. Arropada en un abrigo gris, quería despedirse de su casa, de las estancias de aquel palacio al que había llegado apenas comenzado el siglo y en el que se respiraba el ambiente decimonónico de otro tiempo. Un cuadro, un retrato familiar... Se acordó de tantas partituras amontonadas, de aquellas tardes con Crista y de las visitas de sus sobrinos; el salón de recepciones, el comedor, su gabinete, la biblioteca. ¡Cuánta nostalgia! Sus muebles, pinturas, muchas fotografías, la preciada cerámica de Talavera, la valiosa colección de numismática y sus coches se quedaban en España. Porteros, caballerizos, criados de la casa y jefes de cocina, a todos dijo adiós. Ella marchaba con lo indispensable y doscientas pesetas en metálico.

Eran las ocho y diez minutos. Una ambulancia recogió a la infanta Isabel en el patio interior del palacete. Iba en una camilla articulada, con ruedas, dando la mano a la princesa Beatriz. «Verás cómo son pocos días y cuando todo se calme, podremos volver a casa», decía tratando de reconfortar el corazón roto de Isabel; sus manos estaban arrugadas, enflaquecidas por la edad. Con ellas iba también su doncella, María Cuevas, y la enfermera que la atendía desde el comienzo de la enfermedad. Juana Beltrán de Lis la besó en la frente: «Alteza, cuidaré su palacio. Aquí nada faltará para su regreso», sollozaba la fiel dama. De repente se abrieron las batientes de la ancha puerta del jardín que daba a la calle Tutor. Empezaba el agónico viaje al exilio. Tras ellos, cerca de veinte coches con el séquito, la servidumbre y aristócratas palaciegos decididos a acompañarla. Fue un momento infernal. Margot, la mayor de las hermanas Beltrán de Lis, viajaría con Coello en el tren dispuesto en Madrid para recoger a la infanta. Ya se había hecho de noche, eran casi las diez cuando llegaron a El Escorial. Aguardaron unos minutos en la sala de espera y, al fin, acomodaron a la infanta en el vagón dispuesto en el sudexpreso que partía hacia Hendaya. «Deme el pañuelo que llevo en el gabán», dijo a la enfermera con un tenue hilo de voz. Necesitaba enjugarse las lágrimas. El tren arrancó a las once de la noche. Por delante, doce horas de trayecto hasta Francia. Al exilio.

«Ya veo a Nando con Luisa, tía. Ahí están, en el andén. Con dos de sus hijos», dijo Bee. Acababan de llegar a Hendaya, donde les esperaba el hijo de la infanta Paz junto a su familia. Ellos habían salido de España con dirección a su villa en Ciboure, en la bahía de San Juan de Luz, el mismo 15 de abril. Eran los encargados de organizar el delicado traslado de Isabel a otro tren, ya francés, que la conduciría a París. Llegaron a la estación d'Orsay en la mañana del lunes 20 de abril de 1931. El rostro de la infanta estaba adormecido.

Eulalia permanecía inquieta. Llevaba unos días de un trajín exagerado moviendo sus amistades para disponer una correcta acogida a Alfonso XIII y su familia. Ahora esperaba nerviosa en Villa Saint Michel, donde vivía desde hacía una década. Eran las nueve y se estimaba que el tren ya habría entrado en la estación. Después, una hora aproximada hasta que los *chauffeurs* contratados pudiesen llegar al distrito de Auteuil, en Neuilly-Sur-Seine, en el que se encontraba la residencia de damas de la Asunción. «Preparen toda la planta baja, la que da al jardín», había dispuesto con Dolores Loriga, la superiora de las religiosas que regentaban la casa. «¡Hay que poner flores! Que vea todo alegre». Había preferido esperarla ahí, en el recibidor de entrada, antes que en la estación para evitar tumultos. ¡El duque de Alba sí había acudido! Pero parecía que se retrasaban y Eulalia se impacientaba. Por la avenida vio aparecer por fin varios coches. En el más amplio, cedido por un hospital de Cruz Roja, viajaba su hermana: consumida, sin levantar la mirada, vencida por las emociones de aquellas jornadas trágicas. Con ella, Beatriz de Sajonia-Coburgo, que besó emocionada a su suegra. También había llegado Alfonso de Orleans. «Hasta unas horas antes de entrar en Francia, todavía mantenía el coraje. Pero nada más cruzar la frontera, su ánimo se derrumbó. Apenas habla», contaba con emoción Bee a su marido. «¿Cómo está Ena? ¿Y los niños?», preguntó. Todos se encontraban bien. El médico de la embajada esperaba en el dormitorio. Lo había hecho llamar Quiñones de León nada más enterarse de la llegada de la infanta a Saint Michel. Su estado era delicado. La esclerosis y el reúma que padecía se habían complicado con una bronquitis. Debía descansar. Inmediatamente cursaron un telegrama a los príncipes de Baviera en Múnich. «Isabel en París. Bien atendida, pero su salud se resiente. Eulalia».

La noche del lunes 21 de abril la pasó medio en vela. La infanta Eulalia colocó con mimo las escasas pertenencias que habían acompañado a Isabel y dispuso los cuartos para Margot Beltrán de Lis y María Cuevas, la doncella. Francisco Coello, su secretario y tesorero, fue alojado en la embajada. Los enormes ojos de Eulalia estaban empañados de lágrimas. En una maleta de cuero marrón labrada con el emblema de la real casa venían parte de las joyas que Isabel había traído de España; la tiara de la joyería Mellerio que sus padres le habían regalado por su boda con Cayetano se encontraba en el mismo cofre de terciopelo granate en el que la había recibido en 1868. Varias mantillas de blonda granadina, un misal con las tapas de nácar, vestidos y guantes, algo de lencería y una fotografía con su hermano Alfonso XII firmada por Jean Laurent era lo único que se había llevado de España. A la mañana siguiente Isabel no se levantó de la cama, pero abrió los ojos y sonrió a su hermana. También a Victoria Eugenia y a su sobrino y ahijado, Jaime, que ese mismo día fueron a visitarla. ¡Qué poco quedaba de su antigua energía, de aquellas jornadas de campo en La Granja y sus primeras partidas de golf, de la arrolladora vitalidad de la tía Isabel! En su cama, cubierta con una bata de batista y una mañanita de lana sobre sus hombros encorvados, apenas recordaba a la egregia infanta de otros tiempos.

«Hay que avisar al padre Julián», ordenó Eulalia. Era el capellán de la misión española. La vida de la infanta se agotaba, su corazón latía lento. El doctor confirmó la gravedad extrema. Isabel balbuceaba palabras muy bajitas, quizá oraciones, y sostenía en la mano derecha el crucifijo que le había entregado su madre, siendo apenas una niña, en Covadonga. El miércoles 23 de abril de 1931, cerca de las tres de la tarde, fallecía la infanta Isabel de Borbón. Moría fuera de España, lejos del Madrid bullicioso que tanto le gustaba. La Chata acababa de exhalar su último aliento sobre una sencilla cama con cabecero de metal. En el exilio. Después de servir durante ochenta años a la monarquía y a España.

Su hermana Eulalia estaba con ella. Nunca se habían entendido, siempre enfrentadas, con sensibilidades diferentes en su idea del servicio a la patria. ¡El dichoso protocolo! La infanta más díscola, la más joven y rebelde, la que había cuidado de su madre en la ancianidad. ¡Otra vez en París! ¡De nuevo frente a frente con la muerte! «Cursa los telegramas correspondientes y ponte en comunicación con la tía Paz», indicó a su hijo. «La amortajaremos con el hábito de San Francisco y los escapularios de San Isidro y la Virgen de la Paloma», dijo a la madre Dolores Loriga. Eulalia, siempre dispuesta, resolutiva. Aún vigorosa. «Y aquí prepararemos la capilla ardiente, en esta misma planta baja de la residencia».

Quiñones de León ofreció su panteón familiar para dar sepelio al féretro de la infanta. Empezaban los rezos, las misas frente a los cirios encendidos que alumbraban el cuerpo inerte de Isabel. Las hermanas de la Caridad españolas velaban el cadáver. Eulalia, vestida de riguroso luto y con velo negro cubriendo un rostro desencajado, recibió a la reina Victoria Eugenia. Pese a la desgracia de su exilio, acudía a despedirse de la querida tía Isabel. De negro, con abrigo de primavera y cuello de chinchilla, sin joyas ni rastro de su reputada altanería. Alfonso XIII ya estaba en Londres: acababa de instalarse por unos días en el hotel Claridge. El matrimonio se había separado definitivamente. Decenas, centenares de coronas de flores empezaron a llegar a la residencia de señoras. A las ocho de la noche fueron depositados los restos mortales de Isabel en una caja de ébano con adornos de plata sencillos, sin otra inscripción que una placa de níquel: «Madrid, 20 de diciembre de 1851-París, 23 de abril de 1931».

La información trascendió rápidamente a todo París. «Ha muerto la infanta Isabel de Borbón», se leía en *Le Temps*. En España, también *ABC* recogía la luctuosa pérdida, aunque la repercusión de su muerte distaba mucho de la que le hubiese correspondido de seguir en España, bajo el paraguas de la monarquía. La noticia, ese día, era la formación del Gobierno Provisional presidido por Alcalá Zamora, con Miguel Maura en el Ministerio de Gobernación y Manuel Azaña al frente del Ejército. El republicano *El Sol* se refería a Isabel en su crónica social como la exinfanta española, «ancianidad, parálisis —leemos—, casi un siglo de anécdotas». En otro recuadro, la última velada pugilística de Paulino Uzcudun. «¡Qué desvergüenza!», pensó Eulalia.

Un reducido séquito de siete automóviles escoltó el cuerpo sin vida de la infanta hasta el cementerio de Père Lachaise. Eran las nueve de la mañana del 25 de abril de 1931. En la carroza fúnebre, una corona de flores de los príncipes de Baviera. La infanta Paz no llegó al funeral de su hermana; la vida política en Alemania se había hecho extremadamente complicada. El día estaba triste, no lluvioso, pero envuelto en húmeda bruma, y el camposanto presentaba un aspecto solitario. El infante Alfonso de Orleans presidía la ceremonia en representación del rey. Junto a él, Eulalia y Beatriz de Sajonia-Coburgo. Margot Beltrán de Lis, su dama de compañía desde 1912, apenas podía contener el llanto. Tampoco María, la fiel doncella. Fue un responso breve, sencillo. Conmovedor. La infanta Isabel se iba con la seguridad de haber sido una gran española que había practicado el culto a la patria en el amor a la cultura, a la tradición y al prójimo desvalido. Cubierto con una bandera negra con estrellas de plata, el ataúd de Isabel de Borbón y Borbón quedó enterrado en París.

Era el adiós definitivo al «sostén de las instituciones», a la decana de la monarquía por edad y servicio. El adiós a una vida de amor a España. En su espíritu, aquella última verbena de San Antonio. Sus hermanas, Paz y Eulalia, tendrían que afrontar, sin su protección, el drama de la guerra civil que iba a marcar el destino de los Borbones y que anunciaba los horrores de la Segunda Guerra Mundial.

13

La despedida de una hermana

¡He sido afortunada! El dolor de una guerra civil. Los nietos, en el frente. Pacifista en tiempos de enfrentamientos. Bondad y reconciliación. El triunfo del nazismo. Paz ante la nueva guerra en Europa ¡Una infanta española vigilada por la Gestapo! Registros y cartas censuradas. La Prinzenerlass. Los Baviera, relegados de sus funciones en combate. El último acontecimiento de sociedad: con la corona de perlas y brillantes. Soy bisabuela. Una vida que se apaga.

Múnich, 3 de diciembre de 1946

Querida hermana, querida Eulalia:
Te escribo desde el dormitorio de mi habitación en Nymphenburg, con vistas a los jardines de Amalienburg. Llevo en la cama varias semanas, desde esa infortunada caída por las escaleras que me dejó postrada para siempre. Tito está aquí, conmigo. Trata de animarme diciendo que seguro que en unos días mis piernas recobrarán la agilidad con la que paseaba por nuestra finca de Saelices. ¡Cómo estará aquello! Yo sé que me engaña y que no volveré a pisar el suelo de España. Ni siquiera el de los adoquines de la avenida que lleva al centro de la ciudad. A veces viene con su violín y trata de tocar alguna partitura de Richard Strauss, de las que aún conservamos en la sala de música. Ahora va menos a los conciertos de la orquesta del Teatro Real de Múnich, aunque de vez en cuando visita algún consultorio médico. Ha sido un buen compañero, trabajador,

caritativo, noble y hombre de fe. ¡Un buen «gato» madrileño, como le gusta decir! He tenido la fortuna de ser dichosa con él, la más venturosa de las hermanas. La pobre Isabel, viuda tan joven. Y de ti, ¿qué voy a decirte? Muchas veces miro atrás y nos veo en el palacio de Castilla, a las tres juntas, con Pepa, todavía con mamá preparándose para las carreras de caballos en el hipódromo de Longchamp.

Y tú, Eulalia, ¿cómo te encuentras? ¿Sigue bien la vida por España? ¿Sirve nuestro país a la Iglesia y a Dios? Por las últimas noticias que he tenido de mi hijo Fernando, el régimen de Franco no parece, por el momento, dispuesto a dar paso a la monarquía. Juan tiene el respaldo de muchos militares y cortesanos, pero con la maltrecha economía de postguerra no hay acuerdo al respecto. Me dice que tu hijo Alfonso apoya plenamente la causa de la restauración y que esto le ha traído algún problema con el jefe del Estado.

¡Aún recuerdo esas Navidades que Alfonso XIII vino a pasar a Múnich! Justo las primeras después del exilio, cuando se había proclamado la República. ¡Cómo le miraba mi hija, Pilar! ¿Sabes? Yo creo que siempre estuvo un poco enamorada de él. Nunca antes lo había confesado, pero siempre lo he creído. ¡Pero eran tan distintos! El rey estaba roto: con él la monarquía había caído. ¿Y qué vino entonces? ¡Aquello fue desastroso! Los republicanos pedían democracia y libertad, y ¿qué encontraron? Un país dividido por la cuestión agraria y la religión. La Iglesia, Eulalia. ¿Qué culpa tuvo en el odio entre españoles? Porque no eran solo las izquierdas y la revolución. Aquí he conocido anarquistas exiliados a los que he asistido y facilitado empleos, humildes, pero dignos para vivir. ¡Eran los radicalismos! El no saber escuchar y ayudar al necesitado. Luego vino la guerra española: el alzamiento de 1936. ¡Cuánto se batieron mis nietos en el frente! Aún me estremezco cuando pienso en el pobre José Eugenio, herido por la metralla en la batalla de Teruel. Luis Alfonso estaba en Infantería y salió ileso de los combates. Pero ¡qué voy a contarte a ti! Tú, que perdiste a tu pobre nieto Alfonso, con apenas veinticuatro años, al poco de empezar esa cruenta cruzada. ¡Una pelea entre españoles! ¡¿Puede haber algo más terrible que matarse entre hijos de una patria común?!

Sabes bien que siempre fui pacifista, que busqué el bien y participé en alguna de las ligas por la paz que se organizaron al comenzar el siglo. Quiero pensar que de algo sirvió todo aquello; que, al menos, en la conciencia de los seres humanos pervive el espíritu de reconciliación que las animó. Aquí, en Baviera, nos persiguieron mucho, nos llamaban «mujeres histéricas» y decían que éramos «un griterío de hembras salvajes contra la guerra». Tenías que leer las cosas tan horribles que escribían contra la Liga Mundial por la Paz de las Mujeres y Educadoras, de la que yo formaba parte y que dirigía Konstanze Hallgarten. El diario *Der Angriff* venía, todos los días, con informaciones mentirosas contra nuestras intenciones. Eran los del NSDAP, los del Partido Nazi. ¡Cuánto odio, Eulalia! ¡Cómo pudieron triunfar aquí, en Alemania! ¡En la católica Baviera! Porque no pienses solo en la marea antisemita. Era odio a la vida, a la creación del Señor. A todo lo que representan los valores eternos del espíritu. Luis Fernando y yo siempre nos mantuvimos lejos. Mi marido, hombre instruido, nunca entendió cómo muchos aristócratas, de nuestra clase, se avinieron a aquello. Los Schaumburg-Lippe, algún Hannover… ¡Hasta miembros de la casa Wittelsbach, cultos y generosos, complacidos con ese nacionalismo pagano!

Eulalia, la vida en Alemania ha sido pavorosa, con el uso de la violencia para tratar de reprimir cualquier intento de oposición al totalitarismo. Tanto sufrimiento. ¡Tenías que ver a esos patanes de la SA con sus porras y correajes! Los de la sección de asalto, la Sturmabteilung. Golpeando, increpando. Las calles de Múnich eran un abono de crueldad y miedo. ¿En Königsplatz? No puedes imaginarte. Y luego los carteles, los pasquines, las banderas y las cruces. Hasta yo misma, una anciana infanta española, les parecía un elemento amenazante. Peligroso. Pero ¡qué iba a hacer yo! Los de la Gestapo, la Geheime Staatspolizei, vinieron a casa a registrar nuestras pertenencias. Lo poco que nos quedaba. Yo, Paz de Borbón, la hija de una reina exiliada, ¡convertida en un peligro para el III Reich! Eran hoscos, rudos de forma y modales. Sin delicadeza. Luis Fernando quiso encararse, pero ¿que podíamos hacer nosotros, un achacoso matrimonio de príncipes despreciados? ¡Leían nuestras cartas, Eulalia! Las cosas que te contaba de mis nietos, de música y libretos, de las obras de caridad en las que todavía podía seguir colaborando. ¡Y leían todo lo que tú me contabas del desdichado de tu hijo Luis! ¿Cuándo fue todo aquel escándalo de la brigada contra el vicio? ¿En 1934?

Después del registro de nuestra casa, nos prohibieron establecer comunicaciones con España. Y durante varios años solo pudimos cartearnos con el rey Alfonso XIII, cuando vivía en Roma. Por él supimos de la boda de Juanito con María de las Mercedes, la chica de Nino y Luisa, en la iglesia romana de Santa María de los Ángeles. Todavía pude viajar a Italia y ver a la familia. Ena, como sabes, no fue. Mi marido tampoco pudo acudir, pero sí estaba mi hijo Nando como testigo del novio, y mis nietos José Eugenio y Luis Alfonso. ¿Fue esa la última vez que nos vimos? Qué emoción sentí al ver reunidos, de nuevo, a los Borbón. Pero después de aquello las cosas se siguieron complicando en Múnich. Baviera se convirtió en el abono del nazismo. En Núremberg organizaron un multitudinario Congreso del Partido, el Reichsparteitag, en el llamado campo Zeppelin. Mujeres y jóvenes desmayados ante el Führer. Antorchas, fasces y estandartes. ¡Y los jóvenes! Todos encuadrados en sus organizaciones, las universidades controladas por el partido, los grupos pacifistas divididos y prohibidos. ¡Y el *Völkischer Beobachter*, el diario oficial, con sus consignas y propagandas!

¡Y nosotros, que habíamos perdido nuestra economía y sustento! Al proclamarse la República en España, yo dejé de recibir la asignación correspondiente como infanta. Tito ya no percibía la suya como príncipe de Baviera desde la proclamación de Weimar. Decían que con Hitler el marco ganaba valor, pero, nosotros, ¿de qué íbamos a vivir? ¿La consulta y el piso en Odeonsplatz? ¡Tantas veces Luis Fernando pasaba visitas a los pobres! Con los años fue restringiendo el ejercicio de la medicina. Era prestigioso y con reputación, pero se imponían otras disciplinas. Y luego vino la guerra, Eulalia. Mi hijo Adalberto, que ya había luchado en el frente en el 14, volvió a servir a Alemania como oficial del Estado Mayor. ¡Era su deber! Y mis nietos bávaros, Constantino y Alejandro, se incorporaron a sus destinos. Los dos en las filas de la Wehrmacht. Pero después, a principios de 1941, al poco de la caída de París, les aplicaron la Prinzenerlass, «el decreto de los príncipes», una disposición que prohibía a todos los miembros de antiguas casas reales en Alemania —y ellos lo son— participar en cualquier operación militar del Ejército del Reich. Los relevaron de sus funciones en combate y pudieron regresar a casa. El mayor empezó a estudiar Derecho en la Universidad de Friburgo. ¡Dios les ha ayudado a sobrevivir a esta nueva masacre que fue la guerra!

Constantino tenía entonces unos veintidós años y aprovechó su retiro del Ejército para casarse con María Adelgunda de Hohenzollern, hija del príncipe Federico y de Margarita de Sajonia, ¿no les recuerdas? Muy piadosos y mecenas de las artes. La boda se celebró en el castillo de Sigmaringa y fue la última vez que pude ponerme la corona de perlas y brillantes que me regaló Luis Fernando por nuestra boda en 1883. ¡Muchos dijeron que fue el acontecimiento de sociedad más grande de aquellos años! Desde entonces, ni una gala, nada de ostentación. Mi nieto, muy católico, fue un gran opositor a Hitler y utilizó algunos de sus contactos diplomáticos para implicarse en el intento de asesinato de 1944, orquestado por el coronel Claus von Stauffenberg. La guerra estaba perdida, pero a Constantino, con otros aristócratas, lo arrestaron. Y hasta que todo terminó no pudimos verle. Acabada la guerra, aquí todo eran ruinas y escombros. A Múnich llegaron las fuerzas estadounidenses. Tres soldados, de uniforme, entraron a la fuerza en Nymphenburg. Estábamos solos Tito y yo, y nos asustamos. Vinieron con un revólver y pidieron nuestras cosas. Subí al joyero, donde conservaba algunas de las alhajas heredadas de mamá, y ¿sabes qué dijeron? ¡Que muchas eran falsas! Ahí las dejaron. No las cogieron. ¿Crees que se cambiaron las piedras en París para hacer frente a los gastos del exilio? Ahora, Alemania la han dividido y nosotros pertenecemos a la parte occidental. Mi hijo Adalberto es el nuevo presidente de la Cruz Roja de Baviera.

¿Qué más puedo decirte, Eulalia? Sí. ¡Ya somos bisabuelos! Primero los cuatro niños que tuvo José Eugenio con Asunción, la condesa de Odiel, y después los dos de Constantino con María Adelgunda. Estos vienen más a vernos porque viven cerca y les gusta escuchar nuestras historietas de viejos cascarrabias. Los de Madrid están lejos y las comunicaciones han quedado destrozadas por la guerra. Pero he visto muchas fotos. ¡Son altos y fuertes como los Baviera!

Siempre fui la menos lucida de las hermanas. Nunca tuve la presencia imponente de Isabel y tampoco tu distinción. Mis ropajes eran modestos y no seguía a pies juntillas los figurines de *La Última Moda*. Yo era la piadosa, mecenas de la música, escritora aficionada. ¿Recuerdas el diario que empecé a escribir cuando aún éramos niñas, recién proclamado rey nuestro hermano Alfonso? Y aquellas «Impresiones: de mi vida» que durante tantos años publiqué en el *ABC*. ¡Y en *La Basílica Teresiana*! Aunque mis escritos nunca fueron tan polémicos como el tuyo. ¡La que se organizó con *Au fil de la vie*! ¿Sabes que Adalberto ordenó algunas de mis anotaciones y las publicó como libro? *Cuatro revoluciones e intermedios*, se llama. Pero con el paso del tiempo todo se ve de un modo diferente.

¿Cuántos años tengo ya? Ochenta y cuatro desde mi nacimiento, en 1862, en el Palacio Real de Madrid. Hija de la reina Isabel II. He vivido mucho: he visto caer tronos, poner dinastías, exilios, dolor y muerte. Ha pasado el tiempo y aún recuerdo el rostro frío de nuestra hermana Pilar, con los ojos cerrados, muerta cuando empezaba a despertar a la vida. He tratado de servir. A España y a Baviera. A mi familia, a mis hijos y a mi esposo. Desde la caridad. Desde la fe, desde una creencia absoluta en Dios. Querida hermana, sé que esta será mi última carta. Apenas puedo mover las manos. Ni tan siquiera dictar. Me muero con la conciencia de haber tratado de hacer el bien.

Me despido sabiendo que el legado de las hermanas queda vivo contigo. En España. En la tierra que nos vio nacer.

Paz de Borbón y Borbón
Ludwig Ferdinand von Bayern

Paz de Borbón murió en Nymphenburg el 4 de diciembre de 1946. Un suelto publicado en *ABC* informaba de la defunción de la infanta española. Luis Fernando de Baviera la sobrevivió tres años. Falleció el 23 de noviembre de 1949, también en su residencia. Los restos mortales del matrimonio descansan en la cripta de la iglesia de San Miguel, en Múnich.

14

¿Una infanta en la Resistencia?

Adiós a la abuela Eulalia. El último cortejo a El Escorial. Los Orleans Borbón en la guerra civil. Alfonso de Orleans, en Sevilla. El París ocupado. La Segunda Guerra Mundial. La mediación de Serrano Suñer. De Fuenterrabía a Irún. Visitas y correspondencia. En Villa Ataúlfo. Con un crucifijo en las manos.

Frío, mucho frío en esa mañana escurialense. Todavía recuerdo el féretro de mi abuela, cubierto con la bandera de España, para hacer su última entrada en el Monasterio de El Escorial. Era el 11 de marzo de 1958. Parecía haberse detenido el tiempo para rendir el último homenaje a la hija menor de la reina Isabel II, la infanta Eulalia de Borbón y Borbón. Tenía noventa y cuatro años.

En los últimos años se había convertido en una ancianita venerable. Con su voz temblorosa, muy delgada, vestida de negro. Se sentaba en su saloncito de Villa Ataúlfo, en Irún, a mirar el cielo, ver pasar el tiempo. Ella, viajera incansable, mujer andariega que había recorrido todas las cortes de Europa, se quedaba horas ensimismada ante el ventanal pensando en el pasado, en lo que había sido su existencia. Poco quedaba de esa mujer independiente, enérgica y curiosa que quiso vivir apartada del protocolo en el que había nacido en 1864. Mi abuela llevaba más de quince años en España, desde que terminada la Segunda Guerra Mundial decidió volver definitivamente a la patria.

¡Cómo la recuerdo en París! Cuando recién proclamada la República de 1931 nos estaba esperando en la estación d'Orsay para abrazarnos fuerte. Mis hermanos y yo, hijos del infante Alfonso de Orleans y de Beatriz de Sajonia-Coburgo, viajamos en el mismo tren que llevó a la reina Victoria Eugenia camino del exilio. Nuestra madre se había quedado al cuidado de la anciana tía Isabel y papá salió con Alfonso XIII desde Cartagena. ¡Siempre fiel a la monarquía! ¡Dispuesto a servir a España! La abuela Eulalia vivía en una residencia para señoras en París y nosotros, a los pocos días de llegar a Francia, nos marchamos a Suiza y luego a Inglaterra para establecernos con los familiares de mi madre, que era princesa del Reino Unido. La abuela Eulalia atendió a tía Isabel en sus últimos momentos y tras su muerte quiso seguir en París. Sufría mucho por la situación en la que había quedado la familia real española, pero, sobre todo, por su hijo menor, Luis, al que apenas veía: llevaba una mala vida de ocio y derroche con la tal Marie Constance Charlotte Say, la viuda millonaria con la que se había casado. En casa insistieron a la abuela para que viniese con nosotros a Londres, pero ella se negó. ¿Iba a perder su independencia? ¡Eso era impensable!

Mi padre, comandante del Ejército y destacado aviador, empezó a trabajar en la casa automovilística Ford, pero en cuanto empezó la guerra civil en España no dudó en cruzar la frontera para ponerse al servicio de la causa nacional. Contactó con el general Mola, antiguo compañero de academia y «director» del alzamiento, pero este, muy falangista, en la Capitanía General de Burgos, le impidió inicialmente participar en operaciones militares. ¿No querían darle carácter monárquico al movimiento? Mis hermanos y yo nos alistamos en la aviación nacional.

Yo estaba en una escuadrilla de Junker Ju-52, aunque por problemas en la vista entré poco en combate y me integré como traductor agregado en la Legión Cóndor. A Alfonso lo mataron en los primeros días de contienda, cuando los ejércitos nacionales trataban de tomar Madrid. Éramos apenas unos muchachos, pero ¡así era la guerra! Para la abuela Eulalia esa muerte fue muy dolorosa.

Había dejado Villa Saint Michel y se había trasladado a otra residencia, ahora en la *rue* de la Faisanderie. Algunos veían en la contienda española la antecámara de un conflicto mundial. ¿Iba ella a seguir en Francia? ¿Contemplaba otra vivienda donde instalarse de modo definitivo? ¿Pensó en distintos lugares? En su ánimo estaba la idea de una madurez más pausada, alejada de tanto tormento. En esas fechas se carteaba mucho con Zita Polo, que era hermana de la esposa del caudillo y, además, estaba casada con Serrano Suñer, que empezaba a ganar peso en el Movimiento. ¿Cómo se conocieron? ¿Desde cuándo venía su amistad? Nunca me lo dijo, pero se tenían simpatía. Yo creo que fue él, Ramón, quien intercedió para que con el tiempo la abuela pudiese venir a España, porque en esos días Franco se oponía a tener cerca cualquier veleidad de monarquismo. Pero el certificado de nacionalidad y el pasaporte del Estado que encontré en Irún mientras recogía alguna de sus pertenecías llevan fecha de julio de 1939, año de la victoria. Por entonces sé que la abuela Eulalia puso en marcha un proceso de reclamación de sus alhajas, muchas de las cuales habían sido sustraídas durante la guerra civil de la caja fuerte del Banco de España en la que las tenía depositadas. Decían que se las habían llevado en el buque *Vita* y que habían terminado en México en manos de Indalecio Prieto. Collares de perlas y diamantes, aderezos y pulseras que había heredado de su madre, la reina Isabel II. ¡Nosotros ya nunca las tuvimos!

En 1940 a mi padre le dieron destino como jefe de la 2ª Región Aérea en Sevilla y fue ascendido a general. Tenía mucha amistad con Alfredo Kindelán, jefe de la Aviación Nacional. Mi hermano Álvaro, durante la guerra, se había casado con Carla Parodi-Delfino, hija de un senador de Italia. La boda se celebró en Roma y la abuela Eulalia acudió muy elegante. También estaba el rey, Alfonso XIII. La edición del *ABC* de Sevilla publicó la fotografía en portada, aunque se limitó a indicar: «Boda de un príncipe que presta servicio en el Ejército español». Ella todavía mantenía su porte distinguido y el aire vehemente con el que había brillado en toda Europa.

Cuando empezó la Segunda Guerra Mundial Eulalia de Borbón se quedó por un tiempo en el París ocupado. Conforme avanzaba el conflicto y las circunstancias se fueron complicando para conseguir salvoconductos a España, tuvo que hacer frente a la carestía propia de la contienda. Muchas veces, reunidos con ella en su salón de Villa Ataúlfo, nos contaba las penurias que pasó y cómo debió limitar su alimentación a la cartilla que distribuían las autoridades alemanas. Apenas tenía madera para encender la chimenea y agradecía la mermelada, la leche condensada, las latas de sardinas, harina y azúcar que le enviaba su antiguo secretario desde Barcelona. En 1944, en París no quedaba carne, huevos o pescado. La abuela Eulalia recibió muchas peticiones de ayuda: hijos y nietos de antiguos amigos que le pedían que intercediera por los suyos. ¡Se dijo hasta que estaba en la Resistencia, pero yo no lo creo! ¿Que pudo mediar por alguien? Eso seguro. También Luisito, que vivía en París, en el hotel Vernet, y mantenía ciertas «amistades» con el coronel alemán Halich, jefe de la Gestapo, algo hizo para que conocidos pudiesen pasar a la Francia libre. Pero Luis estaba lleno de vicios y se movía en los ambientes más turbios de la capital. Murió al poco de marcharse los alemanes. Andaba en relaciones con una bailarina, Raymonde Gitenet, creo que se llamaba, aunque con la familia mantenía poco contacto.

Cuando volvió a España, la abuela Eulalia vivió un tiempo en Fuenterrabía, en Villa Ur-Ondo, una casa de tres plantas de estilo típicamente vasco. Vendió la finca que tenía desde hacía varias décadas en el monte Igueldo y trató de poner en orden algunas propiedades que mantenía cerca de Cuenca. ¡Con la tía Paz se escribía muchas veces para ver cómo administraban la finca de Los Castillejos y los terrenos de Saelices! Mis primos, los Baviera, en todas las finanzas siempre fueron mucho más cuidados, pero nosotros, todo aquello lo dejamos perder. Recuerdo bien el momento en que recibió el telegrama en el que desde Múnich informaban de la muerte de su hermana Paz, princesa de Baviera. ¡La quería mucho! ¡Y cuántas lágrimas salieron por sus todavía vivarachos ochos azules cuando recibió su última carta, fechada en Nymphenburg! El 3 de diciembre de 1946, apenas un día antes de fallecer.

Fue por entonces cuando decidió mudarse definitivamente a Irún. Primero lo hizo a un piso sencillo en la plaza de San Juan y después se cambió a una casa en la plaza de los Fueros. Estaba escribiendo un libro, *Para la mujer*, que se editó en 1946 y que mantenía la misma orientación de aquel polémico *Au fil de la vie* que le había valido su expulsión de España. ¡Ideas avanzadas e independientes para la época! Después se entretenía ordenando carpetas y clasificando toda la correspondencia que había mantenido con su madre durante los meses de su viaje a Cuba y Estados Unidos en 1893. Las publicó bajo el título *Cartas a Isabel II*.

Todos los días acudía a misa en la iglesia de Nuestra Señora del Juncal y paseaba por la plaza Urdanibia o la calle Mayor. Algún año fue en procesión hasta el monte San Marcial, a la romería y posterior merienda campestre. ¡Qué vida tan alejada de los fastos en los que había vivido! Los grandes salones de Viena, San Petersburgo, Buckingham... Mantenía muchas amistades y se escribía con escritores, aristócratas y princesas. Una de sus mejores amigas en ese tiempo era Zizi Lambrino, la esposa de Carlos II de Rumanía, aunque, como no era de sangre real, en la corte nunca habían reconocido su matrimonio. ¡Buena era mi abuela! ¡A ella, que jamás le habían importado ese tipo de consideraciones! Con la tía Paz se carteó mucho, a veces en francés, otras en alemán y alguna vez en español. ¡Cuando escribía decía que las ideas le venían atropelladas y que ella había aprendido el francés como primera lengua, cuando salió siendo una niña de España en 1868! Hablaba también inglés e italiano y se expresaba con precisión en ruso.

A mi abuela, Eulalia de Borbón, le encantaba cruzar la frontera con Francia, por el puente Avenida. Atravesar el río Bidasoa. Visitar Hendaya y San Juan de Luz. Alguna vez iba a ver a su sobrino Nando, el hijo de Paz, que tenía una finca en Ciboure. Y muchas veces se acercaba hasta Biarritz. ¡Cuántas imágenes debían pasar por su memoria!: el exilio, Eugenia de Montijo y los días fastuosos en los balnearios de sociedad, de un tiempo que ya había terminado. Mantenía un chófer y varias personas de servicio, entre ellas Honorata, que la servía desde hacía décadas. Luego se unió una enfermera. Mi padre, el infante Alfonso de Orleans, vivió muy pendiente de su madre y eran muchas las visitas que hacíamos a Guipúzcoa para verla. En esa época la abuela Eulalia todavía andaba con problemas en la testamentaría, pero consiguió vender unas propiedades que tenía en el madrileño barrio de Salamanca. ¡Aún terrenos heredados de su hermano el rey Alfonso XII! Con eso y lo que todavía le rentaban otras pertenencias convinimos que comprase una nueva residencia, una casa confortable y cómoda que ella quiso bautizar como Villa Ataúlfo. ¡Le puso mi nombre! ¡El de su nieto menor! ¡El más pequeño, como le gustaba decir! Yo tenía entonces cuarenta años. Era 1952.

Después de servir durante un tiempo en Sevilla, a mi padre le cesaron de sus obligaciones militares. Fue algo un poco encubierto, sin duda motivado por las responsabilidades que había adquirido en Estoril con don Juan de Borbón: él siempre creyó en la restauración de la monarquía y el necesario regreso de la institución a España. Pero Franco, por el momento, se resistía. ¿Ansias de poder? ¿Recelos de las supuestas posiciones liberales de don Juan? ¿Temor al comunismo? Lo cierto es que la monarquía no llegaba. Mis padres se habían trasladado a Sanlúcar, donde manteníamos estrechísimos vínculos afectivos y familiares desde los tiempos de los duques de Montpensier, mis bisabuelos. Mi padre iba mucho a la base aérea de Jerez, siempre con su mono blanco. ¡Para él la aviación fue mucho más que una pasión!

En Villa Ataúlfo la infanta Eulalia recibía muchas visitas. Hasta de la archiduquesa Margarita de Austria, que era la esposa del embajador de Italia. Y también del joven Juan Carlos de Borbón, que vivía en Madrid desde la aprobación de la Ley de Sucesión a la Jefatura del Estado de 1947: Franco y don Juan, en la idea de un posible futuro para España y tras una especie de convenio, habían decidido que se educara aquí. ¡Aunque todo estaba sin definir! Para nosotros era Juanito y a la abuela le pareció un niño muy simpático cuando alguna vez fue a saludarla.

La infanta seguía levantándose temprano. Era mayor, pero desayunaba té con confituras y mantequilla, a las ocho y media. Nunca tomó café. Tampoco vino ni licores. Decía que gracias a eso había llegado a vieja. Después paseaba hasta la hora del almuerzo. Si hacía malo, salía en el coche, pero no perdonaba su excursión matinal. Mantenía la rutina de la merienda y cenaba pronto. El doctor Gallardo, el médico de Irún, la visitaba casi a diario y decía que su estado era fantástico. Conservaba su singular memoria y hablaba con agilidad. Pero en 1956 se cayó. Se rompió una cadera y, por la edad, no pudieron operarla. Estuvo unos meses convaleciente, aunque fue mejorando y empezó a caminar, pero solo iba de su cuarto a la capilla particular —que tenía justo enfrente— o al salón. Incluso la visitó el doctor Gregorio Marañón, que tras sus veleidades republicanas había vuelto a España convencido de que el orden era la mejor garantía para el país. La encontró bien, pero el tiempo pasaba y en su cabeza empezaban a quedar solo los recuerdos. ¿Cuánto había pasado desde aquel complicado alumbramiento en 1864? Los años del exilio, el regreso a España y Sevilla, la boda con Antonio, el palacio de Castilla, sus amistades regias, el *boulevard* Lannes, la guerra... Todos sus hermanos estaban muertos. Ella era el eslabón postrero de un mundo agotado, la última heredera del arrojo y la osadía de la reina Isabel. El final de una saga testigo de un siglo de historia.

La infanta Eulalia de Borbón era bisabuela. Su primera bisnieta, Gerarda, nació en el año 39 y luego vinieron Alonso —que heredó el ducado de Galliera— Beatriz y Álvaro. Muchas veces también iban a verla a Irún. Yo nunca me casé y quizá por eso mantuvimos siempre más cercanía y confidencias. ¡Mi abuela era todo un carácter! Independiente, espontánea. En los últimos días estaba decaída. Yo llevaba unas semanas con ella y notaba que su salud se resentía. Inapetencia e intolerancia alimenticia hicieron que precisase alimentación por medio de sueros. El viernes mismo, consciente de que su estado se agravaba, avisé a mis padres. Estaban en Madrid e inmediatamente tomaron el tren expreso. Ella misma pidió que llamásemos al párroco de Irún para confesarse y recibir la comunión. En el dormitorio estaba también la enfermera que la atendía y dos monjitas, siervas de Jesús, que se turnaban en los cuidados. Estaba muy lúcida cuando llegó su hijo, pero al poco tiempo cerró los ojos; era consciente de que el final se acercaba.

Mi abuela, su alteza real la infanta doña Eulalia de Borbón, besó el crucifijo que estrechaba entre sus manos y expiró dulcemente. Era sábado, 8 de marzo de 1958.

Epílogo

Con la muerte de la infanta Eulalia se cierra un episodio fabuloso de la historia de España: el de la vida de las hijas de Isabel II. Más de un siglo, desde aquel 20 de diciembre de 1851 en el que nacía en Madrid Isabel de Borbón, entonces princesa de Asturias. Hemos recorrido palacios, teatros, reales sitios, gobiernos y revoluciones al calor de la biografía de las infantas españolas. Hemos descubierto cortes, viajado por Europa y asistido a los más egregios enlaces de las dinastías reinantes. La vida de Isabel, Paz, Eulalia —y de la joven Pilar— es una semblanza de amor y muerte, de ilusión adolescente y sosiego en la ancianidad. Es la crónica de un tiempo pasado, de un mundo en transformación contado a través de la mirada de tres mujeres que ocuparon un lugar protagonista en la historia; una generación de realeza española. Ellas fueron altezas reales y princesas, pero por estas páginas también han desfilado Crista, Bubby, Nino, Nando y tantos otros personajes, virtuosos o mezquinos, a los que hemos tratado de conocer más de cerca.

Las hijas de la reina castiza es un viaje de Madrid a París y Múnich al hilo de guerras y tiempos de paz. Conocemos a Napoleón III y Eugenia de Montijo, la Restauración, el final de los imperios, el desastre colonial, la República de Weimar y la derrota del III Reich; un baile con la historia. Nos movemos entre las zapaterías de la calle Desengaño y los fastuosos diseños de Worth. Entre tiaras y aderezos, al son de la zarzuela, el vals y el charlestón, España ve caer la monarquía, institución consustancial a las propias infantas. Eran muy distintas: rectitud, bondad e independencia. Pero las tres sienten y afrontan la evolución de un tiempo pasado, de un mundo que agonizaba. El Palacio Real aún acoge ceremonias de gala y representación institucional, el palacio de Castilla es hoy un lujoso hotel y Nymphenburg se ha convertido en museo. La vida de las infantas españolas es una narración de amor, política y pasión que ha cubierto más de un siglo de nuestro pasado: cien años al servicio de España.

Personajes principales

ADALBERTO DE BAVIERA. Hijo de la infanta Paz de Borbón y Luis Fernando de Baviera. Casado con la condesa Augusta Seefried, bisnieta de Sissi. Apodado Apata.

ALFONSO XII. Hijo de Isabel II. Rey de España. Paternidad atribuida a Enrique Puigmoltó. Hermano de las infantas Isabel, Pilar, Paz y Eulalia. Casado en primeras nupcias con su prima Mercedes de Orleans y en segundas con la archiduquesa austriaca María Cristina de Habsburgo. Padre de Alfonso XIII y de las infantas Mercedes y María Teresa.

ALFONSO XIII. Hijo de Alfonso XII y María Cristina de Habsburgo. Rey de España. Sobrino de las infantas Isabel, Paz y Eulalia. Casado con Victoria Eugenia de Battenberg (Ena). Apodado en familia como Buby.

ALFONSO DE ORLEANS Y BORBÓN. Hijo de la infanta Eulalia. Casado con Beatriz de Sajonia-Coburgo (Bee).

AMALIA DE BORBÓN. Hermana del rey consorte Francisco de Asís. Infanta de España y princesa de Baviera por matrimonio. Madre de Luis Fernando de Baviera, esposo de la infanta Paz.

ANTONIO DE ORLEANS. Esposo de la infanta Luisa Fernanda. Hijo del rey de los franceses Luis Felipe de Orleans. Duque de Montpensier. Padre de Antonio de Orleans y Borbón —esposo de Eulalia— y de Mercedes —reina de España y primera esposa de Alfonso XII—. También es el padre de Isabel de Orleans, condesa de París.

ANTONIO DE ORLEANS Y BORBÓN. Esposo de la infanta Eulalia. Hijo de Antonio de Orleans y Luisa Fernanda de Borbón, duques de Montpensier.

BEATRIZ DE SAJONIA-COBURGO. Esposa de Alfonso de Orleans y Borbón. Apodada Bee. Prima de la reina Victoria Eugenia de Battenberg. Nieta de la reina Victoria de Inglaterra.

CARLOS DE BORBÓN-DOS SICILIAS. Casado en primeras nupcias con Mercedes de Borbón y Habsburgo. Casado en segundas nupcias con Luisa de Orleans. Hijo de los condes de Caserta. Apodado Nino.

CRISTINA DE BORBÓN. Hermana del rey consorte Francisco de Asís. Infanta de España. Segunda esposa del infante Sebastián.

EULALIA DE BORBÓN Y BORBÓN. Hija de Isabel II. Paternidad atribuida a Miguel Tenorio. Infanta de España. Casada con Antonio de Orleans, hijo de los duques de Montpensier, en 1886. Madre de Alfonso (Ali) y Luis (Luisito) de Orleans.

FERNANDO DE BAVIERA. Hijo de la infanta Paz de Borbón y Luis Fernando de Baviera. Casado en primeras nupcias con la infanta María Teresa de Borbón y Habsburgo y en segundas con María Luisa de Silva y Fernández de Henestrosa, duquesa de Talavera. Apodado Nando.

FRANCISCO DE ASÍS DE BORBÓN. Rey consorte. Esposo de Isabel II. Hijo del infante Francisco de Paula y de la infanta Luisa Carlota, hermana de María Cristina de Nápoles.

Isabel II. Reina de España. Madre de las infantas Isabel, Pilar, Paz y Eulalia de Borbón. Madre de Alfonso XII.

Isabel de Borbón y Borbón. Hija de Isabel II. Infanta de España. Casada y viuda de Cayetano de Borbón-Dos Sicilias, conde de Girgenti. Por un tiempo princesa de Asturias. Apodada la Chata por los españoles.

Josefa de Borbón. Hermana del rey consorte Francisco de Asís. Infanta de España. Conocida en familia como Pepita.

Luis de Orleans y Borbón. Hijo de la infanta Eulalia. Apodado Luisito. Terminó distanciado de la familia.

Luis Fernando de Baviera. Esposo de la infanta Paz. Hijo de la infanta Amalia de Borbón, hermana del rey consorte Francisco de Asís e infanta de España. Príncipe de Baviera y médico.

Luisa Fernanda de Borbón. Hermana de Isabel II. Casada con Antonio de Orleans, duque de Montpensier. Madre de Antonio de Orleans —esposo de Eulalia— y de Mercedes —reina de España y primera esposa de Alfonso XII—. También es la madre de Isabel de Orleans, condesa de París.

María Cristina de Habsburgo. Reina de España y regente. Archiduquesa austriaca. Segunda esposa de Alfonso XII. Madre de Alfonso XIII y de las infantas Mercedes y María Teresa.

María Cristina de Nápoles. Madre de Isabel II y Luisa Fernanda. Viuda de Fernando VII. Casada en segundas nupcias con Fernando Muñoz, duque de Riánsares. Es la abuela de las infantas Isabel, Pilar, Paz y Eulalia, así como de Alfonso XII.

María Teresa de Borbón y Habsburgo. Hermana de Alfonso XIII. Hija de Alfonso XII y María Cristina de Habsburgo. Infanta de España. Casada con Fernando de Baviera (Nando), hijo de la infanta Paz.

Mercedes de Borbón y Habsburgo. Hermana de Alfonso XIII. Hija de Alfonso XII y María Cristina de Habsburgo. Princesa de Asturias e infanta de España. Casada con Carlos de Borbón-Dos Sicilias (Nino). Fallece prematuramente.

Paz de Borbón y Borbón. Hija de Isabel II. Paternidad atribuida a Miguel Tenorio. Infanta de España y princesa de Baviera desde su matrimonio con Luis Fernando de Baviera en 1883. Madre de Fernando de Baviera (Nando), Adalberto (Apata) y Pilar de Baviera.

Pilar de Borbón y Borbón. Hija de Isabel II. Infanta de España. Paternidad atribuida a Miguel Tenorio. Fallecida prematuramente a los diecinueve años.

Sebastián de Borbón y Braganza. Primo de Isabel II. Hijo de la princesa de Beira. Casado en segundas nupcias con la infanta Cristina de Borbón, hermana del rey consorte Francisco de Asís y de Amalia de Borbón.

Victoria Eugenia de Battenberg. Reina de España. Casada con Alfonso XIII. Apodada Ena. Nieta de la reina Victoria de Inglaterra.

Cronología

10 OCTUBRE 1846. Matrimonio de Isabel II con su primo Francisco de Asís.

20 DICIEMBRE 1851. Nacimiento de la infanta Isabel de Borbón en Madrid.

28 NOVIEMBRE 1857. Nacimiento de Alfonso XII en Madrid.

4 JUNIO 1861. Nacimiento de la infanta Pilar en Madrid.

23 JUNIO 1862. Nacimiento de la infanta Paz en Madrid.

12 FEBRERO 1864. Nacimiento de la infanta Eulalia en Madrid.

13 MAYO 1868. Boda de Isabel con Cayetano de Borbón-Dos Sicilias en el Palacio Real.

19 SEPTIEMBRE 1868. La Gloriosa. Exilio de la familia real en Francia.

25 JUNIO 1870. Abdicación en el palacio de Castilla de Isabel II en su hijo Alfonso.

29 SEPTIEMBRE 1870-AGOSTO 1871. Vida en Ginebra. Hotel de la Paix.

26 NOVIEMBRE 1871. Muerte voluntaria de Cayetano de Borbón-Dos Sicilias. La infanta Isabel, viuda.

22 JUNIO 1873. Primera comunión en Roma de las infantas Pilar, Paz y Eulalia.

1875. Inicio de la Restauración. Comienza el reinado de Alfonso XII.

4 MARZO 1875. La Chata sale hacia Madrid. Regreso a España de la infanta Isabel como princesa de Asturias.

30 JULIO 1876. Regreso a España de las infantas Pilar, Paz y Eulalia. Las acompaña su madre, Isabel II.

13 OCTUBRE 1876-8 SEPTIEMBRE 1877. Vida en Sevilla en los Reales Alcázares.

13 NOVIEMBRE 1877. Isabel II se marcha de España. Regresa al palacio de Castilla.

23 ENERO 1878. Boda en Madrid de Alfonso XII con su prima Mercedes de Orleans.

26 JUNIO 1878. Fallecimiento de la reina Mercedes.

22 AGOSTO 1878. Muere en su residencia de Normandía María Cristina de Nápoles, abuela de las infantas Isabel, Pilar, Paz y Eulalia y de Alfonso XII.

5 AGOSTO 1879. Fallecimiento de la infanta Pilar en Escoriaza.

29 NOVIEMBRE 1879. Matrimonio de Alfonso XII con María Cristina de Habsburgo.

11 SEPTIEMBRE 1880. Nacimiento de Mercedes de Borbón, primera nieta de Isabel II.

12 NOVIEMBRE 1882. Nacimiento de María Teresa de Borbón.

2 ABRIL 1883. Matrimonio de la infanta Paz con Luis Fernando de Baviera en el Palacio Real de Madrid.

10 MAYO 1884. Nacimiento de Fernando de Baviera, primer hijo de la infanta Paz, en Madrid.

25 NOVIEMBRE 1885. Fallecimiento de Alfonso XII. Comienzo de la Regencia de María Cristina.

6 MARZO 1886. Matrimonio de la infanta Eulalia con Antonio de Orleans en el Palacio Real de Madrid.

17 MAYO 1886. Nacimiento de Alfonso XIII.

3 JUNIO 1886. Nacimiento en Múnich de Adalberto de Baviera, segundo hijo de la infanta Paz.

12 NOVIEMBRE 1886. Nacimiento en Madrid de Alfonso de Orleans, primer hijo de la infanta Eulalia.

5 NOVIEMBRE 1888. Nacimiento en Madrid de Luis de Orleans, segundo hijo de la infanta Eulalia.

5 FEBRERO 1890. Fallecimiento en Sanlúcar del duque de Montpensier.

13 MARZO 1891. Nace en Múnich Pilar de Baviera, hija de la infanta Paz.

9 MAYO-7 JULIO 1893. Viaje de la infanta Eulalia a Cuba y Estados Unidos.

2 FEBRERO 1897. Fallecimiento de Luisa Fernanda de Borbón en Sevilla.

9 AGOSTO 1897. Asesinato de Antonio Cánovas.

1901. La Chata se traslada a su palacio de la calle Quintana.

14 FEBRERO 1901. Matrimonio de Mercedes de Orleans con Carlos de Borbón-Dos Sicilias en el Palacio Real de Madrid.

17 ABRIL 1902. Fallecimiento del rey consorte Francisco de Asís en París.

17 MAYO 1902. Mayoría de edad de Alfonso XIII. El rey jura la Constitución.

9 ABRIL 1904. Fallecimiento de Isabel II en París.

17 OCTUBRE 1904. Fallecimiento de Mercedes de Borbón y Habsburgo, princesa de Asturias.

8 JULIO 1905. Subasta del palacio de Castilla.

12 ENERO 1906. Matrimonio de María Teresa de Borbón con Fernando de Baviera en el Palacio Real de Madrid. La infanta Paz, madrina en la boda de su hijo.

31 MAYO 1906. Matrimonio de Alfonso XIII con Victoria Eugenia de Battenberg. Atentado de Mateo Morral.

16 JULIO 1906. Matrimonio de Alfonso de Orleans con Beatriz de Sajonia-Coburgo. Alfonso XIII exonera temporalmente a su primo Alfonso de la condición de infante de España.

12 DICIEMBRE 1906. Nace en Madrid Luis Alfonso de Baviera y Borbón. La infanta Paz se convierte en abuela.

20 ABRIL 1910. Nace Álvaro de Orleans y Sajonia. La infanta Eulalia se convierte en abuela.

18 MAYO-18 JUNIO 1910. Viaje de la Chata a Argentina.

DICIEMBRE 1911. Publicación del libro de la infanta Eulalia, *Au fil de la vie*. Eulalia excluida de la corte.

31 DICIEMBRE 1911. Muere Dolores Balanzat y Bretagne, marquesa de Nájera, amiga y confidente de la infanta Isabel.

23 SEPTIEMBRE 1912. Fallece en Madrid María Teresa de Borbón y Habsburgo.

27 AGOSTO 1913. Inauguración del Spanisch Pädagogium en Múnich. Iniciativa de la infanta Paz.

1 OCTUBRE 1914. Segundo matrimonio de Fernando de Baviera y Borbón. Se casa con María Luisa de Silva y Fernández de Henestrosa, duquesa de Talavera.

1914-1919. Primera Guerra Mundial. Adalberto de Baviera, hijo de Paz, oficial en el ejército alemán.

1919. Visita de la infanta Eulalia a su hermana Paz en Múnich tras la Primera Guerra Mundial.

12 MARZO 1919. Boda en Salzburgo de Adalberto de Baviera con la condesa Augusta Seefried. La infanta Paz, madrina.

OCTUBRE 1921. Eulalia de Borbón regresa a España. Paz vuelve a España por primera vez tras los años de la Guerra Mundial.

14 SEPTIEMBRE 1923. Golpe de Miguel Primo de Rivera. Comienzo de la Dictadura.

8 NOVIEMBRE 1923. Golpe fallido de Hitler en la cervecería Bürguerbräukelle de Múnich.

9 OCTUBRE 1924. Luis de Orleans y Borbón, hijo de Eulalia, privado de sus preminencias como infante de España.

10 FEBRERO 1926. Hazaña aérea del *Plus Ultra*.

6 FEBRERO 1929. Muerte en Madrid de María Cristina de Habsburgo.

9 MARZO 1929. Boda en el Palacio Real de Isabel Alfonsa de Borbón con el conde polaco Jan Kanty Zamoyski. Última boda real antes del exilio.

24 DICIEMBRE 1930. Fallece en París Antonio de Orleans, esposo de la infanta Eulalia.

MARZO 1931. Última visita de la infanta Paz a España. Abandona el país el 8 de abril de 1931.

14 ABRIL 1931. Proclamación de la Segunda República. Exilio.

20 ABRIL DE 1931. La infanta Isabel llega a París.

23 ABRIL 1931. Fallece la infanta Isabel en París.

ENERO 1933. Hitler, nombrado canciller en Alemania.

1936-1939. Guerra Civil en España. José Eugenio y Luis Alfonso de Baviera, nietos de Paz, luchan en el bando nacional. Alfonso de Orleans, nieto mayor de Eulalia, muere en combate durante la Guerra Civil.

1 ABRIL 1939. Termina la Guerra Civil y comienza el régimen de Franco.

1940. Alfonso de Orleans, hijo de Eulalia, ascendido a general del Ejército Nacional.

1940-1945. Segunda Guerra Mundial. Constantino y Alejandro de Baviera, nietos de Paz, se incorporan a sus destinos en las filas de la Wehrmacht. 1941, aplicación de la Prinzenerlass, «el decreto de los príncipes». 1944, Constantino de Baviera utiliza sus contactos diplomáticos para implicarse en el intento de asesinato de Hitler de 1944, orquestado por el coronel Claus von Stauffenberg.

1945. La infanta Eulalia se instala definitivamente en Irún.

4 DICIEMBRE 1946. Muerte de la infanta Paz en Múnich.

23 NOVIEMBRE 1949. Muerte de Luis Fernando de Baviera en Múnich.

1952. La infanta Eulalia se muda a Villa Ataúlfo, en Irún.

8 MARZO 1858. Muerte de la infanta Eulalia en Irún.

Fuentes documentales

Fuentes bibliográficas

ALMAGRO SAN MARTÍN, Melchor de, *Crónica de Alfonso XIII y su linaje*, Ediciones Atlas, Madrid, 1946.

ÁLVAREZ, María Teresa, *La infanta Paz de Borbón*, La Esfera de los Libros, Madrid, 2011.

ARTEAGA, Almudena de, *Eugenia de Montijo*, Ed. Martínez Roca, Barcelona, 2000.

BARRIOS, Manuel, *Los amantes de Isabel II*, Temas de Hoy Ediciones, Madrid, 2001.

BAVIERA, Pilar de, *Alfonso XIII*, Editorial Juventud, Barcelona, 1945.

BELLET, Roger, *Presse et journalisme sous le Second Empire*, Armand Colin, París, 1967.

BORBÓN, Eulalia de, *Au fil de la vie*, Société Française d'Imprimerie et de Librairie, París, 1911.

—, *Para la mujer*, Hispanoamericana de Ediciones, Barcelona, 1946.

—, *Memorias de Eulalia de Borbón*, Juventud, Barcelona, 1954.

BORBÓN, Paz de, *Cuatro revoluciones e intermedios. Memorias, comentarios del príncipe Adalberto*, Espasa-Calpe, Madrid, 1935.

BURDIEL, Isabel, *Isabel II: una biografía (1830-1904)*, Taurus, Madrid, 2010.

CASTELLANO HUERTA, María Águeda, *Eulalia de Borbón, una madrileña universal*, Artes Gráficas Municipales, Madrid, 1992.

CAVERO, María Victoria, *Paz de Borbón, la infanta de Villa Paz. Impresiones y emociones de una vida en el compás de Cuenca*, Diputación Provincial de Cuenca, Colección Atalaya, Cuenca, 2007.

CHAVES PALACIOS, Julián, y LÓPEZ MORA, Fernando, *El Segundo Imperio francés (1852-1870)*, Servicios de Publicaciones de la Universidad de Córdoba, Córdoba, 2012.

COMELLAS, José Luis, *Isabel II. Una reina y un reinado*, Ariel, Barcelona, 1999.

CORTÉS-CAVANILLAS, Julián, *Alfonso XIII. Vida, confesiones y muerte*, Juventud, Barcelona, 1966.

DARDÉ, Carlos, *Alfonso XII*, Arlanza, Madrid, 2001.

EZAMA GIL, Ángeles, *La infanta Eulalia de Borbón. Vivir y contar la vida*, Prensas Universitarias de Zaragoza, Zaragoza, 2009.

FERRER, Eugenio y PUGA, María Teresa, *24 infantas de España. Sus vidas, entre las ilusiones y el destino*, Juventud, Barcelona, 1998.

FIGUEROA, Agustín de, *La sociedad española bajo la Restauración*, Ediciones Aspas, Madrid, 1945.

GARCÍA LOUAPRE, Pilar, *Eulalia de Borbón, infanta de España. Lo que no dijo en sus memorias*, Compañía Literaria, Madrid, 1995.

—, *Paz de Borbón: princesa de Baviera, escritora y pacifista*, Compañía Literaria, Madrid, 2000.

García Rodríguez, José Carlos, *Montpensier. Biografía de una obsesión*, Almuzara, Córdoba, 2015.

Gómez Santos, Marino, *La reina Victoria Eugenia de cerca*, Afrodisio Aguado, Madrid, 1964.

Howard, Michael, *The Franco-Prussian War*, Methuen, Londres, 1981.

Llorca, Carmen, *Isabel II y su tiempo*, Círculo de Lectores, Barcelona, 1973.

Luque Hernández, Antonio, «El Pedagógico Español en Múnich», *Hidalguía: la revista de genealogía, nobleza y armas*, n. 336, 2009.

Martínez-Fornés, Almudena, *Las hijas de Alfonso XII*, La Esfera de los Libros, Madrid, 2015.

Martínez González, Manuel, *Don Miguel Tenorio de Castilla. Personaje relevante en el reinado de Isabel II*, Imp. de Gómez Menor, Toledo, 1985.

Mateos Sáinz de Medrano, Ricardo, *La reina María Cristina. Madre de Alfonso XIII y regente de España*, La Esfera de los Libros, Madrid, 2007.

Ortega-Morejón, José María, *Doña Isabel de Borbón, infanta de España*, Aspas, Madrid, 1943.

Páez-Camino, Feliciano, y Llorente Herrero, Pilar, *Francia: el Segundo Imperio y la Tercera República*, Akal, Madrid, 1986.

Pardo-Bazán, Emilia, *La mujer española, http://hemeroteca-digital.bne.es/issue.vm?id=0002235678&search=&lang=es.*

Puga, María Teresa, *La vida y la época de Alfonso XIII*, Planeta, Barcelona, 1997.

—, *Eulalia de Borbón: biografía de la infanta Eulalia, hija menor de Isabel II*, 2021.

Rey y Cabieses, Amadeo-Martín, *Wittelsbach y Borbón: relaciones y enlaces entre las casas reales de Baviera y de España. Siglos XIX al XXI*, Conferencia pronunciada dentro del programa del curso 2004-2005 de la Escuela Marqués de Avilés, de la Asociación de Diplomados en Genealogía, Heráldica y Nobiliaria, Madrid.

Rodríguez López, Eduardo, *Historia de una gran reina: Isabel II*, Almuzara, Córdoba, 2018.

Rubio, María José, *La Chata. La infanta Isabel de Borbón y la corona de España*, La Esfera de los Libros, Madrid, 2003.

Rueda, Germán, *Isabel II*, Arlanza, Madrid, 2001.

—, *Isabel II en el trono (1830-1868)*, RH Ediciones, Madrid, 2013.

—, *Isabel II en el exilio (1868-1904)*, RH Ediciones, Madrid, 2013.

Sagrera, Ana de, *Una rusa en España. Sofía, duquesa de Sesto*, Espasa-Calpe, Madrid, 1990.

Tavera, José María, *La infanta Isabel*, Ediciones G.P., Barcelona, 1959.

Vilar García, María José, «El primer exilio de Isabel II visto desde la prensa vasco-francesa (Pau, septiembre-noviembre de 1868)», *Historia Contemporánea*, n. 44, 2012.

Zavala, José María, *La infanta republicana. Eulalia de Borbón: la oveja negra de la familia*, Plaza&Janés, Barcelona, 2008.

—, *Infantas*, Plaza&Janés, Barcelona, 2012.

Fuentes hemerográficas

- Hemeroteca digital. Colecciones comprendidas entre 1852 y 1958. *http://hemerotecadigital.bne.es/index.vm*
  - *La Acción (1916)*
  - *Ahora (1931)*
  - *La Andalucía*
  - *El Combate*

— *El Correo de España*
— *El Correo de la Moda*
— *La Correspondencia de España*
— *La Correspondencia Militar*
— *Crónica*
— *La Democracia (1879)*
— *Elegancias*
— *La Época (1849)*
— *La Esfera (1914)*
— *España (1915)*
— *La Esperanza (1844)*
— *Estampa (1928)*
— *Gil Blas (1864)*
— *El Heraldo de Madrid*
— *La Iberia (1868)*
— *El Imparcial (1867)*
— *El Liberal (1879)*
— *Mundo Femenino (1921)*
— *Mundo Gráfico*
— *La Nación (1916)*
— *El Pabellón Nacional*
— *El Siglo Futuro*
— *El Sol (1917)*
— *La Última Moda*
— *La Unión Católica*

- Hemeroteca digital de *ABC*
  — *ABC: www.abc.es/archivo/buscador/?tipo=hemeroteca&fechaDesde=1903-1-1&fechaHasta=1958-1-1&publicacion=ABC*

— *Blanco y Negro: www.abc.es/archivo/buscador/?tipo=hemeroteca&fechaDesde=1891-1-1&fechaHasta=1958-1-1*

- Hemeroteca digital de *La Vanguardia*:
  — *http://hemeroteca.lavanguardia.com/edition.html?bd=12&bm=03&by=1958&x=28&y=10*

- Colección hemerográfica de *El Debate* (archivo ACNdP) (1911-1936).

- Fundación Pablo Iglesias. *El Socialista*:
  — *https://fpabloiglesias.es/busqueda-en-hemeroteca/?tipo_pub=&post_title=&fecha_de_publicacion1=1902-07-14&fecha_de_publicacion2=1936-12-20&dia=&mes=&anno=*

- Gallica. Bibliothèque Nationale de France:
  — *https://gallica.bnf.fr/ark:/12148/cb32895690j/date*

- Fuentes archivísticas:
  — *AGP (Archivo General de Palacio). Administración general.*
  — *AGP (Archivo General de Palacio). Reinados. Alfonso XII.*
  — *Documentación digitalizada en PARES (Portal de Archivos Españoles):*
  — *Borbón Borbón, María Isabel Francisca. http://pares.mcu.es/ParesBusquedas20/catalogo/autoridad/47917*
  — *Borbón Borbón, María de la Paz. http://pares.mcu.es/ParesBusquedas20/catalogo/autoridad/47917*
  — *Borbón Borbón, María Eulalia. http://pares.mcu.es/ParesBusquedas20/catalogo/autoridad/47226*

Índice

SEGUNDA PARTE
LEJOS DE NUESTRA MADRE
(1877-1904)

TERCERA PARTE
VOLANDO SOLAS
(1904-1958)